方言はなぜ存在するのか

ことばの変化と地理空間

大西拓一郎

大修館書店

目次

第5章　同音衝突の本質　――「虫」と「神主」、「煮こごり」と「大根汁」――

第6章　同音衝突と変化のスピード　――「とうがらし」と「ピーマン」――

第Ⅲ部　ことばの混ざり合い

第7章　民間語源再考　――「ひっつきむし」と男性器――

方言はなぜ存在するのか

——ことばの変化と地理空間——

序章　ことばの変化と場所
――方言とは何か？　方言はなぜ存在するのか？――

方言

方言は場所によることばの違いです。関西と東京のことばが違うことは、多くの方が実感されているでしょう。鹿児島の人と青森の人がふだんのことばで話したら、お互いに通じないはずです。

もう少し正確に記すと、方言は同系統言語の場所による違いです。わざわざ「同系統」としたのは、系統が異なる場合は場所によって違っても方言とは認められないからです。中国語と日本語は、使われる場所が違いますが、起源が同じではありません。系統が異なりますから、これらは方言ではありません。

方言は場所によることばの違いですから、場所により「じゃがいも」をニドイモと言ったり、セーダイモと言ったりするのも方言です。このように、方言は、その地域で使われることばの全体を指すこともあれば、個々の単語のようなことばの要素を指すこともあります。

人は言語を使って意思疎通を行います。思いを伝える手段は言語に限りません。身振りや表情なども重要です。しかし、今ここに記しているような内容を互いに理解するためには、言語を用いるほかないはずです。そのような言語として、方言はそれぞれの場所で共有されています。他の場所の人には必ずしも理解できなくても、同じ地域の人は、方言を使って意思疎通を行っています。日々のあいさつ、ちょっとした会話、予定の確認、腹の探り合い、皆の意思決定、さまざまなことが共通基盤である方言を通してやりとりされています。ですから、方言について考えるときには、言語としての性質を捉えるとともに、場所とどのように関係しているかを考えることが必要なのです。

方言ができる要因は、言語変化にあります。言語が変化するから、方言は生まれました。したがって、方言を考える上で、言語変化を避けることはできません。

言語変化と方言

言語は変化します。変化しない言語はありません。では、なぜ言語は変化するのでしょうか。それは、言語が自身の質を向上させようとするからです。

言語は意思疎通のための道具です。言語により伝えられる内容は多様で複雑です。そうした内容を伝えるのに耐え、また、伝えられた内容の理解に応じることが言語には求められます。そのような性質を持つ言語という道具は、おのずとシステムとしての性格を強く帯びています。そのため、言語は、合理性と経済性が求められ、つねに合理化、そして、経済化を目指すことになります。それに応えるのが言語変化にほかならないのです。これが言語変化の本質であり、ほとんどの言語変化がここに起因します。けっして、時の流れに身を任せ、気まぐれに変化するわけではありません。

ところが、言語はそうすんなりとは変化できません。そこには言語自身の本質が壁として立ちはだかります。意思疎通を達成するためには、言語という道具が、使う人どうしで共有されていることが必要です。道具が共通でなければ、意思疎通はうまくいきません。

言語変化は、言語という共有の道具を改変することになります。この改変が使う人の間で等しく行われれば、共有は妨げられません。しかし、言語は規則や法律のような人為的制度ではありません。どんなに合理的かつ経済的な言語変化であっても、皆がそれを受け入れるとは限りません。多少不便でも、もとのままでやりとりが成立しているのだから、わざわざ変えなくとも、現状でこと足りるというのもたしかなのです。類似した事態として、固定電話、携帯電話、パソコン、スマホなどの変遷を想起するとわかりやすいだろうと思います。切り替えてしまえばなるほど便利なのですが、一歩踏み出すのに躊躇して後回しにする気持ちも理解できるのではないでしょうか。

そうすると、変化を積極的に進める人とそうではない人という差異が生じることになります。革新と保守の間の異なりです。それが集落や地域単位になると、改革を進める場所と現状維持のところで違いができることになります。これを模式的に図に示しました。

このように、方言が生じる要因は、言語がそもそも有する矛盾した、アンビバレントな性質にあるのです。意思疎通の道具であるため、その性質を向上させようとする。しかし、それを実現させる変化は意思疎通の妨げになる。変化したいけれども、すんなり変化できない。まるで、好きだけど好きになってはいけないといった状況です。あたかも禁断の果実を思わせないでしょうか。そのようなところに研究対象としての魅力があるような気がしています。

このような性質のため、言語変化はいっせいには進行せず、変化するところとしないところの地域差、すなわち場所による違いが生じる。こうして方言が生まれることになります。

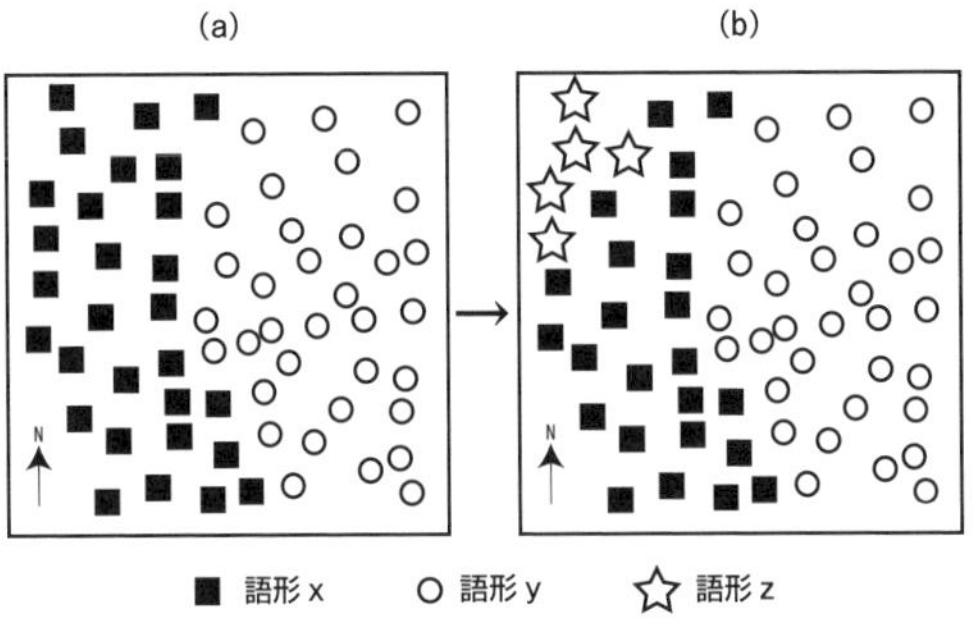

図
(a) 最初は、地域全体が西側の語形 x と東側の語形 y として方言が分かれていた。
(b) しばらくすると、西側の一部で語形 x から語形 z への変化が発生し、地域全体が z・x・y の方言に分かれた。

言語変化と時間

では、方言を生み出す言語変化とは、どのようなことでしょうか。ことばはどのように変化するのかということです。

語彙の変化については、「類音牽引」「同音衝突」「民間語源」「混淆」などが基本として知られています。これらは独立した現象ではなく、相互の間につながりがあります。その点を探ると、「言語記号の恣意性」という言語の本質と、合理性への志向の間の相克が表面化します。そこから、「有縁性」「有縁化」という観点が浮かび上がってきます。

語彙だけではなく、文法ももちろん変化します。「文法化」に代表されるように、語彙よりもさらに合理化と経済化を目指す方向が確認されます。言語のシステマティックな側面と言語変化の関係がよりいっそう明確に現れます。

語彙も文法も、変化は合理化や経済化を進めるという点では共通しますが、変化に要する時間には大きな違いがあります。明らかに語彙の方が短期間でめまぐるしく変化します。システムの根幹に近い文法の方が簡単には変化できないという事情がそこにはあります。例えば、推量の助動詞ひとつを変化させると、推量を表す文のすべてに影響が及びます。これは「じゃがいも」を表す単語を変化させるのとはわけが違います。

このように述べると、語彙の方が文法よりも下に位置付けられるように受け止められかねないので、注意が必要です。実は、研究する上では、文法よりも語彙の方がはるかに手間がかかります。語彙の場合、語が表す対象物自体に関する知見が求められるからです。「じゃがいも」であれば植物・食物としての性質や歴史といったことです。語の背景にある社会や関連分野も含め、歴史・地理・民俗など広範な文献類を渡り歩くことが少なくありません。基本的に言語研究の中で完結することが多い文法とは研究手続きが大きく異なります。

方言の空間

語彙と文法の変化に要する時間の違いは、空間的な広さと併行し、多くの場合に語彙の方が文法より細かな地域差を見せます。ただし、時間の長短が空間の広狭の要因ではないという点に注意が必要です。語彙や文法という言語としての特性が、時間にも空間にも及んでいると考えるべきです。

語彙と文法の分布の広さの違いは、地図では大縮尺と小縮尺に対応します。そこだけを見ると単なる数値の差に思われそうですが、縮尺が違えば扱うべき世界がおのずと異なります。登山するのに小縮尺の日本全図は役に立ちませんし、気圧配置を大縮尺の住宅地図で確認することはできません。

縮尺の違いは用途だけではなく、地図に基づく思考の拠り所も左右します。大縮尺で扱うべき小さな分布と小縮尺で対応すべき大きな分布は、同じ思考の下で見るべきではありません。このことは、「方言周圏論」と『方言区画論』という、方言学の父母の間で交わされた大きな論争とも関係しています。

本書の構成は以下のとおりです。

第Ⅰ～Ⅲ部では、語彙の変化をもとに方言分布の形成過程を見ていきます。「類音牽引」「同音衝突」「民間語源」「混淆」といった、語彙の変化について、事例をもとに解き明かします。そして、それを通して、「有縁性」「有縁化」という語彙の変化を統括する考え方を示します。

第Ⅳ部では、「文法化」など、文法の変化がもたらす方言分布について具体的に考察します。

第Ⅴ部では、それらを総合しながら、方言間の類似性と距離の関係をふまえて、方言分布の基本則を提示します。そして、方言周圏論と方言区画論の論争を基盤に、ことばの変化と地理空間の関係を探る、言語地理学の進路を照らします。

言語変化はどのように起きるのか。時間とともに方言はどのように変化するのか。地図の上でどのように捉えられるのか。方言分布をめぐりどんな議論があったのか。研究蓄積の厚い分野であるにもかかわらず、未整理なまま放置されてきたことがらが多くあります。それらを具体的にひもとき、地理空間の中でことばが変化し、方言ができていく過程を明らかにしていきましょう。

前著『ことばの地理学――方言はなぜそこにあるのか』（大修館書店、二〇一六年）で、私は、「言語地理学は、ことばと人間の諸側面との関係について地理空間を通して考え、人間とは何かという問題に接近することを目指す」と記しました（187頁）。本書もその道程を歩むものです。「方言はなぜ存在するのか」という大きな課題に向かって、言語地理学をよりいっそう緻密に、深く、広く展開させます。

【本書で扱う資料と略称】

★は国立国語研究所や言語地図データベースのサイト、またはリポジトリで閲覧可能。

★国立国語研究所編『日本言語地図』全6巻、大蔵省印刷局（Linguistic Atlas of Japan　略称：ＬＡＪ）
一九五七年～一九六五年調査、一九六六年～一九七四年刊行（国立国語研究所共同研究プロジェクト「大規模方言データの多角的分析」（二〇〇九～二〇一二年度、研究代表者：熊谷康雄）によりＬＡＪＤＢとしてデータ化）

★国立国語研究所編『方言文法全国地図』全6巻、大蔵省印刷局・財務省印刷局・国立印刷局（Grammar Atlas of Japanese Dialects　略称：ＧＡＪ）一九七九年～一九八二年調査、一九八九年～二〇〇六年刊行

大西拓一郎編『新日本言語地図』朝倉書店（New Linguistic Atlas of Japan　略称：ＮＬＪ）二〇一六年刊行、全国方言分布調査（国立国語研究所の共同研究プロジェクトで実施：Field Research Project to Analyze the Formation Process of Japanese Dialects　データはＦＰＪＤと呼ばれることもありますが、本書ではＮＬＪに一本化しています。）二〇一〇年～二〇一五年調査

★真田信治「越中飛騨国境言語地図」一九六八年～一九六九年調査、一九七六年刊行

富山県庄川流域方言分布調査（富山大学人文学部中井精一教授研究室（当時）等と共同研究）二〇〇八年～二〇一二年調査、富山大学人文学部日本語学研究室『庄川流域言語地図』として二〇一三年刊行

★馬瀬良雄『上伊那の方言』上伊那誌刊行会、一九六三年～一九七〇年調査、一九八〇年刊行

★長野県伊那諏訪地方方言分布調査（信州大学人文学部澤木幹栄教授研究室と共同研究）二〇一〇年～二〇一五年調査、大西拓一郎『長野県伊那諏訪地方言語地図』として二〇一六年刊行

第Ⅰ部　ことばと物と場所と

第1章　気候と再命名

——「とうもろこし」とモロコシ——

新しいものに新しい名前が与えられるとは限らない。「とうもろこし」のモロコシがその例であり、その背景には作物の生産にとって重要な条件である気候が関係している。

1　渡来作物

作物の名前

ジャガイモ、サツマイモ、カボチャ、トウモロコシ、トウガラシ。いずれも特別なものではなく、普段から口にする食材である。スーパーや青果店の店頭にいつも並んでいる農作物である。これらの作物の名前に注意してみよう。共通点に気付くだろうか。

ジャガイモのジャガは、インドネシアの首都ジャカルタの旧名「ジャガタラ」を起源とする。サツマイモのサツマは、鹿児島の旧国名（令制国名）「薩摩《さつま》」である。カボチャは「カンボジア」にあたる。(1) トウモロコシは、「唐《とう》」と「唐土《もろこし》」でいずれも中国や大陸方面を指す。(2) トウガラシのトウも「唐」である。

つまり、共通点は、どれも地名が含まれているということである。

渡来作物と原産地

もうひとつ共通点がある。それは、いずれも中世末期から近世初期に、おもにポルトガルとオランダ、つまりヨーロッパとの交易を通して、日本にもたらされた植物・作物だということだ。その点から「渡来作物」とも呼ばれる。[3]

共通点はまだある。これらの渡来作物はいずれも原産地がアメリカ大陸に求められるということである。大航海時代以降、新大陸のアメリカからヨーロッパに持ち帰られ、さらにヨーロッパから日本を含むアジアに導入された。

日本に伝えられた時期は、多少の前後はありながら一六世紀半ばから一七世紀初頭で共通するが、その後の普及過程はかなり異なる。[4] それらを指す方言は、いずれも豊富であり、ＬＡＪ174・175図「じゃがいも（馬鈴薯）」、176図「さつまいも（甘藷）」、180図「かぼちゃ（南瓜）」、182図「とうもろこし（玉蜀黍）」、183図「とうがらし（蕃椒）」で方言の分布を把握することができる。ここではおもにＬＡＪのデータをもとに渡来作物の命名・交易・伝播について探ってみよう。

2　渡来作物名の外国地名

上位地名

サツマイモの「薩摩」は国内地名であるが、ジャガイモ・カボチャ・トウモロコシ・トウガラシはいずれも外国地名を含む。「さつまいも」にも方言として、カライモが九州中南部に広く分布し、やはり、外国地名の「唐《から》」が含まれている。

これらの渡来作物の方言に含まれる外国地名の上位10種は、トウ（唐）、カラ（唐）、高麗《コウライ》、朝鮮《チョウセン》、琉球《リュウキュウ》、ジャガタラ（現、ジャカルタ）、カンボジア、南京《ナンキン》、モロコシ、南蛮《ナンバン》である。[5]

	トウ(唐)	カラ(唐)	高麗	朝鮮	琉球	ジャガタラ	カンボジア	南京	モロコシ	南蛮
じゃがいも (LAJ 174,175)	0.08%	4.42%		0.17%	0.33%	68.54%		0.04%		
さつまいも (LAJ 176)	5.67%	10.71%			7.08%					
かぼちゃ (LAJ 180)	9.50%	0.21%		0.79%			68.53%	14.13%		1.08%
とうもろこし (LAJ 182)	62.42%	0.08%	3.54%					0.04%	17.54%	20.50%
とうがらし (LAJ 183)	43.90%	0.59%	1.51%							34.45%

表 1-1　渡来作物名における外国地名の現れ方（LAJ に基づく）

ＬＡＪで扱われる５種の渡来作物の方言において、これらの地名を含む語形の使われている地点が、全体[6]のどれくらいにあたるかを示したのが表１−１である。例えば、「じゃがいも」（174・175図）において、カラ（唐）を含む語形（カライモなど）を使っている地点は４・42％、ジャガタラを含む語形（ジャガイモなど）を使っている地点が68・54％であることを示している。なお、現れない場合は、空欄にしている。

地名の偏り

表１−１によると、複数の渡来作物に共通して現れる地名と、個別の作物にしか現れない地名のあることがわかる。トウ（唐）とカラ（唐）はすべてに現れる。一方で、ジャガタラ・カンボジア・モロコシは個別（ジャガタラは「じゃがいも」のみ、カンボジアは「かぼちゃ」のみ、モロコシは「とうもろこし」のみ）にしか現れない。また、高麗は「とうもろこし」「とうがらし」、朝鮮は「じゃがいも」「かぼちゃ」、琉球は「じゃがいも」「さつまいも」、南京は「じゃがいも」「かぼちゃ」「とうもろこし」、南蛮は「かぼちゃ」「とうもろこし」「とうがらし」に限定される。

前述のとおり、渡来作物はいずれもアメリカ大陸が原産なので、これらの地名は原産地を指すものではない[7]。少なくともトウ（唐）・カラ（唐）に関しては、渡来作物に対する汎用的な用いられ方を踏まえるなら、漠然と外から移入されたこと、つまり「渡来」作物であることを示す語として用いられたものと考えられる。

3　外国地名の使われ方

語の中での役割

日本語では前に来る要素が後の要素を修飾する。「青い空」では、「青い」が「空」を修飾している。このような場合、修飾する方を修飾語、修飾される方を被修飾語と呼ぶ。この例では「青い」が修飾語、「空」が被修飾語だ。二つの語形が、複合語として一つの語になる場合も基本は同じであり、前に来る要素が修飾語的な働きをし、後に来る要素が被修飾語的にふるまう。したがって、「青空」では「青」が修飾語、「空」が被修飾語となる。(8) なお、「青」が付かない「空」の場合は単独語である。

簡単に整理しておくと次のようになる。

青い空→青い（修飾語）＋空（被修飾語）
複合語　青空→青（修飾語）＋空（被修飾語）
単独語　空→空（単独語）

ここでは2節であげた10種の外国地名が、語の中でどのように用いられているかを検討し、各外国地名が被修飾語や単独語として使われる（例　ニドリュウキュウ・リュウキュウ）のが一般的なのか、それとも修飾語として使われる（例　リュウキュウイモ）のが一般的なのかを見てみよう。

地名の個性

表1-2には、作物ごとに各外国地名が現れた地点の中での被修飾語と単独語の割合を示した。

例えば、じゃがいもにおいてリュウキュウ（琉球）をもとにした語形が現れた地点の中で、ニド

	トウ（唐）		高麗	朝鮮	琉球		ジャガタラ	カンボジア		南京		モロコシ		南蛮
	被修飾語	単独語	単独語	単独語	被修飾語	単独語	単独語	被修飾語	単独語	被修飾語	単独語	被修飾語	単独語	単独語
じゃがいも (LAJ 174,175)					25.00%	37.50%	12.71%							
さつまいも (LAJ 176)						1.18%								
かぼちゃ (LAJ 180)				5.26%				0.24%	99.69%	0.88%	96.17%			92.31%
とうもろこし (LAJ 182)	0.80%	0.07%	70.59%									65.32%	34.20%	63.41%
とうがらし (LAJ 183)	0.19%													99.76%

表 1–2　渡来作物名における外国地名の使い方（LAJ に基づく）

リュウキュウのような被修飾語は25%、リュウキュウのような単独語は37・5%であることを示している。リュウキュウイモのような修飾語が使われる地点の割合は表示を省略しているが、ほとんどの場合は残りの地点があたるので、この場合は、37・5%になる。[9] また、表1–1同様に、現れない場合は空欄にしている。なお、カラ（唐）があがっていないのは、被修飾語（〜カラ）や単独語（カラ）が現れなかったことによる。

外国地名ごとに使われ方に個性のあることが表1–2からわかる。

トウ（唐）は、カラ（唐）と類似の性質を有しており、〜トウのような形で現れることはきわめて少なく、ほとんどがトウイモ（じゃがいも・さつまいも）やトウナス（かぼちゃ）のような修飾語の語形である。

一方で、カンボジア・南京・モロコシは、修飾語による現れがきわめて少ない。すなわち、カンボジア〜・ナンキン〜・モロコシ〜は稀で、多くがカボチャやナンキン（かぼちゃ）のような単独語、もしくはトウモロコシ（とうもろこし）のような被修飾語として使われている。

4　不思議なモロコシ

モロコシと「もろこし」

ＬＡＪが扱う5種の渡来作物の中で、モロコシは「とうもろこし」にしか現れない。ほとんどが、単独語のモロコシか、トウモロコシのような被修飾語である。同時に、トウモロコシは、トウ（唐）＋モロコシであるから、二つの地名を重ねていることになる。

「とうもろこし」以外に外国地名を重ねる渡来作物は少ない。[10] ところが、「とうもろこし」には、トウモロコシ（トウ（唐）＋モロコシ）のほか、トウトウキビ（トウ（唐）＋トウ（唐）＋黍）、ナンバントウキビ（南蛮＋トウ（唐）＋黍）などが少なからず現れている。

その点でトウモロコシは特異な命名・造語である。この点、次のように考えられてきた。作物として、「とうもろこし」以前に類似した作物の「もろこし」があり、モロコシと呼ばれていた。そこへ新しい作物の「とうもろこし」が導入された。その新しい作物名には渡来作物に冠する一般的な修飾語トウ（唐）が付されて、トウモロコシの名が与えられた。[11]

トウ略説

「とうもろこし」は漢字で「玉蜀黍」と表記される。一方、「もろこし」の漢字表記は「蜀黍」である。「玉蜀黍」に類似した作物の「蜀黍」が渡来する前には、「黍《きび》」があった。「黍」はかなり古くから日本で栽培されており、万葉集にもキミとして現れる。「蜀黍」は「玉蜀黍」と同時期の天正年間（一五七三〜九二年）に中国経由で伝来したアフリカ原産の作物とされる。[12] 黍→蜀黍→玉蜀黍の順で導入されたとすると、一字ずつ修飾語を増やしていく漢字表記はそれを見事に表している。[13] これらの作物を指すにあたり、以下ではこの漢字表記に従う。このようにキビ「黍」→モロコシ「蜀黍」→トウモロコシ「玉蜀黍」という流れにおいて、作物の伝来順とことばのあり方が合致していることがわかった。それではなぜ「玉蜀黍」をモロコシと呼ぶ地域があるのか。

この疑問に対し、「玉蜀黍」のモロコシは、トウモロコシのトウが略された形とされてきた。[14] この考え方を「トウ略説」と呼ぶことにしよう。

5　優良作物としてのモロコシ

トウモロコシとモロコシの分布

図1-1には、LAJをもとに、「玉蜀黍」を表すトウモロコシ（地図ではトーモロコシ[15]）とモロコシの分布を気候と重ねて示した。モロコシは山梨県から長野県にかけての甲信地方と岩手県東部に分かれて分布している。トウモロコシは甲信地方のモロコシに隣接して関東地方中南部から静岡県にかけて分布している。モロコシのトウ略説は、関東甲信地方での接し合う分布を根拠とする。もとはトウモロコシが広かったが、甲信地方でトウが略されたと考えるのがトウ略説である。

3節で述べたように、LAJにおいて「玉蜀黍」のモロコシは、モロコシキビのような修飾語ではほとんど現れない[16]。この点からすると、モロコシという語が導入された当時、ナンバンキビの「南蛮」やトウキビの「唐」と同じように、モロコシが外国地名として意識されていたのかどうかは心許ない。

モロコシと気候

ここから考えられるのは、モロコシは、当初から作物名として成立していたのではないかということだ。モロコシは元来、地名を表す固有名詞であるが、作物名においては最初から作物を表す普通名詞として使われた。これが初期状態と考えられる[17]。普通名詞としてのモロコシは「蜀黍」を表す語として甲信・静岡沿岸から関東平野にかけての地方に広がった。その際、山岳地域のため傾斜地が多く稲作に十分適しているとは言い難い甲信地方において、そのような不利な条件を克服する「蜀黍」は、「黍」に類した形状で主食にも耐える、良好なイメージを伴いながら、モロコシという名で評価の高い作物として導入された。

「蜀黍」の後、あまり時期を隔てることなく渡来作物として導入された「玉蜀黍」は、甘みとともに食感も

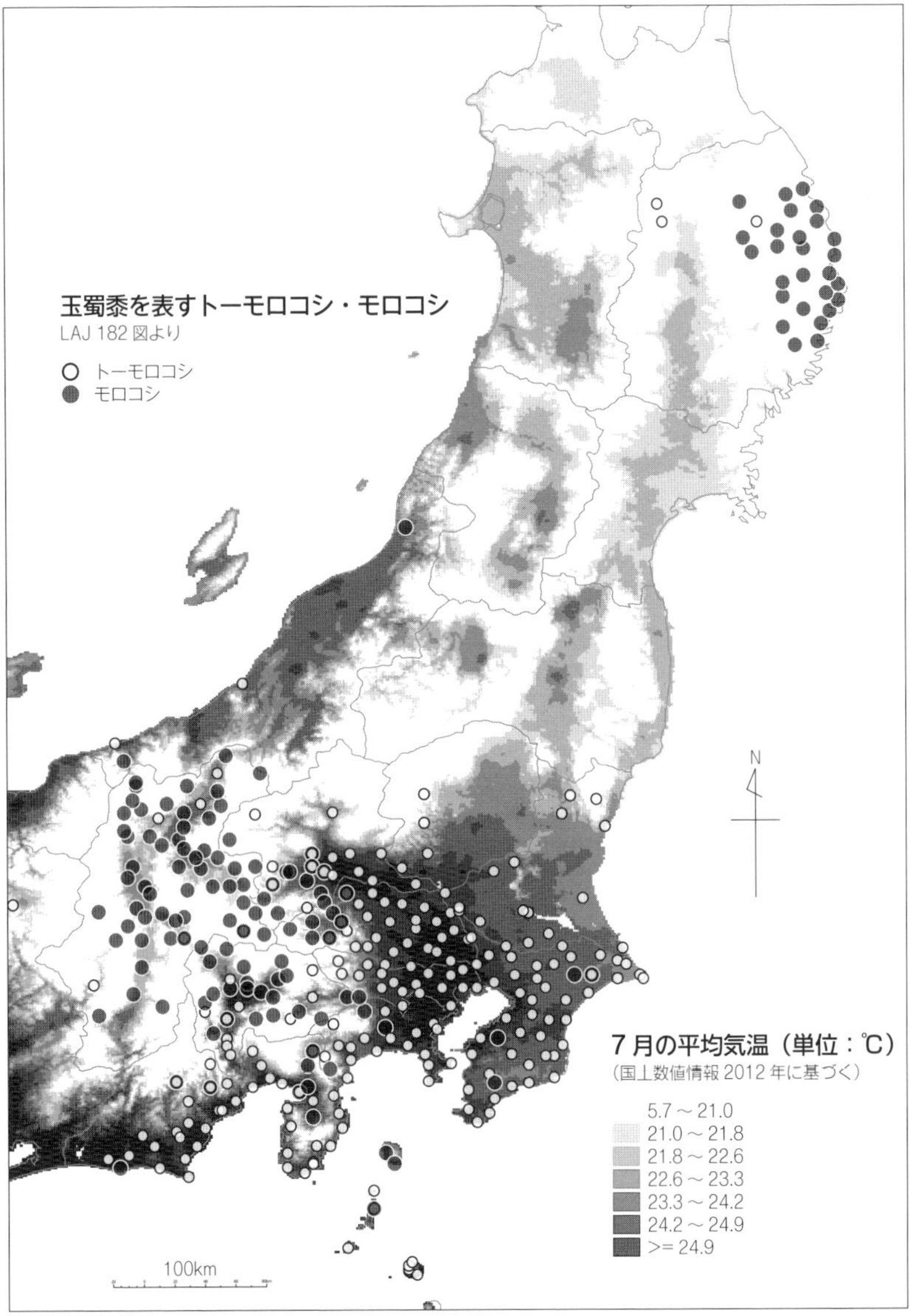

図 1-1　「玉蜀黍《とうもろこし》」を表すトーモロコシとモロコシの方言分布と気候

良好で、かつ寒冷地にも適していることから、甲信地方ではいっそう歓迎された。モロコシはすでにこのような黍状の主食級優良作物一般を意味していたため、「玉蜀黍」に新たな命名は必要なかった。一方、関東とその近郊の平野部や沿岸部では稲作の傍らの作物として「玉蜀黍」が導入され、旧品種である「蜀黍」のモロコシに対し、新品種の「玉蜀黍」は外来の新しい作物に与えられるトウ（唐）を冠してトウモロコシと呼ばれた。[18]

図1-1でモロコシの分布が見られた岩手県東部も、農耕にかかわる気候に注目すると、寒冷な甲信地方と通じるところがある。このような共通性を背景にして、土地に適したモロコシが名前とともに受け入れられたのではないだろうか。

図1-1には、七月の平均気温も示している。七月を選んだのは、稲の生育において、この時期の気温の影響が大きいと考えられるからである。平均気温21度を境界として、高いところではトーモロコシを、一方、稲作に不利な低いところではモロコシを、用いる傾向が分布として顕著に現れている。つまり、気候が方言の決め手になっているわけだ。

6　「玉蜀黍」のモロコシと「蜀黍」

新参者の登場で在来者が名前を変える

それでは、当初「蜀黍」をモロコシとして導入し、その後新たに入ってきた「玉蜀黍」もモロコシとして受け入れた場合、旧来の「蜀黍」はどのように呼ばれることになるのだろうか。LAJは「蜀黍」を扱わないので諸資料で探ってみる。

長野県更級・埴科郡辺りでは、「蜀黍」は穂が出た後「頭をたれて下向きになり、ちょうど鍵のような形」になることからカギモロコシと言い、「玉蜀黍」のモロコシから区別される。[19]カギモロコシは近世の資料『本草綱日啓蒙』によると甲州（甲斐）・豆州（伊豆）での言い方として古くからあり、[20]また、神奈川県・山梨県での使用も確認される。[21]「玉蜀黍」を表すモロコシと「蜀黍」のカギモロコシによる区別は、比較的広く行われていたのかもしれない。

ＬＡＪで「玉蜀黍」のモロコシがまとまっている長野県と山梨県について、『日本方言大辞典』[22]をもとに「蜀黍」を探ると、アカモロコシ・ウマモロコシ・ホモロコシ（長野県・山梨県）、シンゲンモロコシ（山梨県）、トーモロコシ・ホーキモロコシ（長野県）があがり、「蜀黍」を被修飾語が付された〜モロコシの形にすることで「玉蜀黍」のモロコシから区別していることがわかる。[23]トーモロコシが家畜の飼料としての品種を指すところがあるのもその連続線上であろう。[24]

整理すると、旧物（「蜀黍」）の名称（モロコシ）が新物（「玉蜀黍」）の名称にゆずられた一方で、旧物（「蜀黍」）はもとの名称に修飾語を被り（アカモロコシ・カギモロコシなど）、双方が区別されるようになった。

再命名（レトロニム）

これは必ずしも特殊なことではない。身近なところでは、スマートフォン（スマホ）に対する旧来の携帯電話の呼び方のガラケー（日本で独自に展開したことに由来するガラパゴスケータイという呼び方の略称）がある。ソバは元来、粉を固めただけの状態を指し、麺にしたものはソバキリと呼ばれたが、麺が一般化してソバとだけ呼ばれるようになると旧来のソバはソバガキとして区別されるようになった。[25]このように新しいものの導入により旧来のものに新たな命名が行われることは、再命名（レトロニム）と呼ばれる言語変化である。[26]

ここでは、渡来作物の「とうもろこし」、そしてそれを表す方言のモロコシを中心に考察した。渡来作物は、外国地名のほか、国内地名、人名など固有名詞を語形の素材にすることで、次章以降で説明する類音牽引、同音衝突、民間語源、混淆といった言語変化を誘発する。興味深いことに、同様の事例は中国語やフランス語でも確認され、[27]日本語に限った話ではなく、普遍的な言語変化であるらしい。

【注】

（1）国語辞典では一般にカンボジアに基づくことが定説になっており、それに従っている。ただし、黒澤（二〇二三）によるとスペイン語、ポルトガル語、カタロニア語には calabaza, cabaza, carbassa などがあり、これらは一〇世紀前後の文献でも確認され、古くからの作物名が大航海時代にヨーロッパにもたらされた「かぼちゃ」に与えられた可能性が示される。それが日本語に導入されたとすると、カンボジア説は再考を要する。

（2）モロコシは中国の一部である越など、もろもろの越ということから中国を指すようになったらしい。他の地名と異なり、これだけが和語である。唐にしても唐土にしても特定の国や国家を限定して指すのではなく、遠く離れた国のイメージだろう。秋田銘菓の「もろこし」（筆者が苦手なハクセンコウ＝落雁）もそのような背景による命名の可能性がある。南蛮も具体的な場所を特定していないという点で似たところがある。筆者が子どもの頃を思い出すと、米国出身かどうかを問わず、西洋風の顔立ちの人はすべてアメリカ人であり、それに平行して西洋＝アメリカというイメージがあった。そのことに類似して、漠然と見知らぬ遠い国を指したものなのだろう。

（3）渡来作物としての「じゃがいも」「さつまいも」「かぼちゃ」の方言分布ならびにその解釈は、佐藤（一九七七・一九七九）が扱う。

（4）「じゃがいも」は、南米の中央アンデス高地が原産地で、日本へは一五九八年にオランダ人がジャワから長崎に導入したとする通説があるものの確証はなく、一八世紀半ば以降、飢饉《ききん》を救う救荒作物として徐々に広まり、明治時代に入って、一八六九年の北海道開拓使設置以降に栽培が本格化し、一九〇七年に川田龍吉男爵がアメリカ産の品種を導入することで一般化した（財団法人いも類振興会編二〇一二）。「じゃがいも」については、第2章も参照のこと。

「さつまいも」は、メキシコからペルーにかけての中南米が原産地で、一六〇五年に琉球に導入され、一六一五年に琉球から長崎の平戸に伝えられ、一七三四年以降、青木昆陽の提言をもとに救荒作物として広められた（財団法人いも類振興会編二〇一〇）。なお、対馬におけるコーコーイモ・コーコモと韓国語諸方言との関係については、藤井（二〇〇二）が詳しい。

「かぼちゃ」は、アメリカ大陸原産で、天文年間（一五三二〜五五年）にカンボジアから豊後に導入され、天正年間（一五七三〜九二年）に長崎で広く栽培されるようになったとされる（国立国語研究所一九七〇、斎藤・荒井一九五九）。

「とうもろこし」は、アメリカ大陸熱帯地方が原産地で、天正年間にポルトガル人が日本に伝え、水稲に不向きな山間部で栽培が広がった（戸澤二〇〇五、五八〜六二頁、六六〜六九頁、一二七〜一三一頁、鵜飼二〇一五、二五六〜二七九頁）。

「とうがらし」は、中南米が原産地で、一五四二年もしくは一五五二年にポルトガル人が伝えたという説と一五九二年に朝鮮出兵で持ち帰ったという説があり、一六二五年には江戸両国で七味の販売が記録されている（山本二〇一六）。

（5）地点数の上位10種をあげた。他にはシナ、天竺《テンジク》、ルソン、西洋《セイヨウ》、オランダがある。これらの作物の渡来時期には、琉球は日本から独立していたので、ここに含めた。なお、「馬鈴薯《バレイショ》」は地名マレーに基づくと考えられる（国立国語研究所編 一九七〇、Iwata 2017）が、中国語における外国地名による命名なのでここにはあげなかった。

（6）ＬＡＪの全地点数は二四〇〇であるが、項目によりそれよりも少ないこともある。

（7）「じゃがいも」のジャガタラと「かぼちゃ」のカンボジアは、ヨーロッパからの経由地とされることが多いが、これらの語形をもとにした推定にとどまり、証拠となる文献や文書類の存在が知られているわけではない。冠した地名から原産地や経由地を即断するのは危険であり、ニューヨークレタス、パスタ料理のナポリタン、コーヒーのアメリカン、商品名ではあるがバーモントカレーなどを考慮するなら、命名当初の偶発性や何らかのイメージをもとにする可能性等も検討を要する。

（8）正確には修飾形、被修飾形とした方がよいが、ここではわかりやすさを優先してこのように呼ぶ。

（9）100－(25＋37.5)＝37.5

（10）ＬＡＪでは、「じゃがいも」のオランダガライモ（オランダ＋カラ（唐）＋芋）、「かぼちゃ」のトウナスカボチャ（トウ（唐）＋茄子＋カンボジア）・トウナンキン（トウ（唐）＋南京）・チョウセンナンキン（朝鮮＋南京）が各1～2点確認される程度である。

（11）沢木（一九七九）、今石（一九八二）参照。右にあげたトウトウキビ・ナンバントウキビも「もろこし」を表すトウキビの後に導入された新しい作物の名前として理解される。

（12）斎藤・荒井（一九六九）参照。

（13）国立国語研究所編（一九七〇）参照。

（14）柳田（一九四二）、国立国語研究所編（一九七〇）、沢木（一九七九）はこの説をとる。

（15）言語地図は発音を基本にした表記を採用しているのでトウではなくトーで記載している。地図のトーモロコシはトウモロコシに該当し、本文では理解しやすさを優先して一般的な表記のトウモロコシとしている。

（16）ＬＡＪには修飾語のモロコシはほとんど現れないが、諸種資料を集大成した『全国方言集覧』（太平洋資源開発研究所編・白井祥平監修二〇〇〇－二〇〇五）によると、関連資料には少なからず見られ、そのほとんどが「玉蜀黍」を表すモロコシキビもしくはモロコシギという形で、使用地域は長野県下伊那地方に限られる。図からも理解されるように、それは「玉蜀黍」のモロコシの南限に近い。ＬＡＪは「蜀黍」を扱わないので、『日本方言大辞典』『全国方言集覧』をもとにすると、「蜀黍」を表す長野県ならびに下伊那地方の方言として、キビ・タカキビが見られ、それに基づくなら、モロコシをキビに冠することで後述する「玉蜀黍」の主食適用性を明示した語形であろうと考えられる。

（17）地名が物の名前になる例としては、商品名も含め、カニ風味かまぼこのアラスカや、餡をカステラで挟んだ菓子のシベリアなどがあげられる。また、英語における普通名詞のchina（陶磁器）、japan（漆器）なども類例である。

（18）本稿の地図には示さなかったが、ＬＡＪの琉球地域にはトウモロコシが広く現れる。ただし、琉球において渡来作物をトウ（唐）で表すことは一般的ではなく、高麗（コーレー）や大和《ヤマト》が用いられることが多い。この点からすると、琉球にはトウモロコシがそのままの形で導入された可能性が高い。

（19）河原（一九五三）参照。

（20）初版を扱う杉本つとむ（一九七四）の巻一九、二丁表で確認される。

（21）農林省統計調査部（一九五一、二〇頁）参照。

（22）小学館辞書編集部編（一九八九）。

（23）「蜀黍」はその他に山梨県ではアカンボ、長野県ではキビ・シロキビ・タカキビ・トーキビ・ナンバンも見られるので、すべてが「玉蜀黍」モロコシ／「蜀黍」～モロコシで区別されるわけではない。

（24）大西（二〇一六、一三四頁）参照。

（25）ワタは絹製が先にあったが、木綿製が後から入ってきてワタになったため、絹製はマワタと呼ばれるようになった、という事例も類例である。

（26）鈴木（一九九六、三二八～三三三頁）参照。また、高橋（一九九六）の「新物旧語」という捉え方も関連するものだろう。

（27）Iwata（2017）、Kawaguchi（2017）参照。

【参考文献】

今石元久（一九八二）「生活語の変容―玉蜀黍の呼称に注目して」『鳥取大学教育学部研究報告　人文・社会科学』三三、一～一六頁

鵜飼保雄（二〇一五）『トウモロコシの世界史―神となった作物の九〇〇〇年』（悠書館）

大西拓一郎（二〇一六）『長野県伊那諏訪地方言語地図』（私家版）

杉本つとむ（一九七四）『小野蘭山　本草綱目啓蒙―本文・研究・索引』（早稲田大学出版部）

河原宏（一九五三）「とうもろこし（附　もろこし）の方言」『信濃』五‐一〇、六一六～六二二頁

黒澤直俊（二〇一三）「ジャガイモ、サツマイモ、トウモロコシ、カボチャ考―イベリア半島における分布と通時」国立国語研究所プロジェクト「言語資源の空間接続」公開研究会

国立国語研究所編（一九七〇）『日本言語地図4解説書』（大蔵省印刷局）

財団法人いも類振興会編（二〇一〇）『サツマイモ事典』（全国農村教育会）

財団法人いも類振興会編（二〇一二）『ジャガイモ事典』（全国農村教育会）
斎藤錬一・荒井隆夫（一九五九）『全国農作物栽培分布図説』（東京堂）
佐藤亮一（一九七七）「物の伝来と名称の伝播―渡来作物をめぐって」『言語生活』三一二、四〇～四八頁
佐藤亮一（一九七九）「渡来作物の方言」『時の法令』一〇二七、四一～四三頁
沢木幹栄（一九七九）「物とことば」徳川宗賢編『日本の方言地図』（中公新書）五三～九七頁
小学館辞典編集部編（一九八九）『日本方言大辞典』（小学館）
鈴木孝夫（一九九六）『教養としての言語学』（岩波新書）
太平洋資源開発研究所編・白井祥平監修（二〇〇〇–二〇〇五）『全国方言集覧』（生物情報社）
高橋顕志（一九九六）「新物旧語―創造的類義牽引」言語学林 1995-1996 編集委員会編『言語学林 1995-1996』（三省堂）一二七～一四〇頁
戸澤英男（二〇〇五）『トウモロコシ―歴史・文化、特性・栽培、加工・利用』（農山漁村文化協会）
農林省統計調査部編（一九五一）『農作物の地方名』（農林統計協会）
藤井茂利（二〇〇二）『東アジア比較方言論―「甘藷」「馬鈴薯」の名称の流動』（近代文芸社）
柳田国男（一九四二）『方言覚書』（創元社）
山本紀夫（二〇一六）『トウガラシの世界史―辛くて熱い「食卓革命」』（中公新書）
Iwata, Ray（2017）Item-based contrastive map: Potato in Chinese. *Methods XVI.*
Kawaguchi, Yuji（2017）Lexical change and dialect distribution: Potatoes（pomme de terre）in French. *Methods XVI.*

第2章　弱い固有名詞の強い力
――「じゃがいも」で連鎖する類音牽引――

「じゃがいも」をセンダイ（仙台）やゴーシュー（江州）と呼ぶ地域がある。そこには知名度の高くない人名・地名から出発した類音牽引ということばの変化があり、そのくり返しが多様な方言を生み出した。

1　渡来作物としての「じゃがいも」

渡来作物の定着

第1章で述べたように、一六世紀末、ヨーロッパ人が東アジアにやってきて、それまでになかった作物をもたらした。「じゃがいも」もその中のひとつである。

現在の東アジアにおいて、渡来作物は十分に定着し、ときにはそれぞれの地域固有の作物とも捉えられるほどである。例えば、「とうがらし」は、韓国や中国の食文化を語る上では欠かすことができない。しかし、それは、中世以前にさかのぼることはない。

ヨーロッパでも事情は似ている。渡来作物の多くは、ヨーロッパ経由でアジアにもたらされたが、いずれも原産地はヨーロッパではない。大航海時代にヨーロッパ人が、新世界、アメリカ大陸から持ち帰ったものである。ヨーロッパにおける「じゃがいも」は、特に現在の北ヨーロッパで主食の地位を得ているが、それは太古の食文化を継承するものではない。

「じゃがいも」は新しい

渡来作物にはさまざまなものがあるが、全部が一度に広まったわけではない。特に日本における「じゃがいも」は、その他の作物に較べて、定着が遅かった。『ジャガイモ事典』ならびに山本紀夫氏の記述を参照すると次のとおりである[1]。

原産地の南米からヨーロッパ（オランダもしくはポルトガル）経由で一七世紀中頃に日本に伝わり、冷涼な気候に強いことから、一八世紀半ば以降、米の不作による飢饉《ききん》対策の救荒作物として広まった。しかし、それは散発的なものにとどまり、本格的な栽培は、明治時代以降（一九世紀中頃以降）、北海道開拓入植者の主要食糧として定着をみた。第一次世界大戦（二〇世紀初頭）以後は、繊維産業用のでんぷんの輸出に向けて作付面積が急増した。

越谷吾山が編纂し一七七五年に刊行された、日本最初の全国方言集『物類称呼』[2]には、渡来作物の「さつまいも」「とうがらし」「とうもろこし」「かぼちゃ」の方言は取り上げられているが、「じゃがいも」は扱われていない。これは『物類称呼』刊行の時点では、「じゃがいも」はまだ、方言ができるほど普及していなかったことによると考えられる。

ＬＡＪに基づいて、渡来作物の方言量[3]（方言がどれくらいあるか）を見てみる。すると、「じゃがいも」（238）、「さつまいも」（120）、「とうがらし」（60）、「とうもろこし」（187）、「かぼちゃ」（100）であり（括弧内は各地図の凡例に登載されている方言の語数）、「じゃがいも」がもっとも多い[4]。これは、「じゃがいも」の全国的な普及が比較的遅く、市場流通の歴史が浅いことに起因するのではないかと考えられる[5]。

	薩摩	仙台	甲州	江州	大和	信州	信濃	九州	日向
じゃがいも（LAJ 174, 175）		14	13	12		8	6	2	2
さつまいも（LAJ 176）	1715							3	2
かぼちゃ（LAJ 180）	9								
とうもろこし（LAJ 182）					8				
とうがらし（LAJ 183）									

	善光寺	北海道	五島	伊勢	敦賀	四国	札幌	関東	越後
じゃがいも（LAJ 174, 175）	4	3	1	2	2	2	1	1	1
さつまいも（LAJ 176）			2						
かぼちゃ（LAJ 180）									
とうもろこし（LAJ 182）									
とうがらし（LAJ 183）									

	能登	駿府	名古屋	紀州	備後	竹島	相良	長崎	大村
じゃがいも（LAJ 174, 175）	1			1	1	1	1	1	
さつまいも（LAJ 176）			1						1
かぼちゃ（LAJ 180）		1							
とうもろこし（LAJ 182）									
とうがらし（LAJ183）									

表 2-1　渡来作物の方言に含まれる国内地名（LAJ における地点数）

2　渡来作物方言の語構成と「じゃがいも」方言の特性

渡来作物名と国内地名

第1章で述べたように、渡来作物名には外国地名が多く現れる。日本国内の地名も現れないわけではないが、例外的に多い「さつまいも」のサツマ（薩摩）を除くと、外国地名よりもはるかに少ない。表2-1には、LAJにおいて渡来作物の方言に現れる国内地名を地図上の地点の実数で示した[6]。

ここにも作物ごとの異なりがあるが、外国地名の場合と違って、そもそも国内地名が現れるかどうかの差が大きい。「とうがらし」にはまったく現れない。「かぼちゃ」と「とうもろこし」には現れるが、種類が少なく、「さつまいも」の場合も例外的なサツマを除くと同様である。その中で「じゃがいも」は特異であり、「仙台」「甲州」「江州」など、多様な国内地名が現れている。

「じゃがいも」と人名

さらに、「じゃがいも」の方言には、人名が多く現れるという特徴がある。他の渡来作物名には人名はほとんど現れない[7]。LAJをもとに現れた地点数を表2-2に示した。

先にも述べたように、渡来作物の方言名には、固有名詞が多く現れるという特徴があり、その多くは外国地名である。ところが、「じゃがいも」においては、多様な国内地名と人名が現れる点に他の渡来作物とは異なる特性があることがわかる。以下ではLAJをもとにそれらの分布を見ていこう。

清太夫	弘法	大師	孔子	ごろう	ごろうざ
20	68	6	17	4	3

ごろうた	ごんざ	ごんすけ	へえろく	やごろう	男爵
1	1	1	1	1	1

表2-2　「じゃがいも」の方言に含まれる人名
（LAJ第174・175図における地点数）

3　甲州の清太夫

中井清太夫とじゃがいも

表2-2にあげたように「じゃがいも」の方言には人名の「清太夫」が現れる。この「清太夫」とは、甲州《こうしゅう》（現在の山梨県[8]）の代官[9]であった中井清太夫《なかいせいだゆう》である。

中井清太夫は一七七七〜八七年に甲州の代官を務めた。日本はこの時期、しばしば不安定な気候に見舞われ、米の不作に起因する飢饉が発生していた。山岳地帯が多く気候が冷涼な甲州においても、飢饉のために民が多く餓死する危機に陥っていた。中井清太夫は、幕府の許可のもと、飢饉対策として、寒さに強い「じゃがいも」を九州から取り寄せ、甲州に広めることで、民を救った[10]。そのことから山梨県上野原町の龍泉寺には、中井清太夫を「芋大明神」として祀る石碑も建立されている[11]。

しかし、そのような石碑が作られたのは後の時代のことである。中井清太夫は謙虚な人物であり、彼の統治時代には領民による功徳碑（石碑）建立願いに対し、代官の

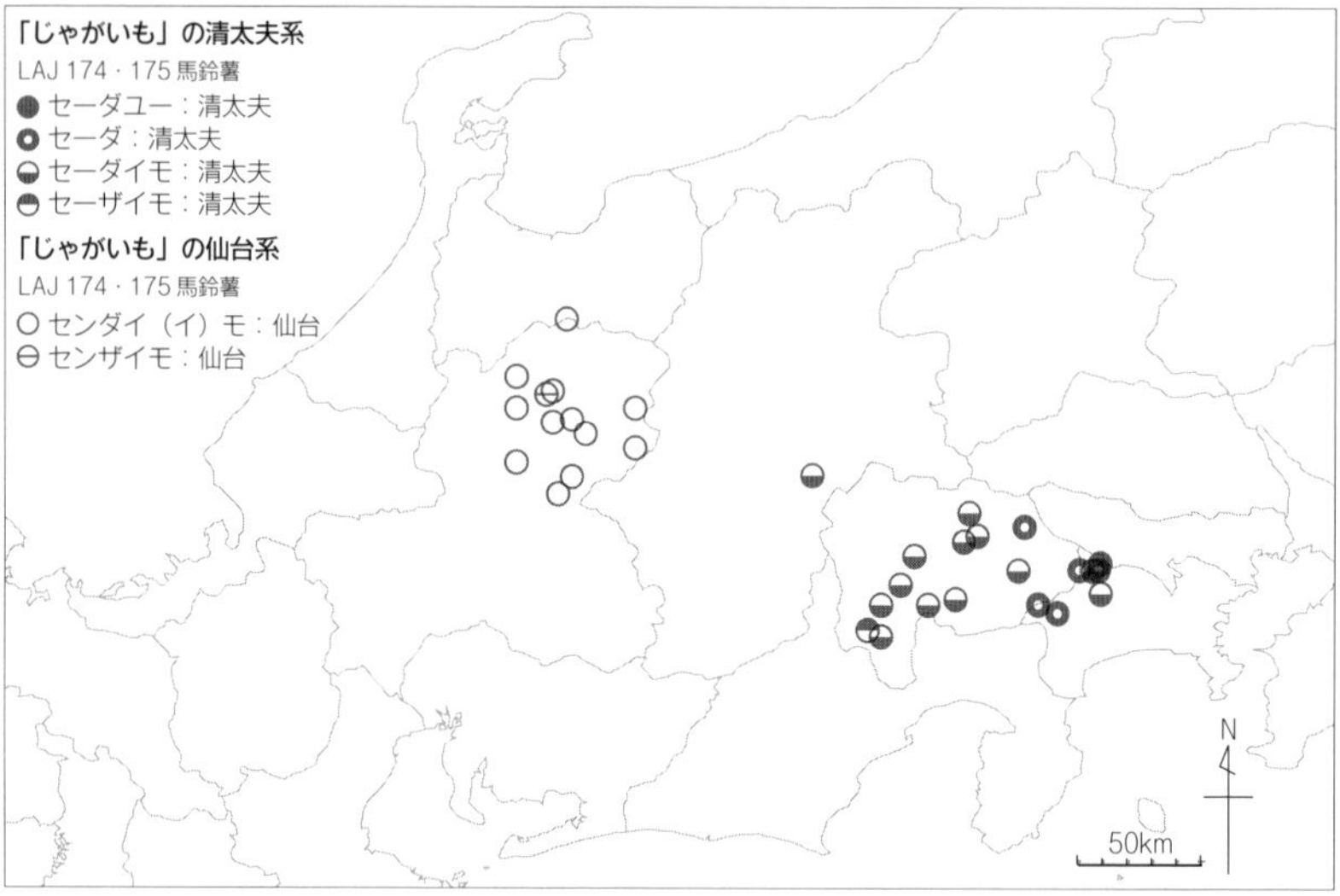

図 2-1　「じゃがいも」のセーダユー（清太夫）とセンダイ（仙台）

義務を遂行したまでのこととして聞き入れなかったとされる[12]。

そのような清太夫の姿勢もあってか、中井清太夫という名前はあまり広く知られていない。この人物が存在し、困窮する人々を「じゃがいも」により救った歴史はたしかであるが、日本史の教科書に載るような重要な人物としての位置付けは与えられていない。つまり、甲州の中井清太夫は、立派な人物ではあるが、それほど有名な人ではないわけである。しかし、そのことが言語変化を引き起こす力となる。

清太夫による「じゃがいも」の変化

甲州（山梨県）においては、中井清太夫は「じゃがいも」で民を救った人物としてよく知られている。そこで、清太夫は、山梨県で「じゃがいも」の呼び方としてセーダユー・セーダイモのように名を残した。その様子は、図2-1の方言分布で確認できる。ところが、山梨県から100km以上離れて西に位置する岐阜県北部の飛騨地方ではその名前のままでは定着せず、地名の仙台に変わってしまった。

清太夫はあまり高名ではなかった。一方、仙台は近世から現在に至るまで、東北地方最大の都市（また藩名）としてよく知られる。東北地方であるから冷涼な気候がイメージされる。救荒作物としての「じゃがいも」と「仙台」は、「寒さ」をキーにつながる。そこで、「じゃがいも」のセーダユー（清太夫）は、岐阜県飛騨地方において、より広く知られ、また、名前が類似するセンダイ（仙台）に置き換えられ、センダイイモとなった[13]。このような音の類似性をもとにする言語変化は、類音牽引と呼ばれる。この場合、類音牽引に「寒さ」のイメージが重ねられている。

類音牽引

類音牽引は、形が類似する既存の別語に移行させる言語変化である。今あげた例で説明すると、「じゃがいも」のセーダユーを類似した音形を持つ地名のセンダイに移行させている。本章で示す変化の事例はいずれも類音牽引である。

類音牽引を起こすと類似する別語に当該語の意味を担わせることになるから、担わされた側は同音異義語[14]化することになる。そうなると異なる意味の同音語どうしがぶつかり、同じ語形がどちらの意味なのか取りづらくなり負荷がかかる。このような現象は同音衝突と呼ばれ、言語変化の引き金となる。同音衝突については第4章から第6章で扱うが、古くから指摘されてきたように[15]、類音牽引と同音衝突は表裏一体の関係にある。

4　甲州による「じゃがいも」の変化

甲州から江州へ

前節で述べたように、救荒作物の「じゃがいも」は、甲州から広まり、おもに中部地方で、コーシュー・コーショーイモと呼ばれた。その一方で、図2-2のように「江州《ごうしゅう》」（「近江《おうみ》」）をもとにする呼び方で、現在の滋賀県）に基づくゴーシュー類（ゴーシューイモ・ゴーシイモ・ゴーシ）が西日本に分布する。

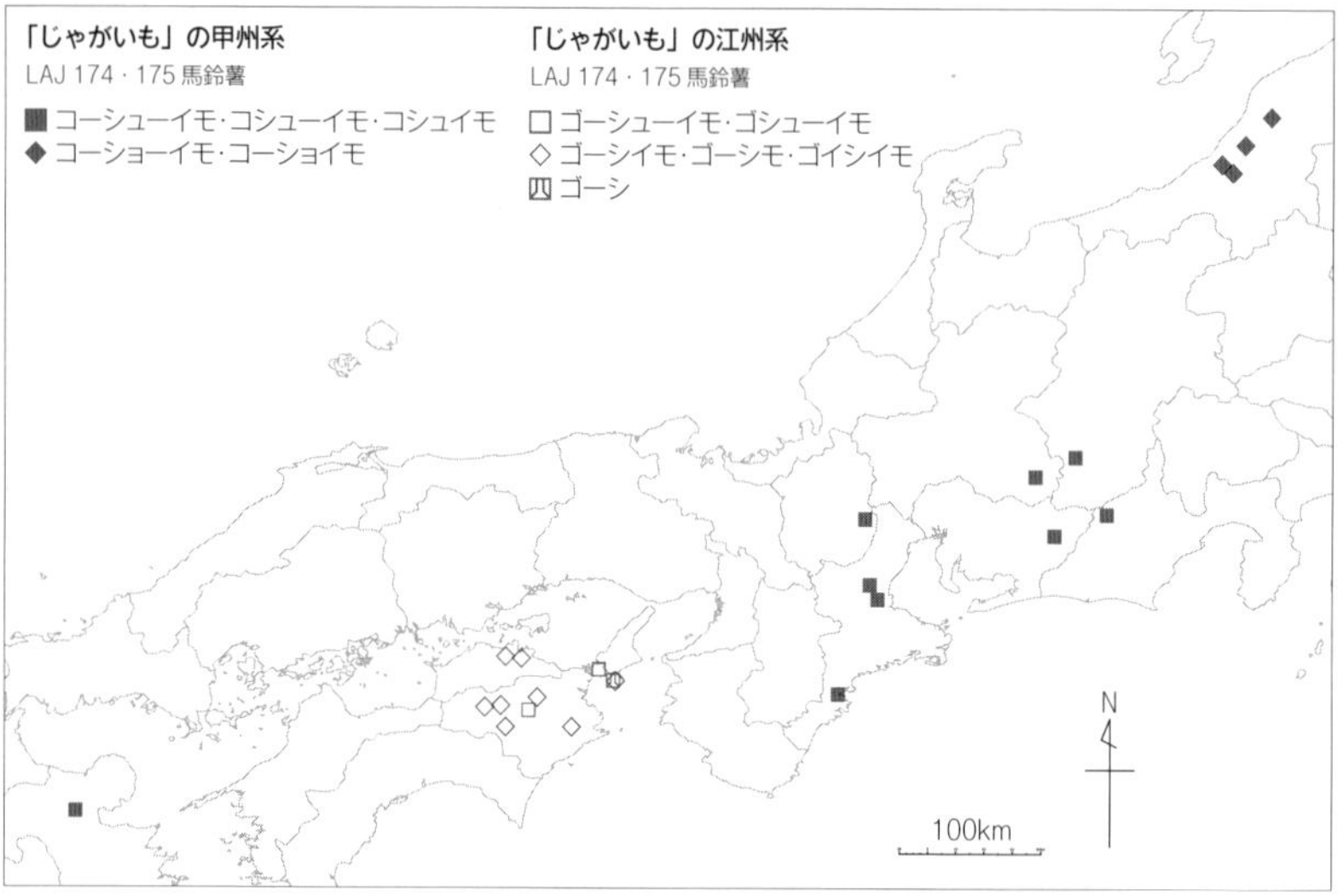

図 2-2　甲州から江州へ

コーシュー（甲州）は西日本から遠く、西日本の人々にはあまり馴染みのない地名であった。そこで、コーシュー（甲州）に音が似ていて西日本に近く、かつ「近江商人[16]」の存在により全国的にもよく知られたゴーシュー（江州）に類音牽引により置き換えられた。

甲州から聖人たちへ

図2-3のように「孔子」や「弘法大師（空海）」のような国内外の歴史上の偉人の名が「じゃがいも」方言に当てられることもあった。

コーシイモのコーシは「孔子」に該当し、これもコーシュー（甲州）をもとにすると考えられる[17]。救荒作物「じゃがいも」の草分けの地から離れると、身近ではないために理解されにくい地名コーシュー（甲州）は、飢饉から人々を救う救荒作物への敬意により、似た音を持つコーシ（孔子）へと類音牽引で置き換えられた。

そのような作物に対する敬意は、コーシュー（甲州）の語頭のコーとの類似性から類音牽引を引き起こし、コーシュー（甲州）を仏教の宗派である真言宗の開祖の空海の別名「弘法」にあたるコーボー・コーボーイモに変化させた[18]。コーシュー（甲州）が、中部地方西

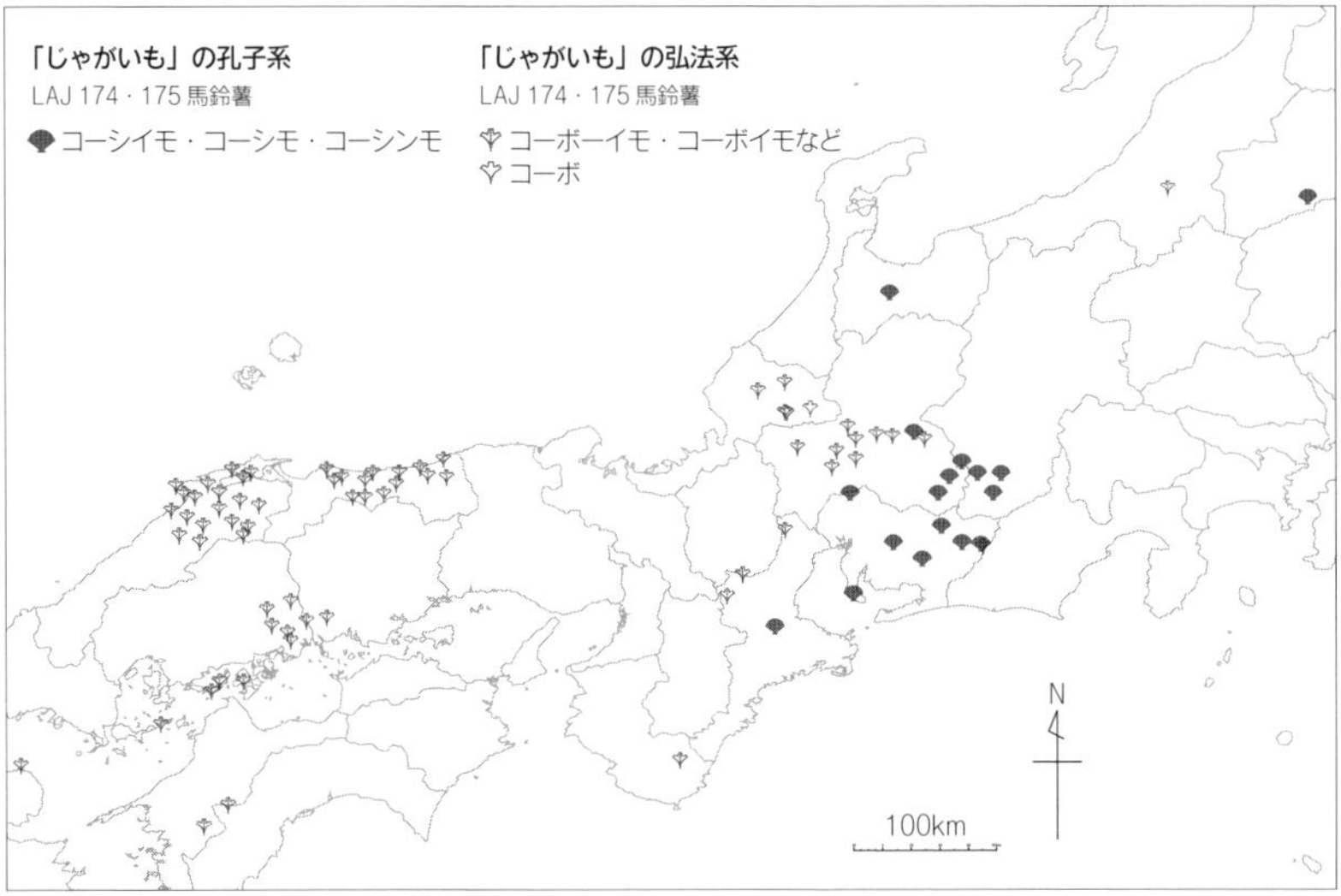

図2-3　甲州から孔子・弘法へ

部や中国地方であまり馴染みがなかったためだろう。

数量詞への変化

「じゃがいも」は、冷涼な気候に強く、豊富な収穫量と二期作が可能であるという性質を持つ。そのため、図2-4（42頁）に示したようにゴーシュー（江州）は、《量》や《回数》を表す数量詞に変化した。

コーシュー（甲州）から変化したゴーシュー（江州）は、東北北部から北海道において、類音牽引により音形の類似したゴショー（五升）へと変化し、救荒作物「じゃがいも」の生産《量》の多さを表す語形に変化した。近世の東北地方において江州の近江商人が活躍していたこと[19]を考慮するなら、かつてはゴーシュー（江州）相当の語が東北地方にも分布していたことを裏付けることにもなる。

二期作が可能な「じゃがいも」は、収穫の《回数》から東北地方で広くニドイモ（二度芋）とも呼ばれた。「量」を表すゴショー（五升）と「回数」を表すニド（二度）が組み合わさり、第8章で扱う混淆が起きることで、新たにゴドが生み出された（ゴショー＋ニド→ゴド、東北地方日本海側に分布）。

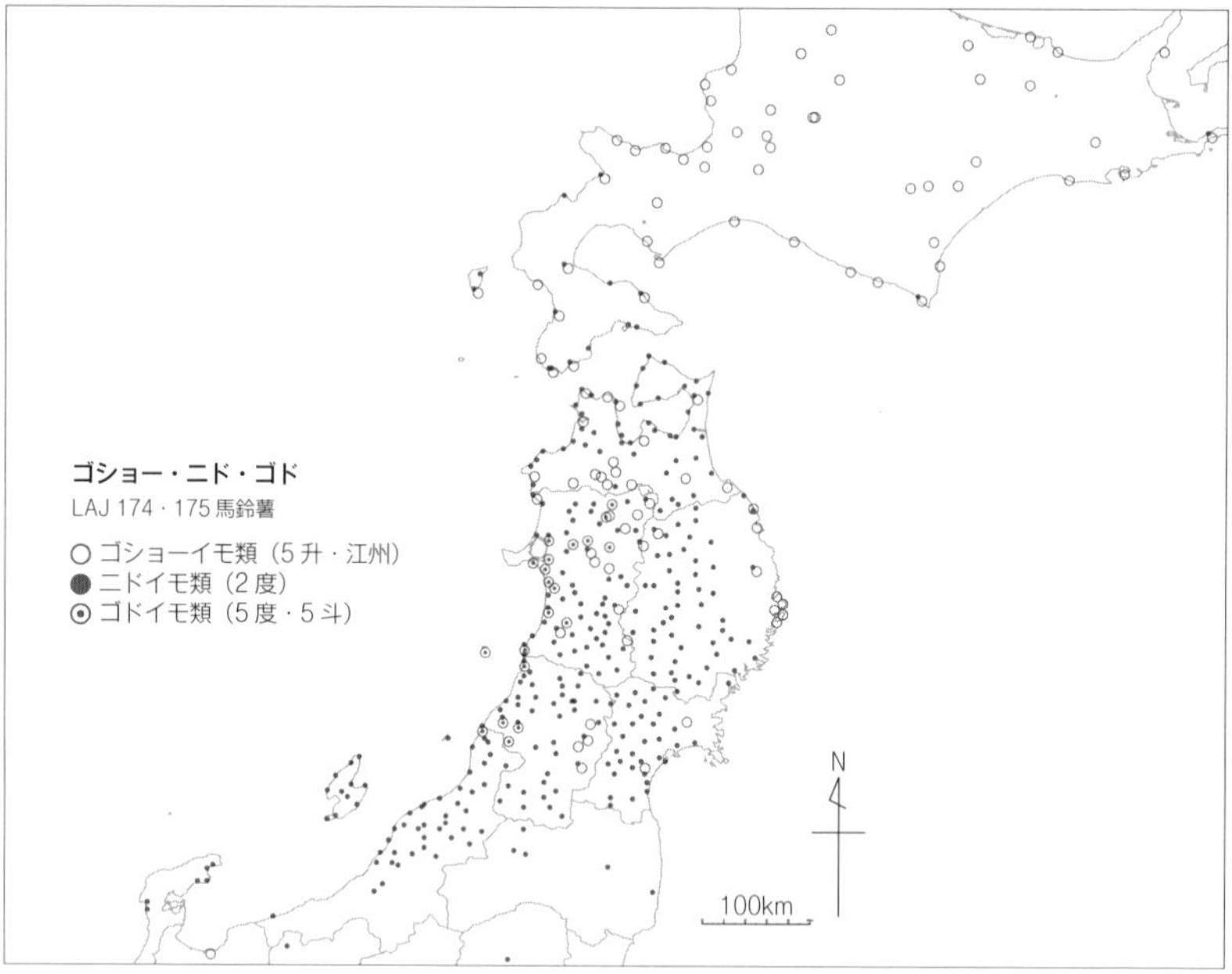

図 2-4　数量詞による変化

ゴドの背景では「五斗」（東北方言では語中のtが有声化（濁音化）してdになる）と「五度」が意識され、収穫の《量》と《回数》が強化された。実際には、そこまでの回数にわたる栽培はできないが、それほどに収穫が見込まれるという期待や強調の意識がありそうだ。

擬態語から固有名詞への回帰

図2-5では、ゴロという形を語頭に持つ一連の「じゃがいも」の方言が確認される。ゴは、ゴド（五斗・五度）同様に、「甲州」から変化した「江州」をもとにするものだろう。そこに「じゃがいも」の形状から、擬態語のゴロゴロという響きを持つ語が類音牽引で生み出された。

しかし、ゴロは擬態語にとどまらなかった。イモ（芋）という語形は、古く人名に用いられることの多かったエモン（右衛門）に似ていたために、人名に接近することになった（ゴロイモ→ゴロエモン）。さらに、このことがゴローザやゴロータなど、人物を特定しない人名を含

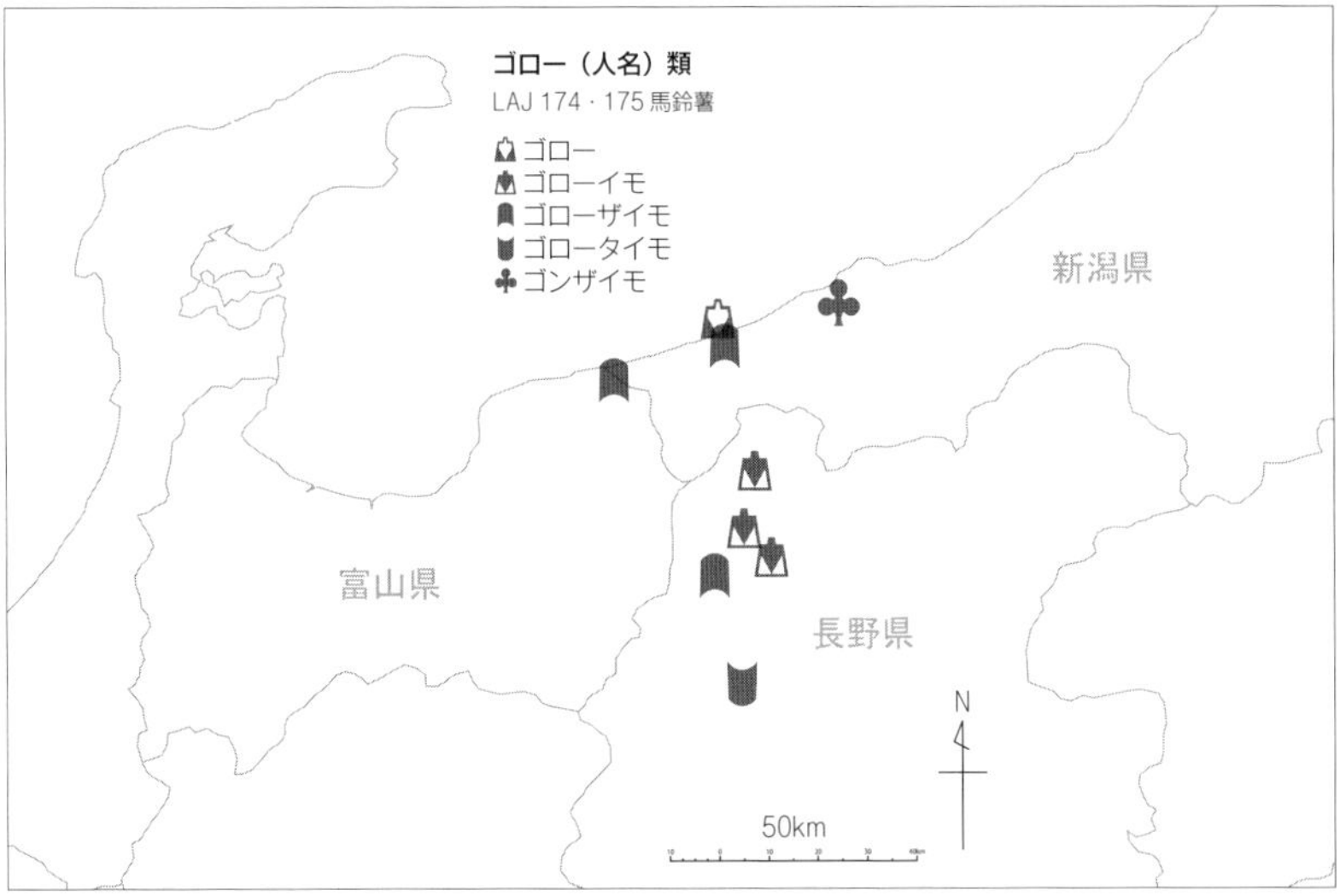

図 2-5　固有名詞への回帰

む語形を類音牽引で派生させた。

結局のところ、セーダユー（清太夫）という人名の固有名詞から出発した「じゃがいも」の方言は、ふたたび、人名に回帰したことになる。

5　弱い固有名詞の強い力

弱い固有名詞とその力

救荒作物の「じゃがいも」を広める出発点には「甲州」の「中井清太夫」がいた。しかし、「中井清太夫」「甲州」は、ともにもとの場所を離れると、あまり広く知られることのない「弱い固有名詞」であった。弱い固有名詞であったために、出発点から離れた伝播先では、それぞれの地域で、類音牽引が連鎖的に生じ、音の類似性が意味を背景にしながら、つながりやなじみのある名称・語形に変化することになった。つまり、もとの「弱い固有名詞」という特徴が、その「弱さ」により、言語変化を生み出す強い力を発揮したわけである。[20]

弱い固有名詞と「じゃがいも」の変化

「じゃがいも」は、特に導入の初期段階で、飢饉対策の救荒作物としての性格を強く有していた。コーシュー（甲州＝地名）のセーダユー（清太夫＝人名）は、もっとも早い時期に、普及に貢献した人物であった。しかし、清太夫も甲州も、ともに弱い固有名詞であったために言語変化を強く押し進めた。その変化過程のあらましを整理すると次のようである。

「清太夫」→「仙台」（寒さ）
「甲州」→「孔子」「弘法」（救荒作物による救いへの敬意）
→「江州」（広く知られる地名）→「五升」（量）→（「二度」と混淆）→「五度・斗」（回数・量）
→「五郎」（人名に回帰）

強いものが影響力を持つとは限らず、影響力を持ちたければ強くなればよいというわけではない。強さと影響力は必ずしも相関しない。むしろ弱さが変化の機動力になり、思わぬ形で未来につながっていくこともある。後世への影響は、現世でのあり方とは直結しないらしい。つまりは、なるようになるということだ。「じゃがいも」から少しほっとした気分をもらった。

【注】

（1）財団法人いも類振興会編（二〇一二）、山本（二〇〇八）参照。
（2）『物類称呼』は、岩波文庫も含め、複数の活字版があり、また、国立国語研究所のサイトでも閲覧可能である。
（3）方言量については、柳田（一九三〇・一九四〇）参照。

（4）大学の講義や市民向けの講演でこの話をすると意外な事実と受け止められることが多い。渡来作物の中で「じゃがいも」は洋食の材料として使われることが多いため、地方の言語として持つ方言のイメージとずれるためであろう。
（5）宮本（一九六二）参照。
（6）実数にしたのは、表1-1に合わせて割合で示すと数値が小さすぎてわかりにくくなるためである。
（7）LAJ180図の「かぼちゃ」に現れるキントは、坂田金時（中世初期の武士）に関係することも考えられる。一方で、ナンキン（南京）とトウ（唐）の混淆（第8章参照）の可能性もある。
（8）「甲州」は、令制国名（旧国名）の「甲斐《かい》」の「甲」をもとにする。「信濃」の「信州」、「近江」の「江州」などのように令制国名の一文字から通称を作る習慣が古くからある。
（9）江戸時代において江戸の幕府（中央政府）が直轄地である天領を統括するために派遣した中央官僚で、数年ごとに交替する。
（10）手塚編（一九七八）参照。
（11）小林（一九八七）参照。
（12）高槻（二〇一二）参照。
（13）なお、岐阜県（一九六八）、伊藤（二〇〇八）、財団法人いも類振興会編（二〇一二）のように、飛騨地方の語形については当地の代官、幸田善太夫《こうだぜんだゆう》（任期は一七四五～五〇年）に求める説もある。ただし、山田（二〇一七）も考察するように、これには林（二〇〇〇）のような異論もある。ともあれ、「善太夫」だったとしても、「仙台」に置き換えられる変化があったことには変わりがない。なお、林（二〇〇〇）の情報ならびに文献入手にあたっては、岐阜大学の山田敏弘氏によるところが大きい。ここに記して感謝する。
（14）「花」と「鼻」、「雨」と「飴」、「橋」と「箸」のように、形が同じで意味の異なる語を同音異義語という。同音異義語はホモニム（homonym）とも呼ばれる。意味が同じで形が異なる語は同義語（シノニム synonym）である。第5章でも述べるように、多くの言語地図は一定の意味を表す各地の多様な語形を扱うので、シノニムの地図として見ることができる。
（15）ドーザ（一九三八、八一頁・一九五八、九〇頁）参照。
（16）江戸時代を中心に活躍した商人たちで、現在の大手商社の基盤にもなっている。伊藤忠や丸紅がその代表。江頭（一九五九）、渡辺（一九八〇）参照。
（17）沢木（一九七九）参照。
（18）弘法大師をもとにすることは、グロータース（一九七六、一六八～一七二頁）、グロータース（一九八一）参照。
（19）末永（二〇〇〇）参照。
（20）人名に基づく語と地名に基づく語では、分布のあり方に異なりが見られる。この点については、第3章で扱う。

【参考文献】

伊藤章治（二〇〇八）『ジャガイモの世界史―歴史を動かした「貧者のパン」』（中公新書）
江頭恒治（一九五九）『近江商人』（弘文堂）
岐阜県（一九六八）『岐阜県史　通史編　近世　上』（岐阜県）
越谷吾山（一七七五）『物類称呼』
小林貞夫（一九八七）「神に祀られた芋代官」『郡内研究』一
財団法人いも類振興会編（二〇一二）『ジャガイモ事典』（全国農村教育会）
沢木幹栄（一九七九）「物とことば」徳川宗賢編『日本の方言地図』（中公新書）
末永國紀（二〇〇〇）『近江商人―現代を生き抜くビジネスの指針』（中公新書）
高槻泰郎（二〇一二）「中井清太夫という男」『神戸大学経済経営研究所ニュースレター』一一九、一〜四頁
手塚寿男編（一九七八）『郷土史事典　山梨県』（昌平社）
林格男（二〇〇〇）「せんだいも雑話」『飛驒春秋』四七〇、二〜三頁
宮本常一（一九六二）『甘藷の歴史』（未来社）
柳田国男（一九三〇）『蝸牛考』（刀江書院）
柳田国男（一九四〇）『野草雑記・野鳥雑記』（甲鳥書店）
山田敏弘（二〇一七）「飛驒方言の語源に関する小考」『斐太紀』一六、一二四〜一三五頁
山本紀夫（二〇〇八）『ジャガイモのきた道―文明・飢饉・戦争』（岩波新書）
渡辺守順（一九八〇）『近江商人』（教育社歴史新書）
グロータース・W・A（一九七六）『日本の方言地理学のために』（平凡社）
グロータース（一九八二）「じゃがいもと大名―方言分布の一例」藤原与一先生古稀御健寿祝賀論集刊行委員会編『方言学論叢Ⅰ―方言研究の推進』（三省堂）二四七〜二五三頁
ドーザ（一九三八）『言語地理学』（松原秀治訳、冨山房）
ドーザ（一九五八）『フランス言語地理学』（松原秀治・横山紀伊子訳、大学書林）

第3章　方言・人名・地名の地理的関係
――山口県に山口さんが多いわけではない――

「じゃがいも」のコーシューのように方言に地名が入っている場合、その方言は該当する場所では用いられない。では、人名はどうか。山口県に「山口さん」は多いのか。ここでは、方言、人名、地名の関係を考えよう。

1　方言と人名、方言と地名の位置

方言と人名、方言と地名

前章（第2章）で「じゃがいも」の方言セーダユーを扱った。セーダユー（中井清太夫）は甲州（山梨県）の代官であった。セーダユーはおもに山梨県に分布しており、物の名前が「清太夫」のような人名に由来する場合、その語形は当該の人物にゆかりのある場所に分布していることがわかる。

一方、「じゃがいも」の方言コーシュー（甲州）やコーシューイモのように、物の名前が地名に由来する場合、もとの場所（この場合は山梨県）から離れた場所（長野県・静岡県・愛知県・岐阜県・三重県・滋賀県・新潟県・大分県）に分布する。このことを地図で確認してみよう。やはり、前章で述べたように、「じゃがいも」の方言には国内地名が多い。図3-1には「じゃがいも」を表す語形に国内の地名が含まれる方言の分布を示

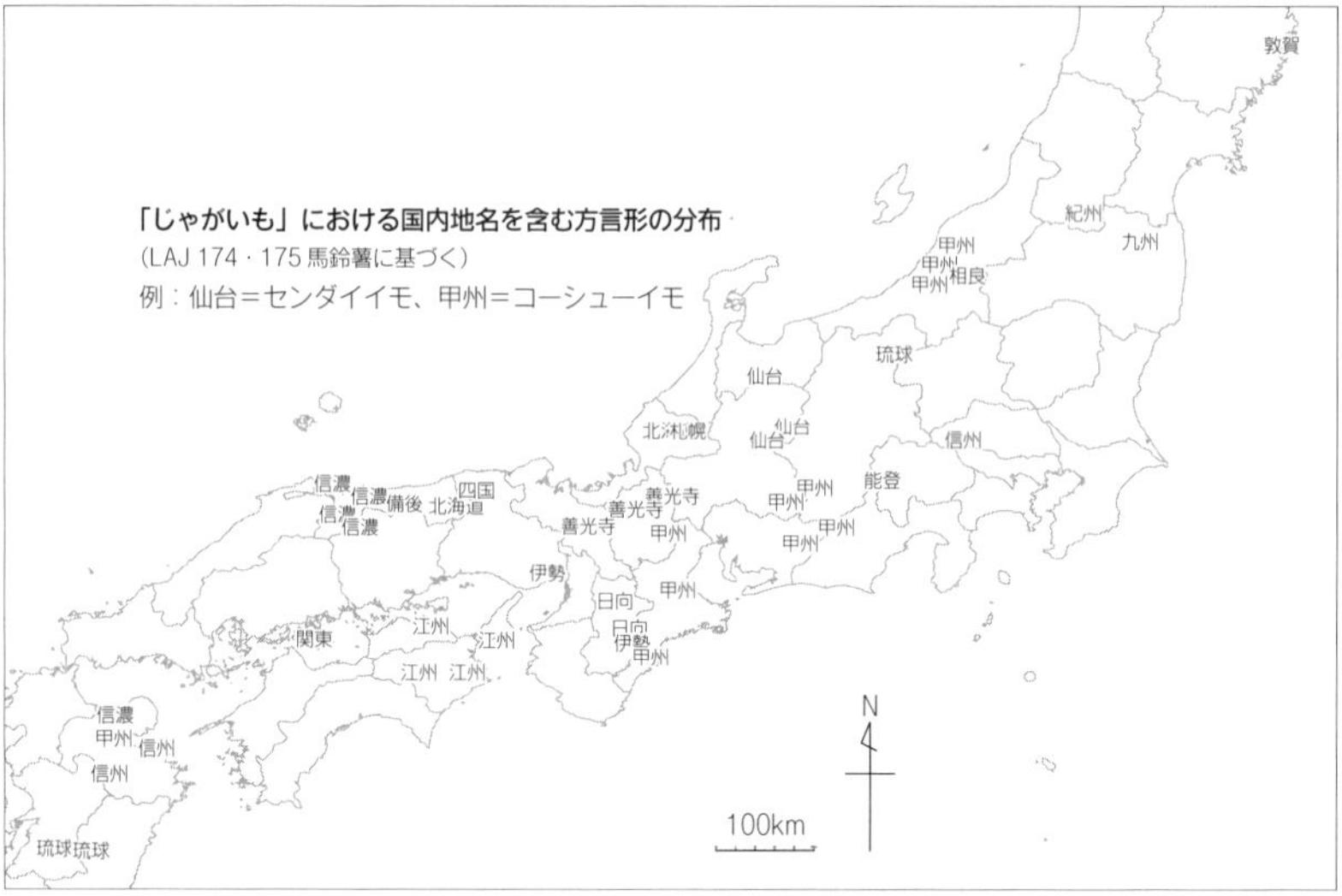

図 3-1　「じゃがいも」の国内地名語形

した。地図上に「仙台」が見えるところではセンダイイモ、「甲州」と示しているところではコーシューイモのように各地名をもとにした方言が分布していることを表している。方言に含まれている地名と地名の場所は一致しない。すなわち、空間的に離れていることがわかる。

その他の作物の方言も検討してみると、「さつまいも」には、標準語形に含まれるサツマ（薩摩＝現在の鹿児島）のほか、リューキュー（琉球＝ほとんどが現在の沖縄県）も多いが、これらはいずれも鹿児島県や沖縄県では用いられない。「かぼちゃ」の方言にもサツマがあるが、用いられるのは、岡山県を中心とした山陽地方である。「とうもろこし」の方言にはヤマト（大和＝日本）があり、これが用いられるのは沖縄県など琉球地域である。近世まで琉球は日本とは別の独立国であったから、やはり語形に含まれる地名と場所は離れている。

渡来作物以外にも目を向けてみよう。「さといも」の方言[1]ナガサキイモは長崎県をとりまくように近隣の福岡県に分布し、ジョーシューイモも群馬県（上州）

の周囲に現れ、いずれも地名の場所を避けるかのように分布している。また、佐渡島にヤワタイモ・ヤータイモのようなヤワタ類がまとまっている。ＬＡＪ４集の解説によると、これは島内の地名であり、佐和田町の八幡に由来するとのことである。詳細に検討すると、旧八幡村を含む佐和田町にはヤワタ類は分布していない。そのほか、「瀬戸物」を表す方言カラツモノは佐賀県の唐津に由来するが、カラツモノもはやり唐津市には分布しない。[2]

方言と人名は近く、方言と地名は遠い

以上のように、地理的位置関係で見た場合、方言が使われる場所とそのもとになった人物の場所は近接するのに対し、地名が含まれる方言はその地名の場所から離れたところで使われている。つまり、方言と人名は近く、方言と地名は遠いという関係にあることがわかる。絶対的な規則とまでは言い切れないが、多くの事例が当てはまることから、かなりよく成り立つものと考えられる。

人名は無限ではないにしても、制限がなく、人の誕生とともに生まれてくる。「清太夫」もその一つである。一般に、人名が表す人物のことを知るのは限られた範囲のことで、空間的距離に制約され、離れてしまえば、誰のことやらわからなくなる。したがって、物の名前に人名が取り入れられても、あまり遠くまでは広がりを持たない。地域では著名な人物であっても地元を離れると誰だかわからなくなる。例えば、隣県の知事、隣の市町村長を考えてみるとよい。

地名も数は多いが、人と違い、次々と生まれてくるということはない。そして、共通の知識として持ち合わせている地名はある程度限られている。それらが物の名前にあてがわれる。そのような地名というものは、何らかのイメージを伴うことが多い。仙台の涼しさ、薩摩の暖かさ、長崎が持つ西洋とのつながりなど、旅の連想と同一線上にある。だから、旅行先のような自分の居場所のソトの名前をあてるのだろう。[3]そして、このことによって、物の名前と地名は遠く離れることになる。[4]

以上のように、方言と人名は近接し、方言と地名は遠隔の関係にあることがわかった。それでは、地名と人名はどのような関係にあるのだろうか。次にその点を考えることにしよう。

2　地名・人名・方言

地名と人名の関係とは

地名と人名の関係というのは、ちょっとわかりにくいかもしれない。地名はその名が表す場所に確定できる。方言は多様であるとはいえ、その本質は場所によることばの違いであり、○○のことを△△では××と言う、のように場所と結びついている。それらに対し、人はあまりにもさまざまで流動的だからだ。

ある場所、あるいはある地域には特定の名字（苗字・姓）の人が多いという偏りに気付くことがある。例えば、東北地方には佐藤さんが多い。筆者（大西）は、東日本で同姓の人に出会うことはあまりないが、高校まで過ごした西日本では同学年や同クラスにたいてい二人や三人はいた。このような偏りを捉えようということだ。例えば、山口さんは山口県に多いのか、原さんは原村に多いのか、さらに歴史的にさかのぼって、肥後さんは肥後国（熊本県）に多いのか、というようなことを見てみよう。地名に該当する名字が多ければ地名と人名は近く、少なければ遠いということになる。

使うデータ

どこにどんな名字の人がどれだけいるかを確実に把握する方法はない。人の名前と居住地が結びついたデータはもっとも守られるべき個人情報であり、自治体に登録されている住民基本台帳などからの分析といったことは不可能である。

近似的に扱えるデータとしてＮＴＴ（旧電電公社）の電話帳がある。ただし、電話帳に登録されているのは、固定電話の回線番号である。固定電話の利用が徐々に減少しているのは確実であり、世論調査への固定電話利用も民意の反映として扱う上での問題点が指摘されている(5)。加えて、NTTの電話帳（ハローページ）も二〇二一年以降は発行されていない。このような問題点があるのはたしかだが、この調査に使えるデータは、電話帳をもとにしたデータのほかには考えられず(6)、実際、都道府県別の名字のランキングのような書籍では、多くの場合に電話帳が用いられてきた(7)。以下、このデータを電話帳データと呼ぶ。なお、行政域ごとの比率を求めるにあたっては、電話帳データに時期的に近い二〇一〇年の国勢調査データを用いた。

検証方法　①都道府県名と名字の分布、②任意の県内の市町村名と名字の分布、③令制国名（旧国名）と名字の分布の関係を見ることにする。②については、後でも述べるように、いわゆる平成大合併後も比較的多くの市町村が残されている長野県を対象とした。電話帳データで地域ごとの該当する名字の件数を求め、各行政域（都道府県、市町村、字など）の世帯数をもとに割合を算出する。

3　名字と都道府県名

対象とする名字と方法　人名と地名の関係について、まずは、都道府県名から始めよう。ここでは、都道府県名と表記が一致する名字(8)を対象に見ていく。表記が一致するというのは、例えば「福島県」の場合は、「福島」さんが対象になるということである。「ふくしま」という読みを基準にすると、「福嶋」さんや「副島」さんなども対象になりえるが、ここでは一致する表記に限定した。なお、電話帳データは表記でしか扱えない（基本的に読みはわからない）ので、「副島」が「ふくしま」なのか「そえじま」なのかはわからない。また、「福島」でも「ふくじま」の可能性は残されている。あくまでも表記の一致に基づくものである点には注意が必要である。

都道府県名と名字の表記が一致するものについて、各都道府県の世帯数[9]の中での電話帳データの割合を千分率（‰：パーミル）で扱う[10]。求められた割合をもとにして、都道府県ごとのコロプレスマップ（階級区分図）を描く[11]。

都道府県名の名字

表3-1に示したのが、全国の件数が上位20位までの名字である。都道府県名と同じ名字のトップは「山口」さんである。「石川」さん、「宮崎」さんがそれに次ぐ。1位の「山口」さんの各都道府県ごとの割合を図3-2に示した。同名都道府県における割合は低く、山口さんは山口県に多くいるわけではないことがわかる。他の名字でも一部の例外[12]を除き、ほとんどの名字が、同名の都道府県での割合は低い。

順位	名字	件数
1	山口	83,445
2	石川	53,740
3	宮崎	31,006
4	千葉	27,278
5	福島	18,764
6	福井	13,352
7	長野	6,739
8	宮城	6,630
9	福岡	6,277
10	秋田	4,854

順位	名字	件数
11	奈良	4,760
12	香川	3,556
13	長崎	3,469
14	山形	3,469
15	岡山	2,843
16	富山	2,685
17	熊本	1,685
18	佐賀	947
19	広島	808
20	山梨	784

表3-1　都道府県名と同じ名字（上位20位）

4　名字と市町村名 —— 長野県 ——

なぜ長野県なのか

二〇世紀末から二一世紀初頭にかけて、政府の主導のもと、市町村合併が進められた。平成の大合併と呼ばれ、約三二〇〇あった市町村は、約一七〇〇までになった。電話帳データでの調査にとって、この大合併は痛い。ここで使う電話帳データは平成大合併終了後の二〇一四年のデータである。歴史的経緯を考えるにあたっては、合併があまり進まない状態の方が望ましい。同じく、合併により、新たに生まれる市町村名は過去とのつながりが希薄なことが

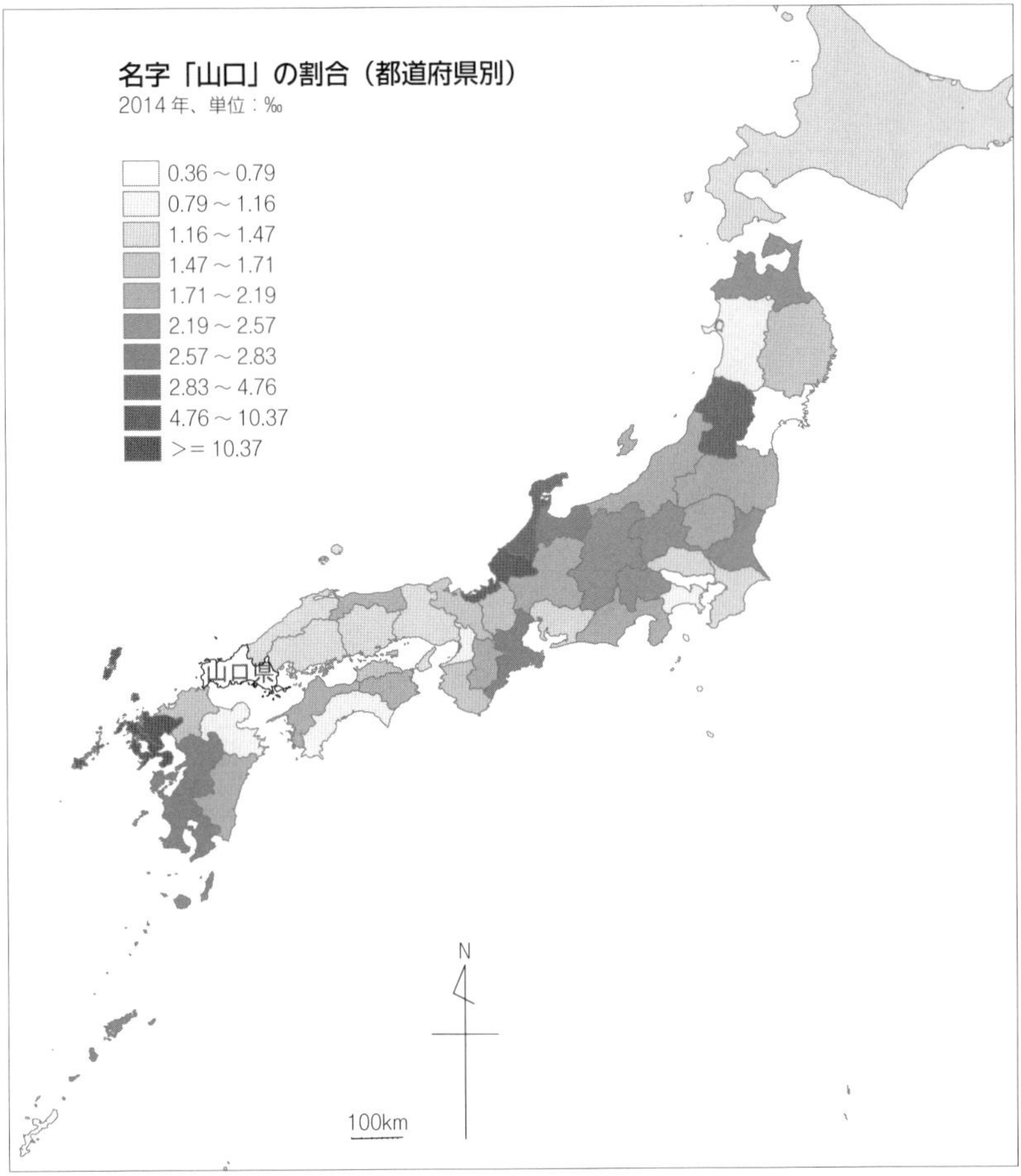
名字「山口」の割合（都道府県別）
2014年、単位：‰
0.36～0.79
0.79～1.16
1.16～1.47
1.47～1.71
1.71～2.19
2.19～2.57
2.57～2.83
2.83～4.76
4.76～10.37
>= 10.37
山口県
N
100km

図 3-2 「山口」の分布

順位	市町村名	名字・異表記	件数
1	原村	原	3,000
2	青木村	青木	2,304
3	池田町	池田	2,031
4	松本市	松本・松元	1,276
5	飯島町	飯島・飯嶋・飯嶌・伊井島	1,097
6	高山村	高山	928
7	喬木村	高木・高城	877
8	川上村	川上・河上	792
9	中野市	中野・仲野・中埜	779
10	小川村	小川・小河	674
11	茅野市	茅野・千野	579
12	上田市	上田・植田	404
13	飯田市	飯田	397
14	中川村	中川・仲川・中河	384
15	宮田村	宮田	324
16	野沢温泉村	野沢・野澤	305
17	南牧村	牧・槙・槇・真木	251
18	辰野町	辰野・竜野・龍野	204
19	下條村	下條・下条	176
20	箕輪町・南箕輪村	箕輪・蓑輪・蓑和・簑輪・簑和	131

表3-2　市町村名と同じ名字（長野県の上位20位）

多いので、このようなケースも少ない方がよい。その点、長野県はあまり合併が進まなかったのでこの調査にはうってつけである(13)。また、市町村数の多い方が事例は求めやすい。この点でも長野県は平成大合併前から市町村数は北海道を除くとトップであったが、合併後もその地位を維持している。そこで、長野県を対象に市町村名と人名の関係を捉えることにする。

長野県内の市町村名の名字

長野県内の市町村名（77種）と一致する名字について、電話帳データ件数上位20位について、異表記（例えば、松本・松元）も含め、対象とした市町村名と異表記・総件数を表3－2に示した。そして、1位の原村（原さん）の分布を図3－3に示した。

図からもわかるように、市町村（長野県）の場合も、多くのケースでそれぞれの市町村には同名の名字は少ない(14)。なお、ここでは異表記を含めた扱いで分布を検討したが、含めない場合も分布の様子に大きな異なりは確認されなかった。

5　名字と令制国名（旧国名）

令制国

3節で扱ったのは、近代以降に設定された都道府県名であった。ここでは歴史的地域区分である令制国名（旧国名）について、名字の分布を検討する。令制国名とは、上代の律令制以来の歴史的な地域区分である。多

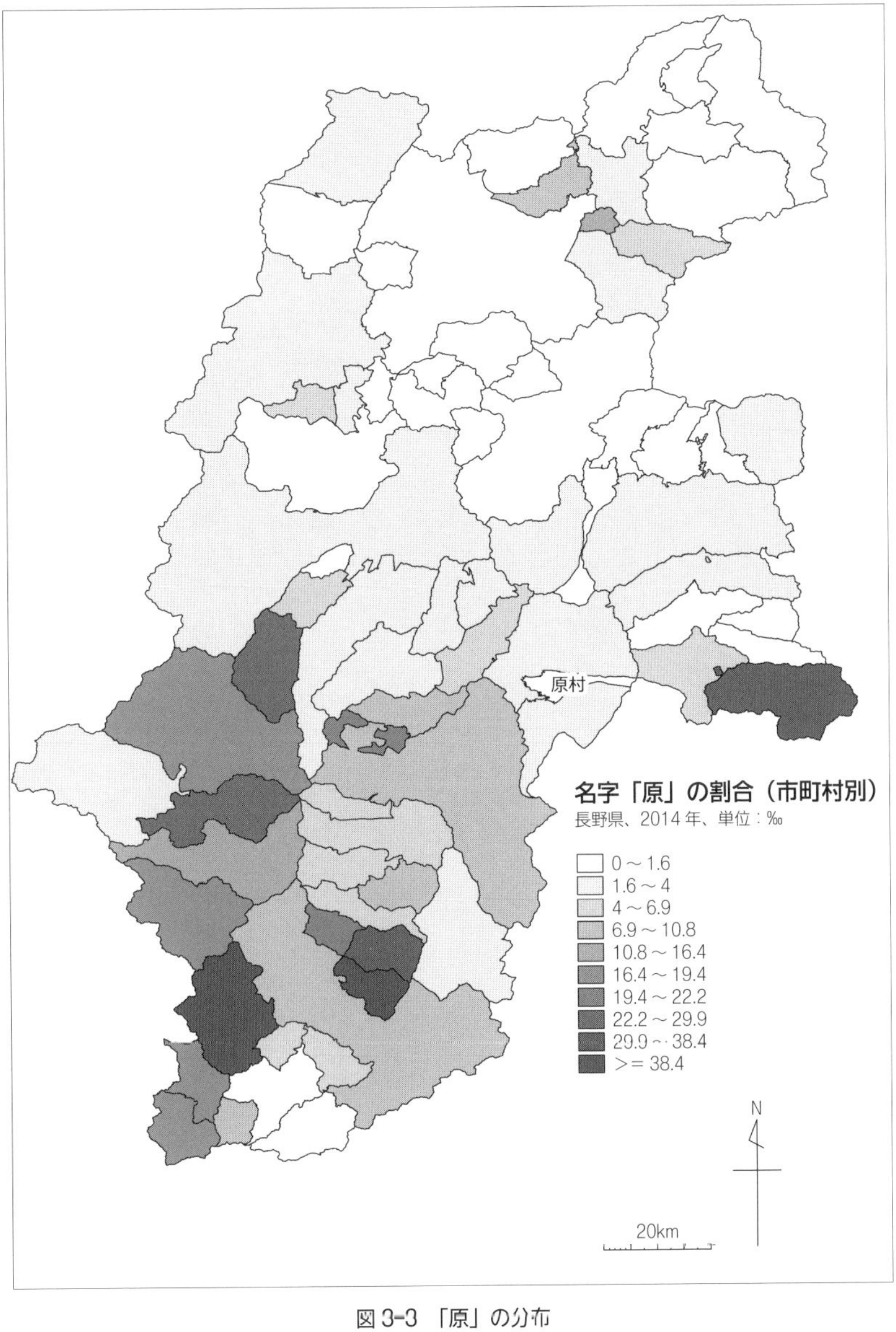
原村
名字「原」の割合（市町村別）
長野県、2014 年、単位：‰
0 ～ 1.6
1.6 ～ 4
4 ～ 6.9
6.9 ～ 10.8
10.8 ～ 16.4
16.4 ～ 19.4
19.4 ～ 22.2
22.2 ～ 29.9
29.9 ～ 38.4
>= 38.4
N
20km

図 3-3 「原」の分布

少の出入りはあるが近代まで引き継がれてきた。

令制国名の名字　扱うのは、表3-3の上位20位の名字である。[15] 電話帳データの性格上、令制国ごとの割合を求めるのは困難なので、都道府県ごとの割合をもとに、ここでは「肥後」を代表として、分布を図3-4に示した。令制国名の場合は、例外なく、各国名地域には、同名の名字の分布は少ない。

以上のように、都道府県名の場合も市町村名の場合も、また歴史的な令制国名においても、人名と地名の関係は遠隔であることがわかった。この背景には、名字は地名をもとにすることが多く、[16] さらに移住先でもとの地名を名乗ることがある[17] ということが理由の一つとして考えられる。このように、場所（地名）と名字の間には、遠隔の傾向が強く見られる。

順位	令制国名	件数
1	上野	26,838
2	甲斐	9,710
3	河内	4,970
4	和泉	4,007
5	山城	3,615
6	大和	2,727
7	対馬	2,368
8	加賀	2,168
9	下野	2,111
10	日向	1,869
11	伊勢	1,842
12	近江	1,569
13	若狭	1,378
14	能登	1,359
15	伊賀	1,310
16	肥後	1,105
17	大隅	1,077
18	越後	802
19	土佐	759
20	播磨	728
20	淡路	728

表3-3　令制国名と同じ名字（上位20位）

6　方言・人名・地名の関係

三者の距離の原則　方言・人名・地名の地理空間的関係を捉えてみた。方言と人名は、「じゃがいも」の山梨方言のセーダユーとそのもとになった甲府の代官、中井清太夫のように、近接している。方言と地名は、「じゃがいも」のコーシューが山梨県では使われないことが示すように、遠隔である。

地名と名字の地理空間上の関係は、広域（都道府県）でも狭域（長野県）でも遠隔が原則であり、歴史的な令制国名では例外なく遠隔が確認される。

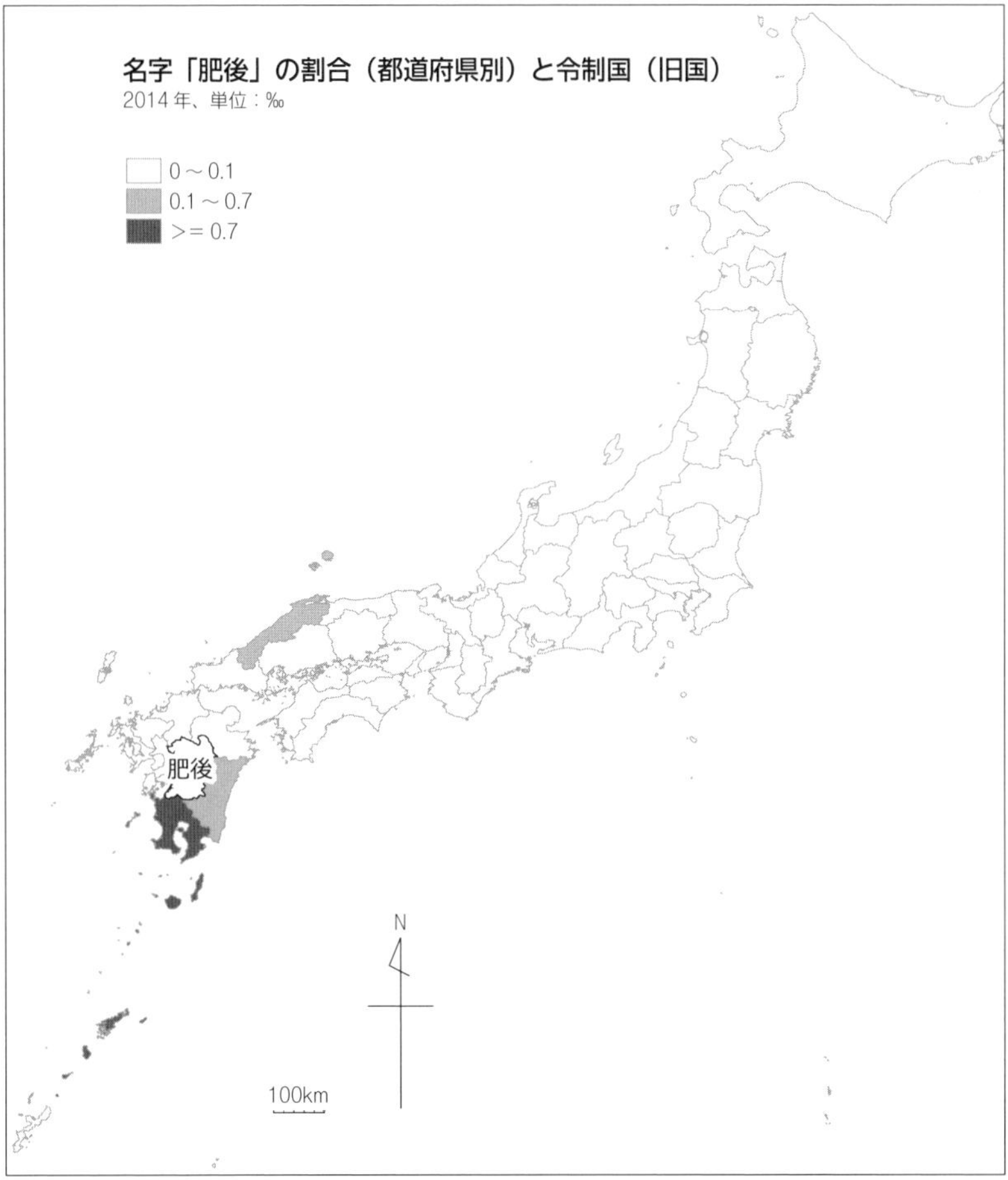

図3-4　「肥後」の分布

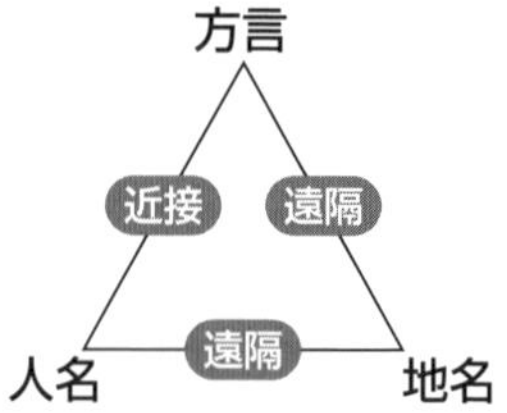

図3-5　方言・人名・地名の関係

したがって、三者の関係は、図3-5のようであることになる。

固有名詞の個性

固有名詞の名字は人名であり、人と結びついている。したがって、原則に収まらない個性的な分布が見られることが当然ある。府県を越えて考察すべきケースを見てみよう。山梨県に多い「望月」は、長野県の望月村（のちに望月町、現在は佐久市に合併）から移住して広まったとされる。[18] 図3-6のように山梨・長野の両県を合わせて見ることで、このことが確認できる。

長野県内における「今井」は、市町村ごとではあまり明確ではないが、岡谷市内の行政区（大字）ごとに見ると、図3-7のように今井地区において20%近く（198・6‰）あり、この地区内に集中している。このように、個別にまた詳細に扱うなら、必ずしも遠隔ではない事例も見いだされる。[19]

固有名詞は、人名にせよ地名にせよそれぞれが個性と歴史を背景に持つ。その点で固有名詞は、一般性や普遍性の対極にあり、研究の対象としては、どうしても脇に追いやられがちである。山梨県の「望月」や長野県岡谷市の「今井」の例が示すように、都道府県を越えた領域や大字レベルの微細領域を対象にすることで、地域史へのアプローチが可能になる。学問分野として個別化した言語学・歴史学・地理学・民俗学などの諸分野を総合化してつなぐ役割が、固有名詞には期待される。

第Ⅰ部では、地名や人名が方言に取り入れられる事例を取り上げた。取り入れるということは、見方を変えると、重複を起こしているということでもある。そして、重複はことばどうしのぶつかり合いでもある。ぶつかり合いは、言語変化を誘発し、方言を生み出していくことにもなる。第Ⅱ部ではそのような様子を見てみよう。

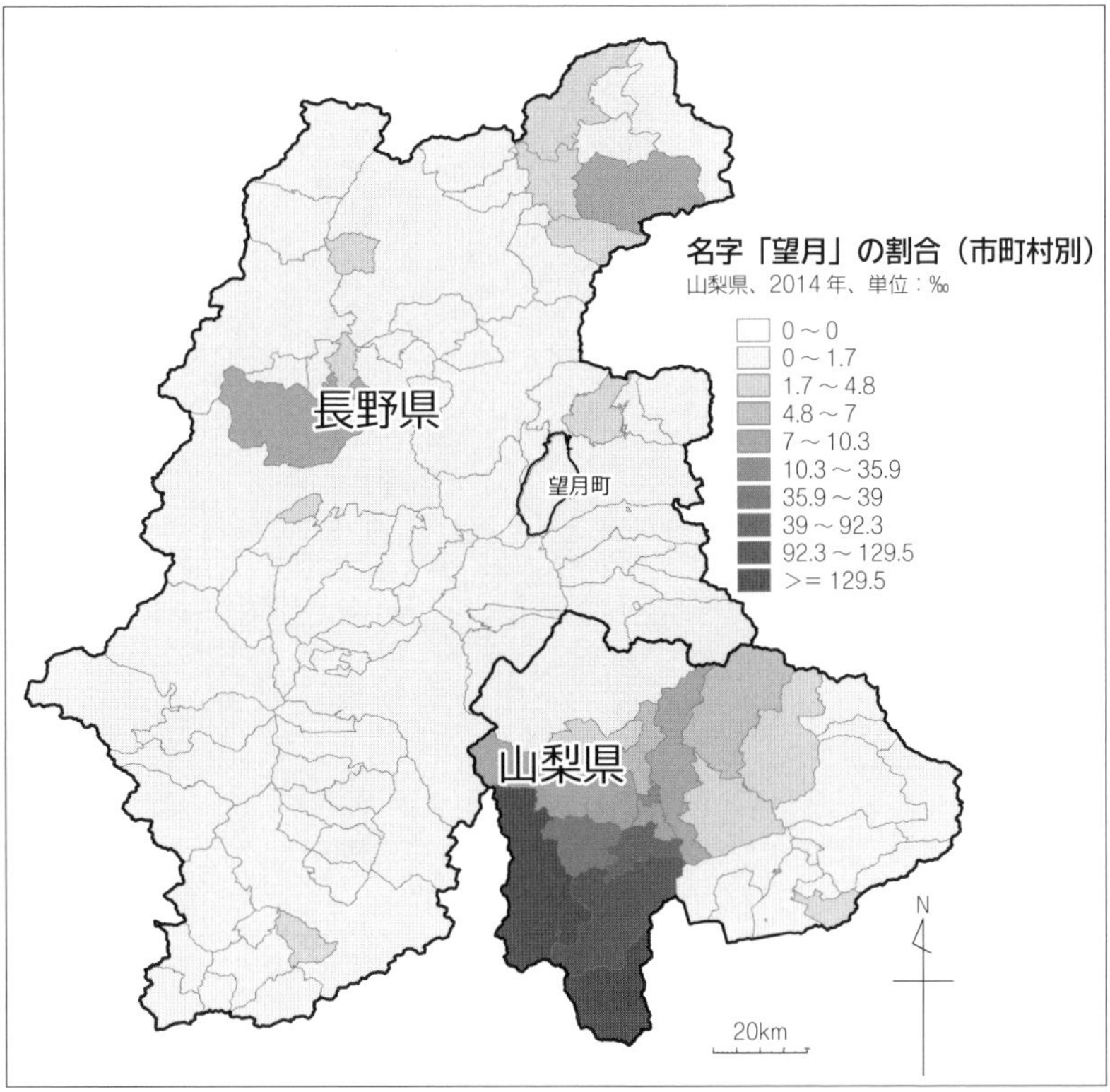

図 3-6　山梨県・長野県における「望月」の分布

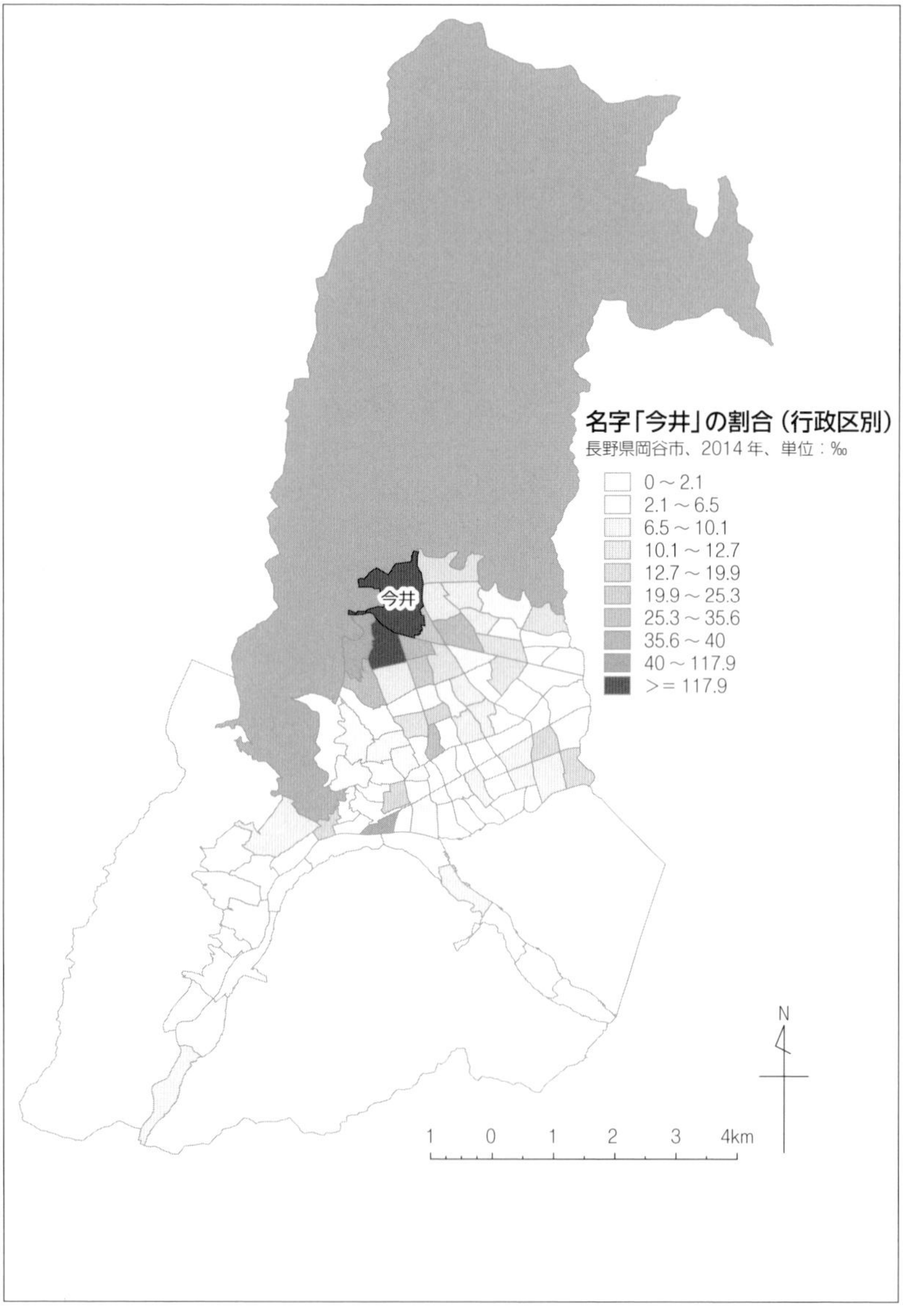

図 3-7　長野県岡谷市の「今井」

【注】

（1）「さといも」の方言分布はＬＡＪ177・178図に基づく。

（2）「瀬戸物」の方言分布はＬＡＪ161図に基づく。

（3）もちろん、物の導入元ということもあるだろう。しかし、それは絶対的基準ではない。したがって、物の名前から物流史を再構築するのは危険である。物のイメージから来たのかは、本当はわからない。少なくとも原産地であることは絶対にない。ジャガイモがジャカルタから来たのか、カボチャがカンボジアから来たのかは、本当はわからない。少なくとも原産地であることは絶対にない。中南米からヨーロッパ経由でアジアに導入されたことは確固たる事実である。

（4）「さつまいも」については、佐藤編（二〇一九、一六六頁）、沢木（一九七九、六四頁）のように導入元を投影する考えがあり（ただし、佐藤（二〇一五、五一頁）は「名称地を離れた地方に分布」という言及に止まる）、「琉球」「薩摩」などは導入元に対応し、かつ導入元と使用地の距離に応ずるとされる。しかし、それは穿ち過ぎで、前章の「じゃがいも」が示すように語形に含まれている地名にも紆余曲折があると考えるべきである。

（5）岩本（二〇一五、一〇三～一一五頁）参照。

（6）ここでは、この分野の老舗である日本ソフト販売株式会社から出されていたソフトウェア「電話帳図書館 Ver.13 2014年度版」を利用した。なお、二〇一四年度版は、このソフトの最終版であり、その後は更新もなく、販売も終了している。

（7）村山（二〇〇〇）、森岡（二〇一二）参照。

（8）苗字や姓とも呼ばれる。ここではこれらを区別しない。

（9）二〇一〇年の国勢調査データをもとにする。世帯は生計を一にすることを単位とするので、世帯数と家族数はおおむね一致し、家族を示す名字とそれに基づく電話帳データの件数は地域での割合からそれほど乖離することはないと考えられる。

（10）‰は、千分のいくつの割合にあたるかを示す単位であり、%を十倍した数値で表される。したがって、10%は100‰に、1.5%は15‰に、0.1%は1‰にそれぞれ該当することになる。‰で扱うのは、各名字の件数が全世帯の中で占める割合は、それほど高くなく、%では少数以下が多くなりわかりづらくなるからだ。

（11）扱う数値（ここでは割合）を適当な範囲で区切って分類し、色の濃さなどで表現する地図描画の方法である。階級の区切り方には、全体の数値を等分する等間隔分類、分類した中に入る件数を同じくする等量分類、平均値からの距離に基づく標準偏差分類、視覚的に判断しやすいとされる自然分類（natural breaks）などがある。自然分類にもいくつかの手法があるが、ここでは、開発者の名前から「Jenks-Caspall の自然分類」と呼ばれる方法に従った。

（12）例外は8位の宮城と16位の富山である。

(13) 総務省の資料（横道清孝「日本における市町村合併の進展」）によると、大都市圏の市町村減少率は一桁のパーセントであるが、県によっては、新潟県・広島県・愛媛県・長崎県のように7割程度も減少したところもある。平均は4割程度の減少である中で、長野県は3割強にとどまり、これは首都圏の千葉県に近く、関西圏の京都府よりも少ない。例外は、8位の川上、10位の小川、19位の下條であった。

(14) 「播磨」と「淡路」が同数なので、21件ある。

(15) 豊田（一九七一、一六・一六三頁）、柳田（二〇一五、三八・四九・五五頁）参照。

(16) 柳田（二〇一五、一三三頁）参照。

(17) 武光（一九九八、一〇九頁）参照。

(18) 今井区（二〇〇〇、五三頁）によると、「今井」という地名は、室町期の新開発地であることによるとされる。

【参考文献】

今井区誌編纂委員会（二〇〇〇）『岡谷市　今井区誌』（今井区）

岩本裕（二〇一五）『世論調査とは何だろうか』（岩波新書）

佐藤亮一（二〇一五）『滅びゆく日本の方言』（新日本出版社）

佐藤亮一編（二〇一九）『方言の地図帳』（講談社学術文庫）

沢木幹栄（一九七九）「物とことば」徳川宗賢編『日本の方言地図』（中公新書）

武光誠（一九九八）『名字と日本人―先祖からのメッセージ』（文藝春秋）

豊田武（一九七一）『苗字の歴史』（中公新書）

村山忠重（二〇〇二）『日本の苗字ベスト10000』（新人物往来社）

森岡浩編（二〇一二）『全国名字大辞典』（東京堂出版）

柳田国男（二〇一五）『地名の研究』（講談社学術文庫、原著は一九三六年、古今書院）

第Ⅱ部　ことばのぶつかり合い

第4章　同音衝突の成立

――庄川流域の「桑の実」と「燕《つばめ》」――

「桑の実」をツバメと呼ぶ地域では、鳥の「燕」とどう区別するのか。また、なぜそのようなことが起きたのか。同音語の発生が引き起こす同音衝突という現象を見ていこう。

1　桑の実と養蚕

桑の実

桑の実は、その名のとおり、桑の木に生る果実である。かつて、桑の木は広く栽培されており、桑の実は子どもたちの手頃なおやつとして親しまれていた。そのように身近な存在だった桑の実だけに方言形が多い。『日本方言大辞典』(1)では80種類程度の語形が見られる。最近の調査に基づくNLJ8図でも40種類強の語形があがっている。桑の実の利用方法を示すNLJ9図を見ると、国内のほぼどこでも桑の実を食べていたことがわかる。しかし、桑の木は、子どもを喜ばせるために植えられていたのではない。

養蚕と製糸

蚕《かいこ》に餌として葉を与えるために、桑の木は広く栽培されていた。蚕はカイコガの幼虫であり、その繭から取り出したのが絹のもとになる生糸である。蚕を飼い、繭を作らせるという一連の仕事が養蚕である。養蚕は桑の栽培も含め、農家が担ってきた。そのため、産業としては農業の中に含まれる。農業であるが、養蚕は田んぼや畑で作物を作るのとはかなり性質が異なる。また、作物栽培よりも収益が大きいという特色を持っていた。

養蚕で生み出された蚕の繭から糸を紡ぎ出すのが製糸である。当初は養蚕とともに農家が担うこともあったが、手作業では大量生産できない。これを機械化したのが製糸工場であり、業種としては製糸業になる。したがって、この産業は工業である。製糸業は、日本の主要産業であった。明治時代初頭から輸出全体の６割以上にあたり、(2)明治時代末には世界的にも日本の生糸生産量は世界一となり、大正期には世界全体の過半数を占めるようになる。(3)しかし、一九二九年に始まる世界大恐慌から大きな打撃を受け、衰退することになる。(4)

養蚕と製糸の両方を指して蚕糸といい、長野県と群馬県が盛んであった。(5)また、埼玉県、愛知県、福島県、山梨県でも生糸が多く生産されたが、(6)これらの地域に限定されるものではなく、養蚕は全国に及ぶ。(7)そのような事情で、桑畑は全国に多くあったが、価格の安い中国産や化学繊維の普及により日本の養蚕は衰退し、二〇一三年には桑畑は国土地理院の地図記号からも姿を消してしまった。

２　「桑の実」と「燕」の同音衝突

庄川流域の「桑の実」

庄川は富山県西部を南北に貫く。源流は岐阜県の飛騨山地にあり、世界遺産に登録されている白川郷・五箇山を上流域に、利賀川と合流し、扇状地を作りながら、砺波平野を下流域とし、富山湾の日本海に出る。上流域の山間部、中流域の中山間地域、そして、下流域の平野部と、コントラストが明瞭な地域である。(8)

養蚕は全国各地で広く行われており、この地域にも桑の木は普通に植えられていたと考えられる。ただし、流域の中でも差はあると見られ、五箇山など上流域から中流域の方が盛んだったようだ。

　庄川流域の方言分布は、一九六〇年代と二〇一〇年代の分布が把握されている。前者は真田信治氏による「越中飛騨国境言語地図[9]」として（以下、真田地図）、後者は『庄川流域言語地図』として公表されている[10]。真田地図の一九六〇年代の分布は白川郷・五箇山地方の山間部から砺波平野の南部までを扱い、砺波平野北部から沿岸部は含まれない。一方、二〇一〇年代の方言分布調査は庄川流域をほぼカバーする。

　まず、二〇一〇年代の「桑の実」の方言分布を図4-1で確認しよう（比較の便のため、以下の地図では旧市町村名を示している）。陰影段彩図[11]として描いた地図には標高も合わせて表示しているので、地形との関係も理解しやすいだろう。

　「桑の実」の方言形は大きく二つの系統に分類できる。平野部のクワノミ系と山間部のツバメ系である[12]。富山湾に面した沿岸部から砺波平野の平野部には、クワノミ系が分布している。山間部のツバメ系は、2種類（以下では~類と呼ぶ）に細分化できる。砺波平野の南端から五箇山地方に接する山間部には、ツバメ系のクワツバメ類が分布している。南の深い山間部で、より標高の高い五箇山地方にはツバメ系のツバメ類が分布している。

　以上を整理すると、全体は大きく2系統に分類され、細かくは3類からなることになる。そして、それぞれの分布領域は、きれいに地域分けされている。

クワノミ系（平野部）

ツバメ系（山間部）
- クワツバメ類（五箇山以外）
- ツバメ類（五箇山）

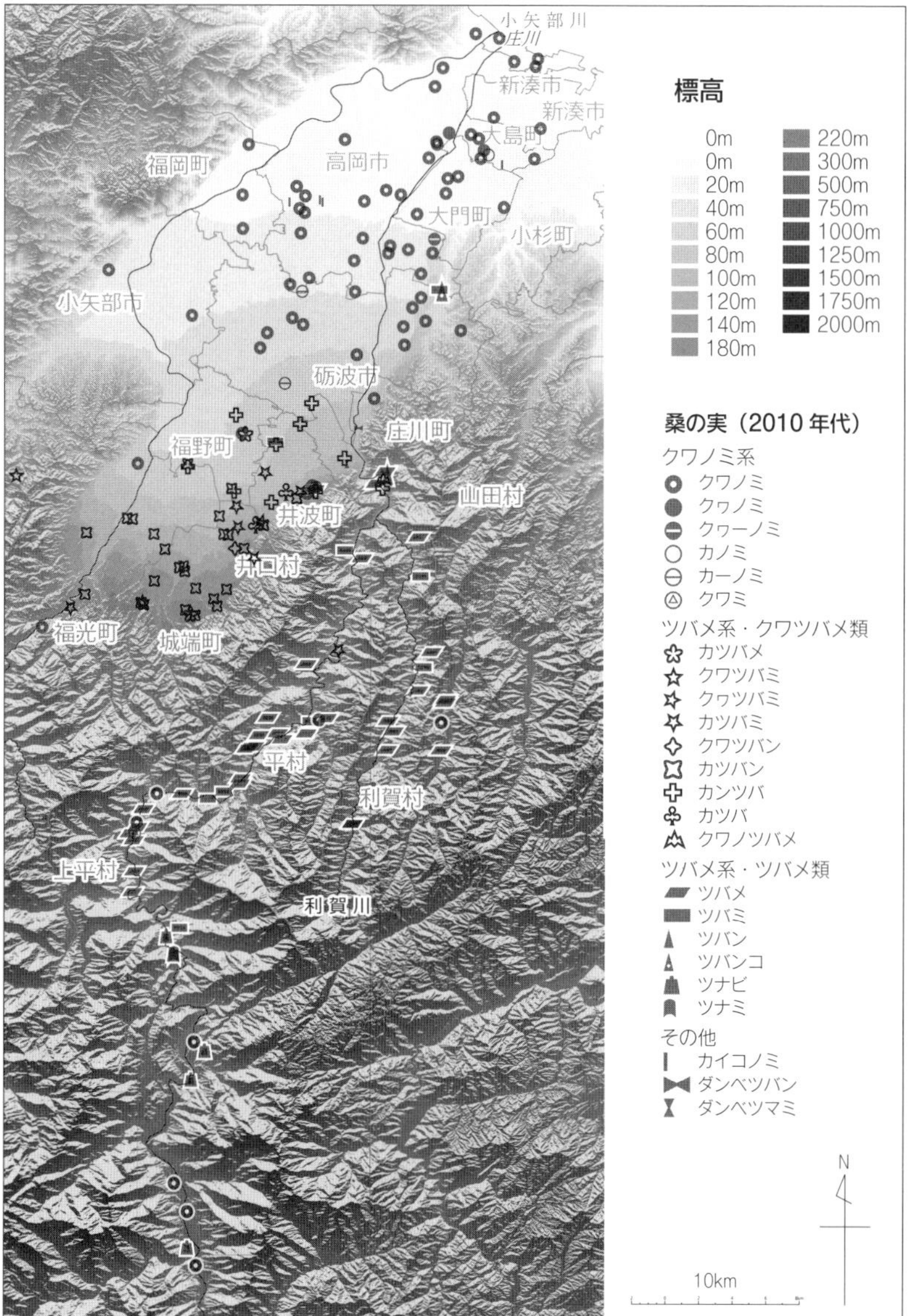

図 4-1　「桑の実」（2010 年代）

一九六〇年代の真田地図と較べると、山間部のツバメ系の分布はあまり変わりがない。真田地図は平野部が扱われていないが、先行研究を参照すると[13]おそらく当時から平野部はクワノミ系だったのではないかと考えられる。

庄川流域の「燕」

ここで問題となるのは、「桑の実」をツバメ類で表す五箇山では、鳥の「燕」とことばの上で区別がつかなくなるのではないかということである。つまり、「桑の実」と「燕」が同音異義語になってしまうのではないかということである。そこで、「燕」がどのように表されるのか、二〇一〇年代の分布を図4-2で見てみよう。

山間部の五箇山地方では「燕」をツバクラやツバクロなどツバクロ系で表現する。このことで、「桑の実」のツバメとは、同音異義語化が回避されている。このことは、「桑の実」「燕」双方のツバメ系の分布を図4-3のように合わせて表示するとより明確になる。

同音衝突

新しく導入される語が、もともと使われていた別の語と同形になり、同音異義語になることは同音衝突と呼ばれる[14]。方言の地理的分布を扱う言語地理学では同音衝突を、言語変化に伴って分布が拡大していく際、同音語の分布領域の直前で拡大が阻まれる現象に限定することがある。この場合、「同音衝突」というより、「同音衝突の回避」と呼ぶ方がわかりやすいかもしれない。同音衝突には、回避するだけではなく、実際に同音語になってしまうなど、さまざまなケースがあるが[15]、本章で扱う同音衝突は、同音異義語化を起こさずに意味に対応して分布が分かれる[16]タイプである。

「桑の実」の歴史

庄川流域の「桑の実」の方言には次のような歴史があったと考えられる。

当初の形（祖形）は、*クワツマメ[17]であったと想定する。ツは例えば「沖つ白波」（沖の白波）のように用いられ、「まつげ」（ま（＝目）の毛）の中に化石的に残っている古い連体助詞（「の」に該当）であり、「桑の豆」に該当する形である。連体助詞のツをそのまま継承する方言は知られていないが、語の中に

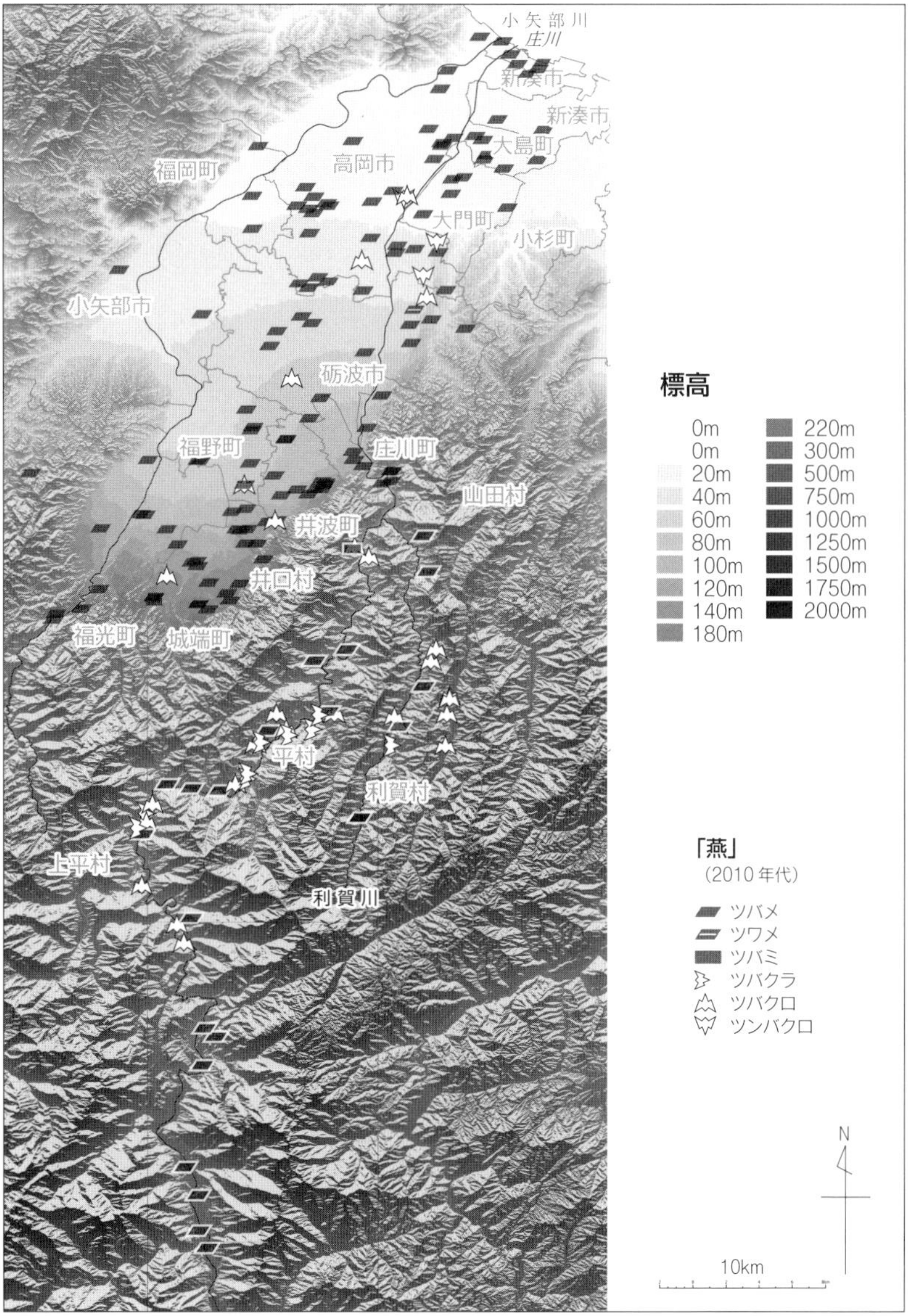
小矢部川
庄川
新湊市
新湊市
大島町
高岡市
福岡町
大門町
小杉町
小矢部市
砺波市
福野町
庄川町
山田村
井波町
井口村
福光町
城端町
平村
利賀村
上平村
利賀川
標高
0m
0m
20m
40m
60m
80m
100m
120m
140m
180m
220m
300m
500m
750m
1000m
1250m
1500m
1750m
2000m
「燕」
（2010 年代）
ツバメ
ツワメ
ツバミ
ツバクラ
ツバクロ
ツンバクロ
N
10km

図 4-2 「燕」（2010 年代）

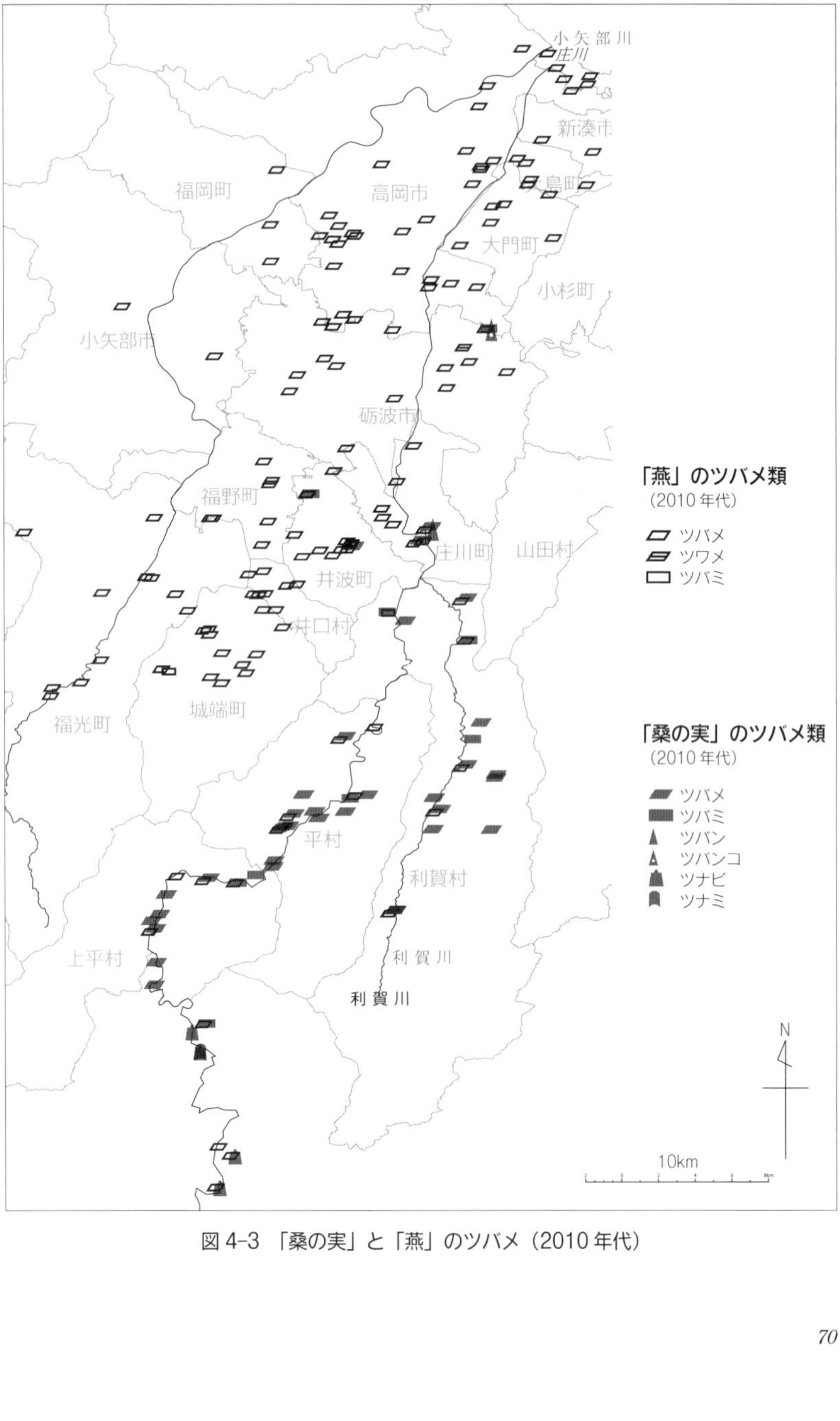

図4-3 「桑の実」と「燕」のツバメ（2010年代）

痕跡を見いだすことができる。[18]

連体助詞のツは、早い時期に衰退したものと考えられる。そのため＊クワツマメは語構成が不明瞭になった。そこで、起こったのが異分析である。[19]

異分析とは、もとの語構成とは異なる形で捉え直されることである。子どもが言語習得の途中段階で起こすことでも知られているが、同時に言語変化の基本の一つでもある。短い音形のことばの運用や古い歌などを捉える過程で発生することが知られている。子育ての中で子どもが「蚊がいる」の「蚊が」を一単語と捉え、「カガに刺された」と言ったり、玉手箱を開けた浦島太郎が「こはいかに」と言ったのに、そこには「恐い蟹」が入っていたことになってしまっていたという経験はないだろうか。「故郷」で「うさぎ追いし」はずが、「美味しいうさぎ」になってしまったとか、卒業式での合唱の末尾の「今こそ別れめ」というコソ已然形の係り結びが「今こそ分かれ目」になって、ちょうどそこで我が師や友達とお別れしたことになったというような思い出もあるかもしれない。誤用や誤解とも捉えられるが、それがきっかけとなって言語変化が起こる。

その異分析とともに「燕」による類音牽引が発生し、＊クワツマメはクワツバメに変化した。マからバへの変化は生じやすい音変化[20]だが、ここでの変化は単なる音変化ではなく、「燕」による類音牽引と考えられる。

平野部では、連体助詞ツの衰退に伴う語形のわかりにくさを回避するため、現行の連体助詞「ノ」を使った形で再構成したクワノミに変化した。ここには標準語からの影響も考えられる。

山間部では、クワツバメのクワが単音節のクヮになり合拗音と同化したが、さらにクヮ＞カ[21]（例えば「火事」の語頭音の変化など）に平行した合拗音の衰退による直音化を起こしカツバメとなった。クワ＞クヮ＞カという音変化は、カの語構成上での位置付け、つまりカが何を指すのかを不明瞭にした。あわせて、連体助詞ツはすでに衰退していた。これらのことが、「桑＋の＋実」という分析的な語形が持っていた、語形による他の「実」との区別の保持を失わせる一方で、語の縮約による合理化を促し、もとが不明になってしまったカの部分を脱[22]

落させツバメという形を生み出そうとする。ところが、山間部の五箇山を除く平野部との境の地域では、「燕」はツバメ系だったため、この変化は、「燕」との同音異義語化を発生させる。その回避のために、五箇山以外の山間部ではカツバメのようなクワツバメ類が保持された。一方、五箇山地方の「燕」はツバクロ系であったので、同音異義語は発生せず、「桑の実」は一連の変化が進行したツバメ系に変化できた。

*クワツマメ（祖形＝クワ（桑）・ツ（連体助詞）・マメ（豆））
（異分析・類音牽引）──▶クワツバメ
▶（再構成・標準語）クワノミ類（平野部）
▶（「燕」との同音化を回避）クワツバメ類（山間部の五箇山以外）
▶（異分析・音変化後の合理化）ツバメ類（山間部の五箇山）
（「燕」（ツバクロ系）と同音化しない）

3　「桑の実」の類音牽引・民間語源・異分析

「燕」への回帰

ところで、一九六〇年代の真田地図の五箇山における「桑の実」はツバメ類であるが、多くの地点の語形は図4-4のようにツバミである。それが、二〇一〇年代には図4-5のようにほとんどがツバメに変化している。

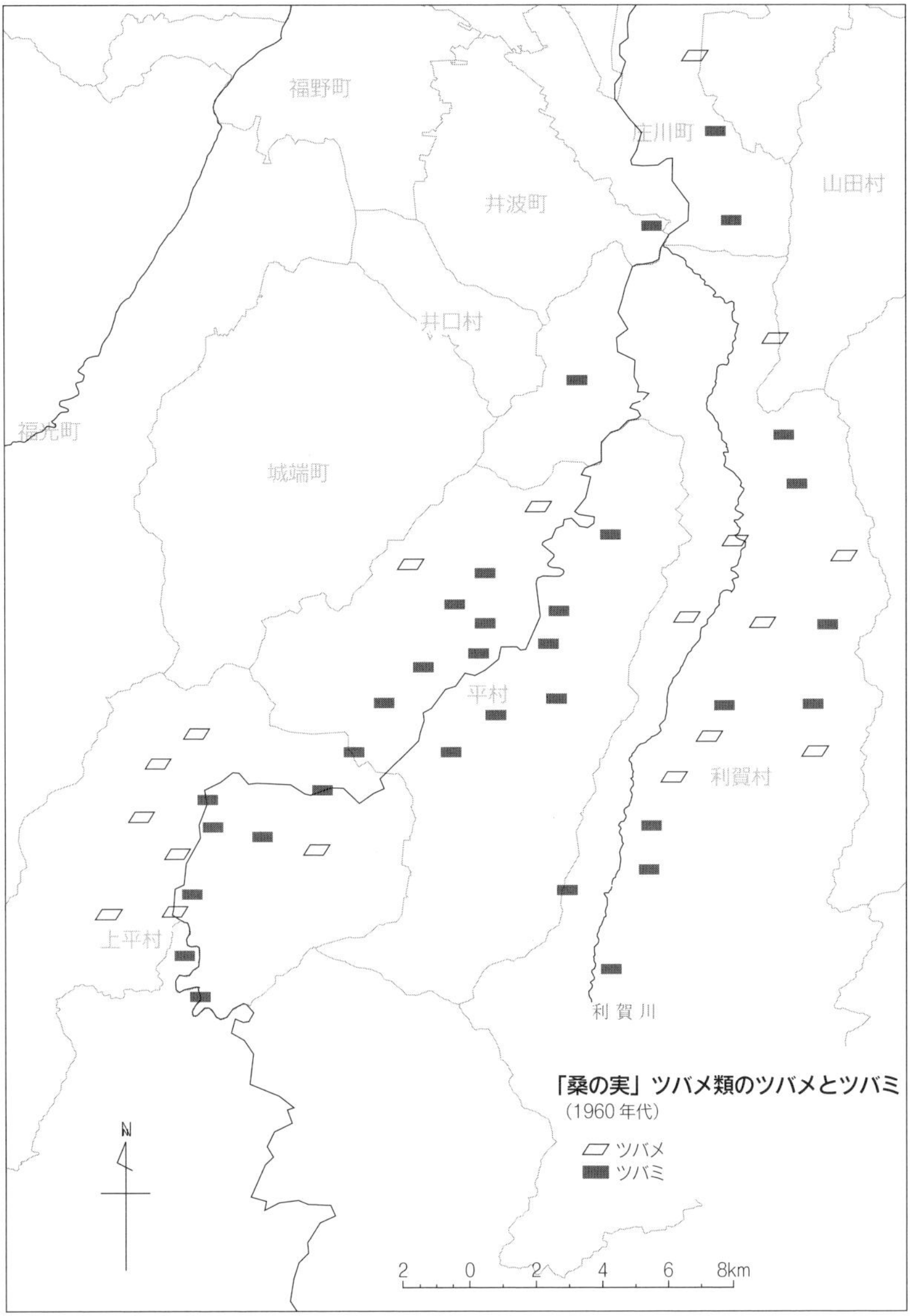

図４-４　五箇山における「桑の実」のツバメ類（1060 年代）

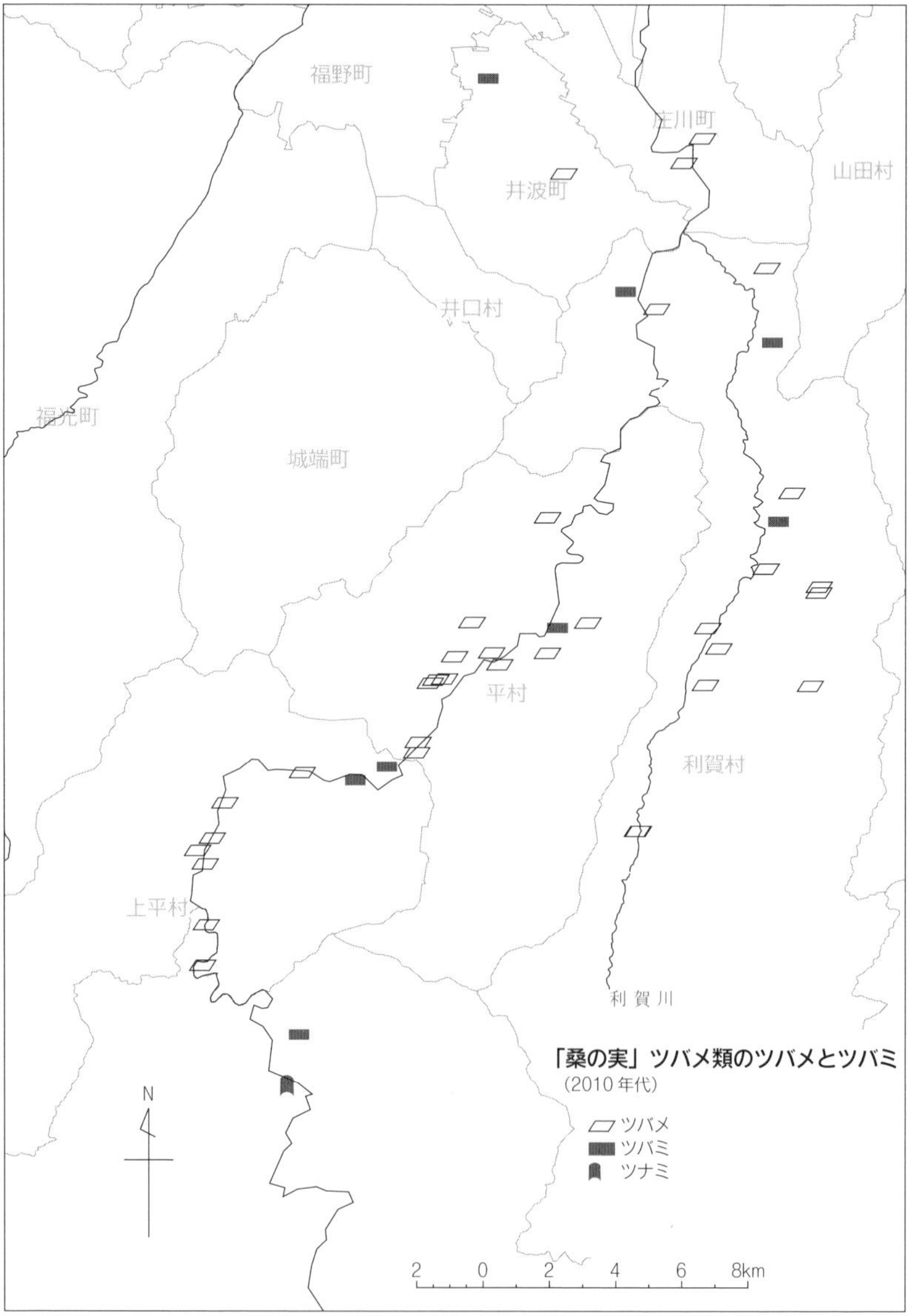

図4-5　五箇山における「桑の実」のツバメ類（2010年代）

五箇山地方ではツバメ類が成立した後、さらに変化があったと考えられる。それは、末尾の形をメからミに変化させることにより、「桑の実」であることを明示させる、あるいは「実」であることを意識することによる変化である。メが「豆」の末尾音であったことを考慮するなら、「実」とは関係なかったはずなので、本来とは異なる語源を想定することによる言語変化（第7章で論じる民間語源[23]）であり、同時にメとミの音形の類似性に根ざした類音牽引でもある。

このように民間語源と類音牽引により生み出された五箇山のツバミ（桑の実）であったが、50年後には再びツバメへと変化していた。つまり、もとの形に戻ってしまったわけである。これは、近隣（五箇山地方以外の庄川流域）と標準語の「燕」のツバメによる類音牽引である。

クワツマメから
クワツバメへ

山間部にありながらも五箇山以外の地域、すなわち平野部と五箇山をつなぐ地域では、もとになった「桑の豆」に該当する形を保持している。とは言え、それは祖型の*クワツマメではなく、そこに変化を加えながら語形の安定化が図られている。祖型の*クワツマメにもっとも近いクワツバメであるが、先にも述べたように、ここには「燕」への類音牽引が働いた。そして、この形をもとに改良が加えられていった。

クワツバメから
カツバンへ

五箇山で発生したツバメからツバミへの変化は、同じようにクワツバメにも起こった。「桑の実」であることから、民間語源が働き、末尾のメをミに変化させた。これによりクワツバメはクワツバミになる。そして、クワはクヮという合拗音を経て、直音化してカに変化し、カツバミが成立した。

末部がメからミに変化したことは、さらなる音変化を促した。母音がエからイになることで、舌の位置が高くなり、口の開きが狭くなる。このことで、ミから撥音のンに変化する。このことでカツバンとなった。こうなると、末尾が「実」という民間語源はもはや成り立たない。そのことでカツバンでは、語がどのように作られているのかという語のつくり、つまり語構成が不明瞭になってしまった。

カツバンからカンツバへ

わかりづらくなってしまった語形であるカッバンは再構成されることになる。「桑」も合拗音化と直音化を経て、カになっていると考えられる。末尾のンは不明になっているが、連体助詞「の」の変化形（例：山の中→山ン中、ここのところ→ここンところ等）と同等の形である[24]。そこで、末尾のンをカ（桑）の後に移すことで、「桑の」という語形らしさを取り戻すことにした。これにより、カンツバができた。本来とは異なる機能をンに持たせるという点で、方向は逆であるがツバメの成立と同様に異分析が行われたことになる[25]。

成立時の混沌

以上のような過程により、クワツバメ、カツバメ、クワツバミ、カツバミ、クヮツバン、カツバン、クヮンツバ、カンツバができた。その分布状況を示したのが、図4-6である。これは真田地図に基づく一九六〇年代つまり、半世紀以上前の分布である。

この図の分布は、おそらく、これらの語形が生み出されてからそれほど時間を経ておらず、それぞれの語形の使用は固定化されない中間的な段階にあったのではないかと思われる。そのため、全体に分布は混沌としている。それでもクヮンツバ・カンツバが北部に、クヮツバン・カツバンが南部にやや偏る傾向が見られる。

地域差＝方言の発生

一方、二〇一〇年代の分布を示すのが、図4-7である。真田図から半世紀を経て、分布に変化が現れている。それは、南部の福光町・城端町・井口村がカツバン、北部の福野町・井波町・庄川町がカンツバと明瞭に南北で二分化されたことである[26]。

つまり、南部はカツバン、北部はカンツバという明瞭な分布ができたことになる。このことはことばの地域差ができたことを意味するわけで、場所によることばの違い、すなわち方言が発生したことにほかならない。つまり、二一世紀の今でも方言は新たに生み出されて続けていることの証左でもある。

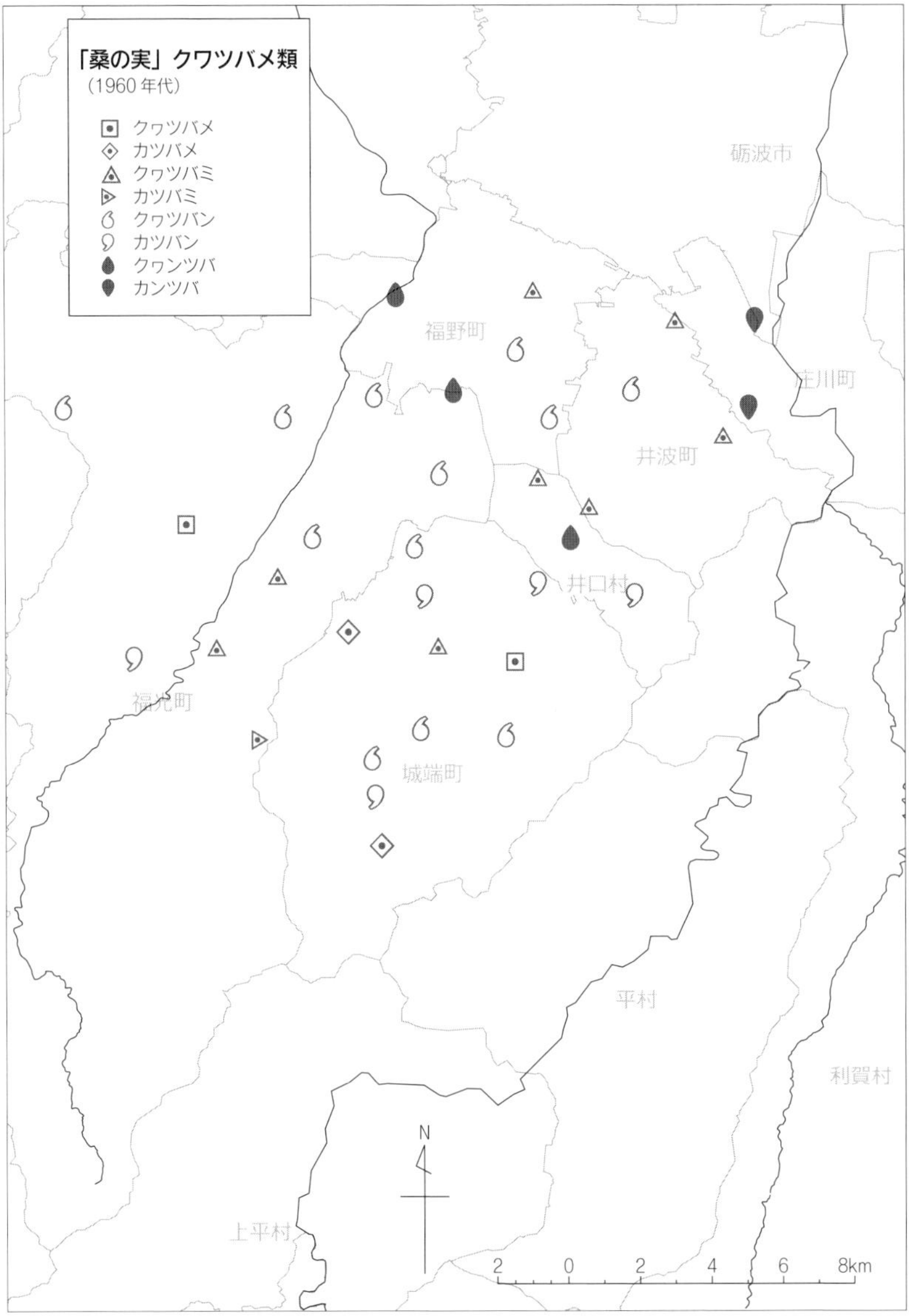

図 4-6　中間域における「桑の実」のクワツバメ類（1960 年代）

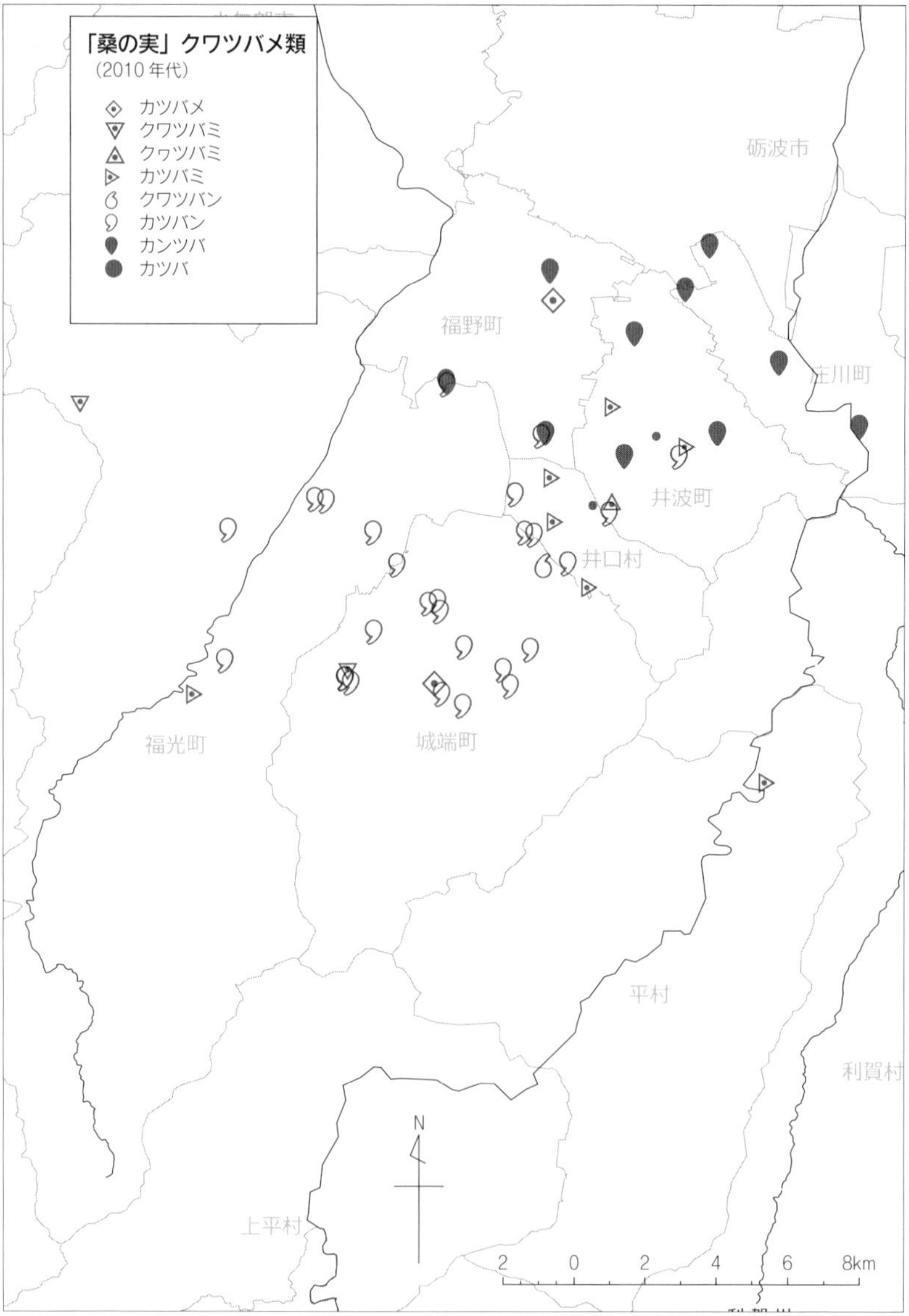

図4-7　中間地域における「桑の実」のクワツバメ類（2010年代）

続「桑の実」の歴史

「桑の実」の歴史の続きを整理すると次のようになる。

クワツバメ（ツバメ系・クワツバメ類）
↓（民間語源「～実」）カツバミ↓（音変化）カツバン（中間地域南部）
↓（語形再構成）カンツバ（中間地域北部）
ツバメ（ツバメ系・ツバメ類）↓（民間語源「～実」）ツバミ↓（「燕」による類音牽引による回帰）ツバメ

注目されるのは次の二点である。

第一点は、この変化（続史）は最長でも半世紀、わずか五〇年の間に起こっているということである。この期間は真田地図から二一世紀初頭の調査間隔に基づくもので、実際には二〇一〇年代の調査以前に発生したことも十分考えられる。したがって、もっと短期間で起こった可能性もある。

第二点は、変化が方言の新たな地域差を生み出した点である。カツバンとカンツバは中間地域を南北に二分した。このような地域差の発生は、けっして遠い昔の古い歴史的事実ではないということである。

このような短時間での変化と地理空間の狭さは、語彙の特色である。この点は第12章と第13章で述べるが、本書の中心課題の一つでもあるので記憶にとどめておいてもらいたい。

【注】

(1) 小学館辞書編集部編（一九八九）。
(2) 阿部（二〇一六、一三六頁）参照。
(3) 阿部（二〇一六、一四七頁）、新津（二〇一七、一九頁）参照。
(4) 新津（二〇一七、一九頁）参照。
(5) 世界遺産にも指定された富岡製糸場の群馬県富岡市やシルクオカヤと呼ばれた長野県岡谷市がよく知られる。
(6) 諏訪教育会（一九五一、一四二頁）参照。
(7) 群馬県を中心とした養蚕にかかわる語彙の研究は新井（二〇一〇・二〇一二）が詳しい。
(8) この地域のことは、前著、大西（二〇一六）の第4章でも扱っているので、参照されたい。
(9) 真田信治（一九七六）。この言語地図集は、真田ふみ（一九七六）の中に付録されており、また、国立国語研究所の言語地図データベースでも公開されている。
(10) 富山大学人文学部日本語学研究室編（二〇一三）。大西と富山大学人文学部中井精一研究室（当時）が共同で実施した富山県庄川流域方言分布調査による。
(11) 太陽光を特定の方向から当てた、陰を描くことで地形を表現している。陰影図、陰影起伏図、陰付き地図などとも呼ばれる。地形は標高だけでも表せるが、陰影段彩図にすることで、より直感的に捉えやすくなる。
(12) 地図の凡例でその他としたものは少数勢力ではあるが、興味深い。カイコノミは、桑ではなく蚕の実と捉える語形であり、砺波平野北部に庄川を挟んで現れる。庄川町のダンベツバンとダンベツマミのダンベは男性器と見られ、クワツバメ類にも含まれるツバンという語形を通して民間語源（第7章参照）がはたらき、ツマミに変化したものだろう。第7章とも関連するが、民間語源は性的イメージを伴うものが少なくない。
(13) この地域の方言形と使用場所を詳細に記している佐伯（一九六一）により確認すると、クワノミは立項・掲載されていない。一般に方言辞典には標準語形と同じ形が用いられている場合にはその形は登載されない。そこで、この資料には掲載されていないということから、おそらく当時も平野部は標準語形と同じクワノミ系だったことが傍証される。
(14) 第2章でも触れたが、類音牽引は類似した形を持つ既存の別語に移行させる変化であるから、別語と同じ形に向かう同音衝突は、類音牽引と表裏一体の関係にある。
(15) それらについては第5章と第6章で扱う。
(16) 第5章で述べるとおり、このような分布は相補分布と呼ばれる。

(17) 言語変化や言語史の研究では、推定される祖形（もとの形）には、「*」を付して示すことになっている。

(18) クワツマメをそのまま受け継ぐ場所はないが、真田地図では、ツマメが上平村桂（一九七〇年に廃村、桂集落については寺﨑（二〇〇四）が詳しい）、白川村小白川にあり、祖形の推定を支持する。なお、大西（二〇一八）に示した長野県伊那・諏訪地方の「桑の実」のクワズミのズや、長野県茅野市の地名「中沢」ナカッサワなども、かつて連体助詞のツが存在した名残と考えられる。また、形式名詞としてト・ソ・ス・シなどが山口県から大分県を除く九州全域、沖縄本島などに存在することが知られているが（GAJ16図「ここにあるのは」、17図「行くのでは」）、これらも関係すると考えられる。

(19) 「再分析」とも呼ばれる。

(20) 「寒い」のサムイがサブイとなるように子音のmとbは交替しやすい。

(21) 旧仮名遣いで「火事」を「くゎじ」と書き表すように「くゎ」「ぐゎ」で表記される音が合拗音である。標準語ではそれぞれ「か」「が」に変化（直音化と呼ばれる）しているが、方言ではkwa、gwaの発音を残すところがある。

(22) 言語変化の説明にあたっては、特に音の変化を示す際にaからbに変化したことをa＞bのように「＞」を使って示すのが一般的である。

(23) 民間語源の詳細は第7章で扱う。

(24) 正確には、連体助詞そのものがンとして現れるのではなく、「の」が語形の中で固定化する過程でンに変化したと考える。

(25) ツバメはもともと格助詞であったツを名詞のツバメの頭に移行させたが、カンツバではもともと名詞「実」であったノに格助詞相当の位置付けを与えた。

(26) ここでは平成大合併前の旧町村名で示した。現在これらの町村は五箇山を含めて、南砺市に合併されている。

【参考文献】

阿部勇編（二〇一六）『蚕糸王国信州ものがたり』（信濃毎日新聞社）
新井小枝子（二〇一〇）『養蚕語彙の文化言語学的研究』（ひつじ書房）
新井小枝子（二〇一二）『絹のことば』（上毛新聞社）
大西拓一郎（二〇一六）『ことばの地理学―方言はなぜそこにあるのか』（大修館書店）
大西拓一郎（二〇一八）「方言語彙の分布の変動」小林隆編『方言の語彙―日本語を彩る地域語の世界―（シリーズ日本語の語彙8）』（朝倉書店）一一六～一三一頁

国立国語研究所（一九六九）『方言文法全国地図』一集（大蔵省印刷局）
佐伯安一（一九六一）『砺波民俗語彙』（高志人社）
真田信治（一九七九）『地域語への接近—北陸をフィールドとして』（秋山書店）
真田ふみ（一九七六）『越中五箇山方言語彙（5）付 真田信治「越中飛騨国境言語地図」』私家版
小学館辞書編集部編（一九八九）『日本方言大辞典』（小学館）
諏訪教育会編（一九五一）『諏訪の産業』（蓼科書房）
寺崎満雄（二〇〇四）『さよなら、桂』（桂書房）
富山大学人文学部日本語学研究室編（二〇一三）『庄川流域言語地図』（私家版）
新津新生（二〇一七）『蚕糸王国　長野県—日本の近代化を支えた養蚕・蚕種・製糸』（川辺書林）

第5章　同音衝突の本質
―「虫」と「神主」、「煮こごり」と「大根汁」―

子どもたちの遊び相手である「かまきり」や「あめんぼ」の方言が、地域ごとに棲《す》み分けられているのはなぜか。棲み分けは永続するのか。実際の動きを捉えてみよう。

1　相補分布する同音衝突

同音衝突

前章（第4章）で扱った富山県庄川流域における「桑の実」と「燕」を表すツバメは、山間部の五箇山と平野部で地理的分布が棲み分けられていた。このような方言分布の地理的状態は相補分布と呼ばれる。そして、相補分布を示すことをもとに同音衝突として扱うことが言語地理学では一般的だ。

この捉え方を明確に示したのは、馬瀬良雄氏の「同音衝突」と題した論文である。(1)そこでは語形Nが意味nを表示することをN(n)のように示す形でのモデル化が行われた。図5-1は、それにならったモデル図である。地理的相補分布というのは、この図のような状態である。同じPという語形が、上半分の方言ではxのことを意味し、下半分の方言ではyを意味する。そして、それぞれの空間領域が棲み分け状態になっている。これが相補分布である。Pにツバメ、xとyに「燕」と「桑の実」を当てはめると庄川流域の事例になる。右にも述

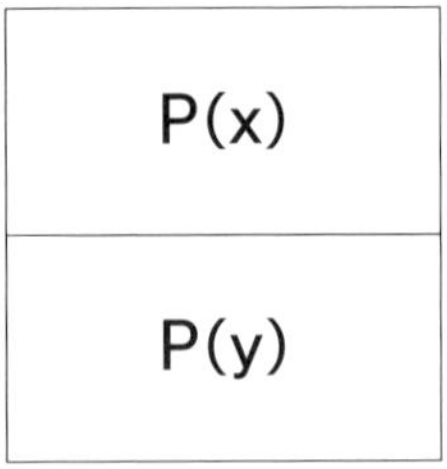

図5–1　同音衝突の基本モデル

べたように言語地理学で同音衝突と言うときは一般にこの状態を指す(2)。

神主と虫

同音衝突として知られる事例の多くはモデル図と同様に2語の対立である。その中にあって、馬瀬氏が取り上げる長野県における「かまきり」「あめんぼ」「おんぶばった(3)」は3語の対立であり、注目される。これについて馬瀬氏は、次のように述べている(4)（傍線は大西）。

今、以上のカマキリ・オンブバッタ・アメンボの三枚の地図の ne:sama 類、tajo:sama 類及び okannufi の分布を重ね合わせると、驚くことに、上伊那全域が過不足なく、この三種の方言で覆われ、二〜三の地点を除いて二つ以上の虫を同じ名称で共有することはない。

さて、「神主」をこの地方でどう呼ぶか。これを地図にしてみると、息をのむほどカマキリ以下の三枚の地図を重ねた地図と似ている。

これらの語形はいずれも「神主」を表す語形に由来するもので、それぞれネーサマ類（禰宜《ねぎ》様）、タヨーサマ類（太夫様）、オカンヌシ類（お神主）に該当し、これらが「かまきり」「あめんぼ」「おんぶばった」で区分され、同音異義語化が回避されていることになる。そして、その分布の様子を「驚くことに」「息をのむほど」と表現している。ところが、原論文にもこの論文を再録した単行本(5)にもそれを表す地図がない(6)。馬瀬氏が「驚くことに」「息をのむほど」という分布を見てみたいではないか。

2　地図で見る同音衝突

それでは「神主」の名称が与えられた「虫」たちの分布を具体的に見ていくことにしよう。

神主と太夫

まずは、オカンヌシ類（お神主）から見ることにする。図は省略するがオカンヌシ類が表す虫の分布を見ると、「しょうりょうばった」はかなりばらついてまとまりが見られない。「あめんぼ」は高遠町にしっかりとまとまりが確認される。同音衝突の相補分布は同等の語形が複数の対象を表し、それぞれの分布域が分かれていることを前提とするが、オカンヌシ類は基本的に「あめんぼ」に片寄っており、同音衝突とは言えない。

タヨーサマ類（太夫様）も図は省略するが、駒ヶ根市から中川村にかけて、おもに天竜川の東岸[7]に「かまきり」のタヨーサマがまとまっている。「おんぶばった」もあるが、2地点のみでまとまりは見られない。基本的に「かまきり」に限られ、その他の虫と相補分布を示さず、タヨーサマ類も同音衝突には該当しない。

以上のように「神主」をもとにするオカンヌシ類とタヨーサマ類は、いずれも複数の虫にまたがるものではなく、地理的相補分布を示さないことから、同音衝突の検討からは外れることになる。

禰宜になった「かまきり」「あめんぼ」「おんぶばった」「しょうりょうばった」

禰宜様をもとにするネーサマ類が表す虫たちの方言分布を図5-2に示した。ここには見事な同音語の相補分布による棲み分け、すなわち同音衝突が現れている。諏訪湖から流れ出す天竜川に沿った南側、辰野町から宮田村にかけての上伊那地方の中央部には「かまきり」のネーサマ類がまとまっている。高遠町の南側から長谷村を経て大鹿村にかけては「あめんぼ」のネーサマ類がまとまる。

「おんぶばった」と「しょうりょうばった」は分布域がほぼ同じで、重なっている。おそらくこの2種類はほとんどの場合、区別されていないと考えられる。実際の虫のサイズは「しょうりょうばった」の方が大きくて、「おんぶばった」の倍程度あるが、両者の姿形はよく似ている。以下では、まとめて「おんぶばった・しょうりょうばった」として扱うことにする。

「おんぶばった・しょうりょうばった」の分布域は2箇所に分かれている。ひとつは図の北東（右上）の茅野市と原村で、ここは諏訪地方の中でも八ヶ岳の麓にあたる。もうひとつは南西（左下）の駒ヶ根市から松川村にかけての地域で、天竜川に沿った伊那谷の上伊那地方と下伊那地方の境界地域である。

以上のように、ネーサマ類は同音語が表す異なる意味の分布が、馬瀬氏が「驚くことに」と記したとおり、虫ごとの明瞭な棲み分けによる相補分布として現れ、同音衝突の状態にあることを示している。しかも一般的な2分野ではなく、「かまきり」「あめんぼ」「おんぶばった・しょうりょうばった」の3分野の意味に対応する点で貴重である。加えて、そのうちの「おんぶばった・しょうりょうばった」の分布が2箇所に分かれている点でも希少な事例である。

図5-2には「神主」の方言形であるネーサマ類の分布も示している。照合すると、基本的に「神主」と「虫」は一致していることがわかる。馬瀬氏が「息をのむほど」と記した関係がここに現れている。ただし、図の北東部（右上）の諏訪地方東部、茅野市や原村を見ると、興味深い関係が見られる。「神主」はネギであるのに対し、「虫」はネギドノのように言うところが多い。つまり、人は呼び捨てなのに、虫は敬称付きなのである。これは、「神主」は対象を指す表現である「名称」（reference term）があてられているのに対し、「虫」には対象に呼びかける表現である「呼称」（address term）が用いられていると見られる。

地図のための調査では、高齢の方から方言を教えてもらう。これらの虫たちは、話者たちの子ども時代の遊び仲間であり、そのような虫たちが身近にあった昔の子どもたちの感覚が、これらのことばに呼びかける呼称

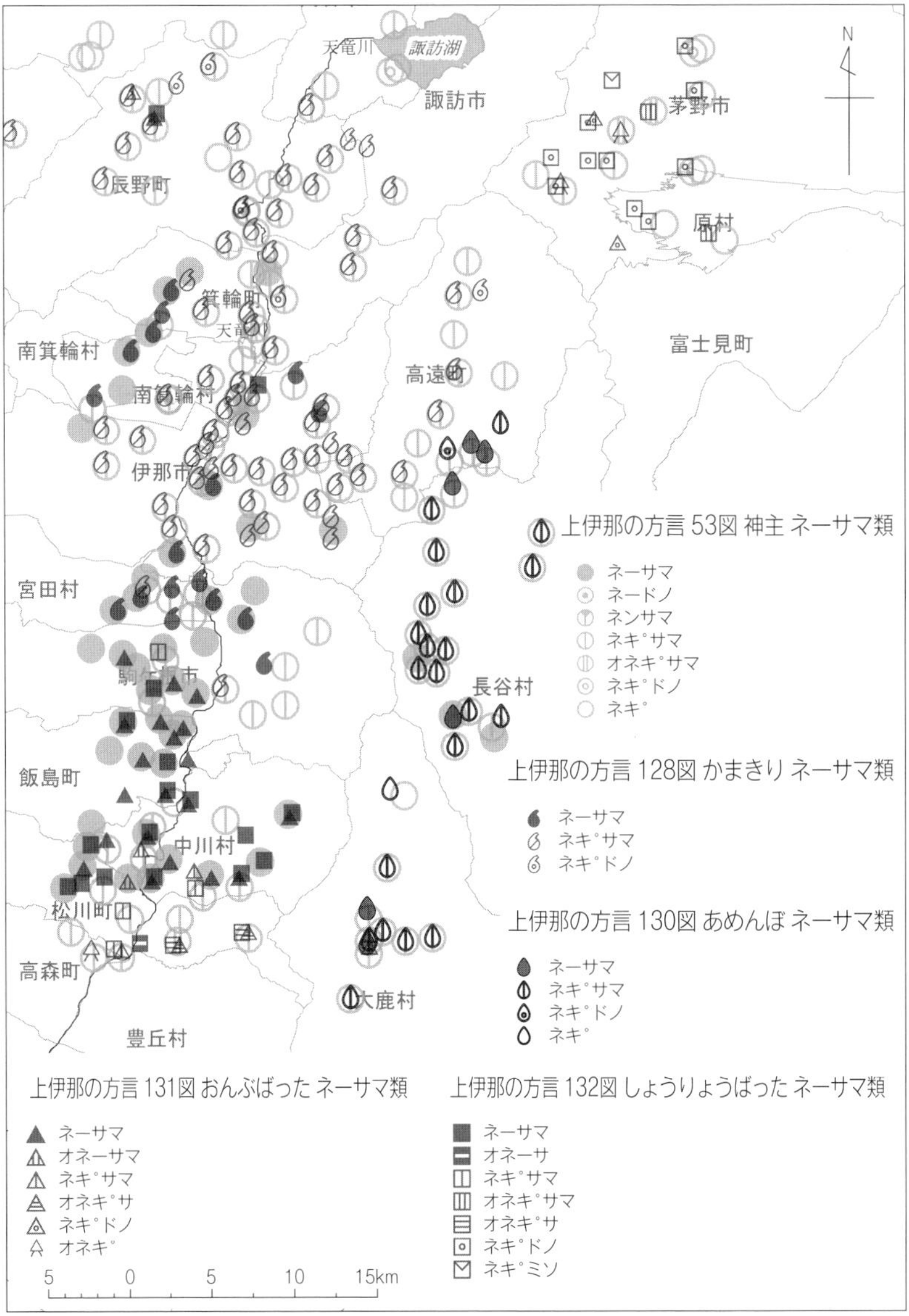

図6 2　ネーサマ類（禰宜様）が表す「虫」と「神主」の方言のネーサマ類

として表出していると考えられる。

3 「虫」たちと小盆地宇宙

地形と分布

もとは「神主」の方言形だったネーサマ類が虫の名前に適用され、虫の種類によって方言分布が棲み分け状態の相補分布になっていることを確認した。この地域では、3種の虫により、分布が4地域に分かれている。したがって、やや複雑な同音衝突を示していることになる。

すなわち、虫の種類により、ネーサマ類を「かまきり」「あめんぼ」「おんぶばった・しょうりょうばった」それぞれの名称にあてることで地域が分かれる。そのうち「おんぶばった・しょうりょうばった」は北東部と南西部の異なる地域で用いられている。このことを整理すると、表5-1のようになる。

表5-1　ネーサマ類が表す虫と分布位置

ネーサマ（禰宜様）類が表す虫	分布位置
「かまきり」	①中央から北西部
「あめんぼ」	②中央から南東部
「おんぶばった・しょうりょうばった」	③北東部　④南西部

図5-3は、この分布に標高と陰影段彩図による地形を重ね合わせた。傾斜地や谷、山塊に囲まれた盆地などの様子がわかりすく表示され、方言分布が地形とどのような関係にあるかを把握することが容易になった。

地形をもとに地域の様子を見ていこう。

北（上）に位置する諏訪湖の東側、地図の北東（右上）に見えている高い山は八ヶ岳である。その裾野から諏訪湖にかけてが、諏訪盆地である。その中でも裾野にあたる地域は「山浦《やまうら》」と呼ばれる(8)。

盆地ごとの虫たち

諏訪湖の西（左）から流れ出すのが天竜川である。天竜川沿いに南（下）に続く谷が伊那谷である。西（左）側の木曽山脈（中央アルプス）と地図中央部を縦に走る伊那山地に挟まれた伊那谷には、天竜川を挟んで両岸に広々とした河岸段丘が続く。そのため、「谷」とは言っても、山あいの狭い谷間のようなイメージとはずいぶんと違っている。周りをぐるりと山が取り囲むわけではないが、盆地という方が近い。伊那谷の北部は上伊那、南部は下伊那と呼ばれる。上伊那と下伊那の境は松川町の辺りで、中川村は上伊那郡であるのに対し、松川町は下伊那郡である。ただし、上伊那と下伊那の間には山や谷などの明瞭な自然境界がない。

諏訪盆地の南側には大きな山塊が南に広がっている。南アルプスとも呼ばれる赤石山脈である。南アルプスと伊那山地の間には高遠町から長谷村を経て大鹿村に至る細い谷が続いている。この谷は、赤石構造谷と呼ばれることもあるが(9)、あまり一般的ではない。谷としてよりも静岡県の秋葉神社（秋葉山本宮）につながる秋葉街道が通る地域として知られる。

図5-3を見ると、ネーサマ類が表す3種の虫を表しながら相補分布する4地域は、右に説明した地形が示す地域と関係していることがわかる。以上を整理し直したのが表5-2である。

方言分布が対応するそれぞれの地域は、高山などにより隔てられ区分された人々の生活圏であり、かつ共同体である盆地に対応しているとも見なすことができ、米山直俊氏が提唱した小盆地宇宙を想起させる(10)。

同音衝突が示す方言分布は、言語変化に伴い生み出されたのだから、同音衝突という現象にアプローチする

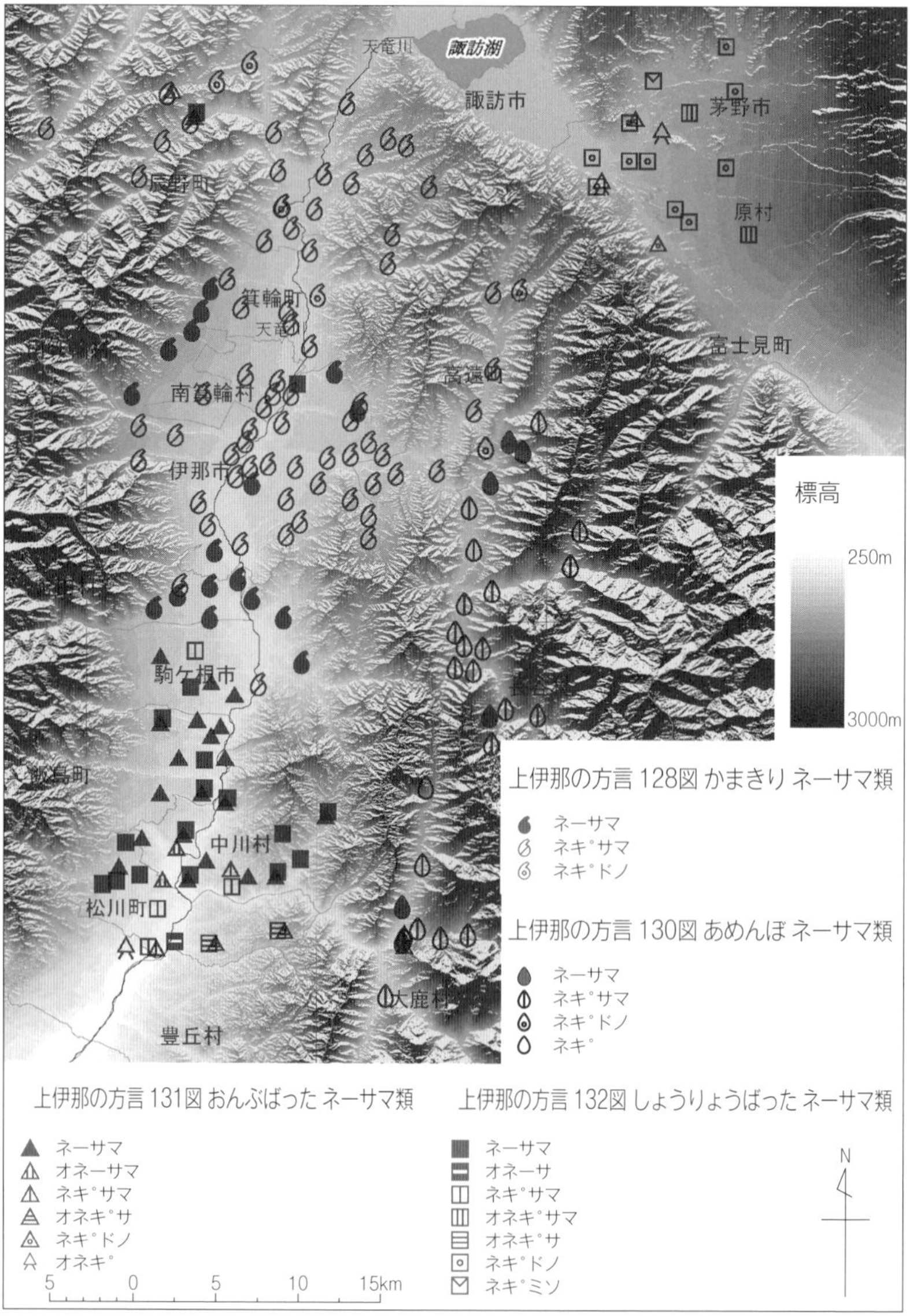

図 5-3　ネーサマ類（禰宜様）が表す「虫」と標高・地形

ことが求められる。しかし、同時にそれは、言語の歴史のみで決定されるものではなく、言語を使う人々の暮らしから切り離して考えることはできないことをこの分布は示している。このことをその後の変化を通して考えよう。

表5-2　ネーサマ類が表す虫と分布地域

ネーサマ（禰宜様）類が表す虫	分布地域	分布位置
「かまきり」	上伊那	①中央から北西部
「あめんぼ」	秋葉街道沿い	②中央から南東部
「おんぶばった・しょうりょうばった」	諏訪山浦	③北東部
	下伊那方面	④南西部

二一世紀の「神主」と「虫」たち

ネーサマ類が二一世紀初頭にどのようになったかを見てみよう。図5-4は二〇一〇年代のネーサマ類である。

「かまきり」と「あめんぼ」は著しく衰退してしまった。両者ともに1~2地点程度しか確認できない。一方「おんぶばった・しょうりょうばった」はあまり変化していない。

虫の名称になっているネーサマ類は、「神主」の方言形にさかのぼるものであった。それでは、二一世紀初頭の「神主」の方言形はどうか。こちらは諏訪の山浦や下伊那方面では衰退し、上伊那と秋葉街道沿いに限定されるようになった。

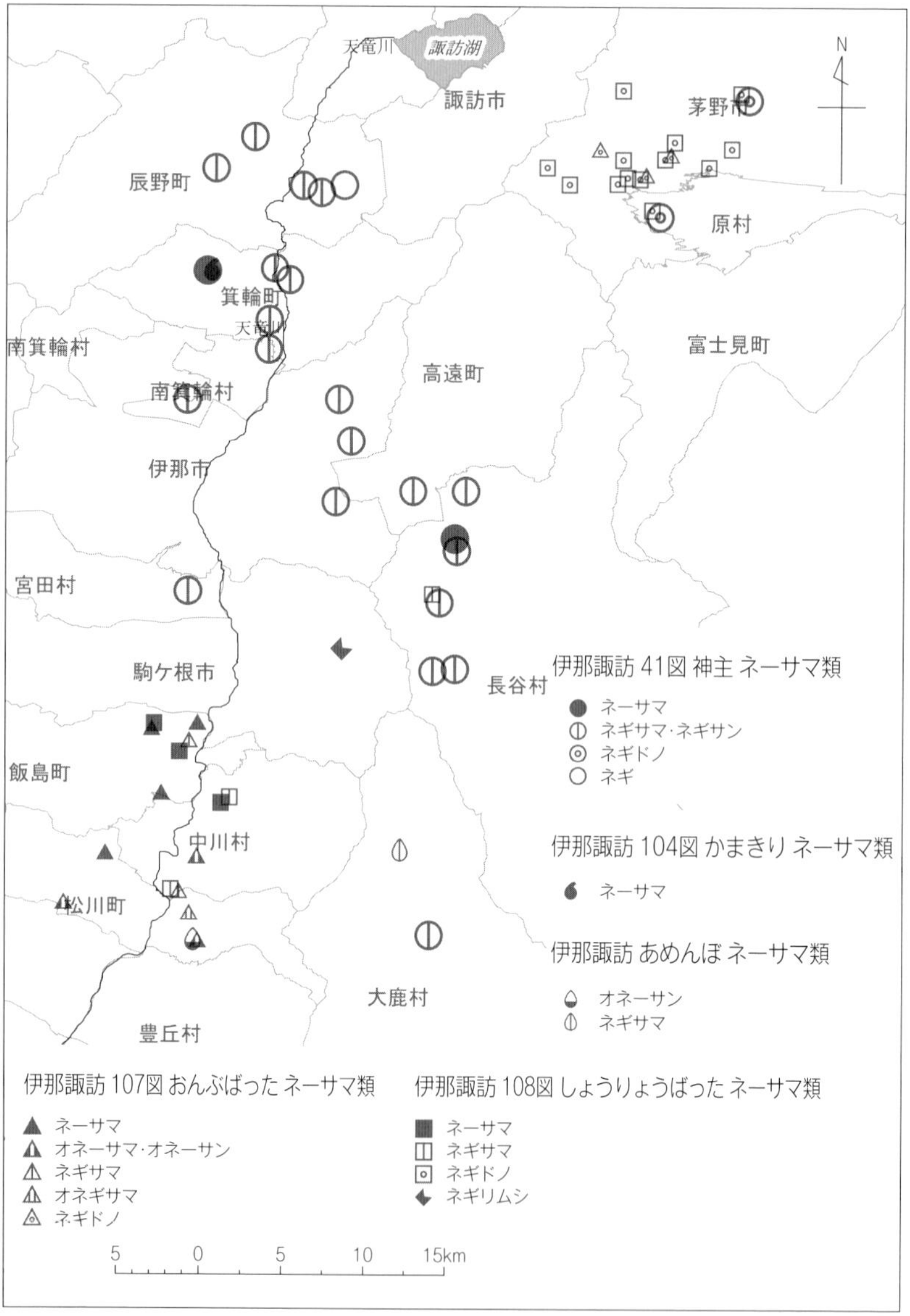

図 5-4　ネーサマ類の同音衝突（2010 年代）

以上の結果、虫どうしの相補分布は消えて、同音衝突は崩壊した。その一方で、新たな同音衝突が生まれた。表5-3のように、ネーサマ類は「神主」と「おんぶばった・しょうりょうばった」の相補分布に姿を変えたのである。

表5-3　二一世紀のネーサマ類が表す対象と分布地域

ネーサマ（禰宜様）類が表す対象	分布地域	分布位置
神主	上伊那	①中央から北西部
	秋葉街道沿い	②中央から南東部
おんぶばった・しょうりょうばった	諏訪山浦	③北東部
	下伊那方面	④南西部

虫たちのネーサマ類は、「神主」にさかのぼるものであり、「神主」と虫は同音異義語として同じ地域に同居していた。このことは図5-2から理解できる。そこから、状況は変わった。「かまきり」と「あめんぼ」からネーサマは立ち去った。そして、「おんぶばった・しょうりょうばった」をネーサマで表す地域では、「神主」からネーサマが立ち去った。その結果、ネーサマ類は「神主」と「おんぶばった・しょうりょうばった」の同音衝突となって現れたのである。

一九七〇年代に虫の同音衝突が示した相補分布は、この地域の伝統的地域区分と深くかかわっていた。そして、それが約半世紀を経た二〇一〇年代には「神主」と「虫」の同音衝突に変化した。その場合も相補分布は伝統的な地域区分を引き継いでいる。

同音衝突は、方言の伝播拡散が同音異義語を避ける形で停止し、その結果、相補分布の方言分布が形成されると考えられてきた。しかし、ここにあげた事例をみるとむしろ、次のように考えるべきだろう。

虫たちの細長い姿は、烏帽子をかぶった神主の姿を想定させた。さらに神事でのお辞儀のような動作も虫たちの動きを連想させるものであった。少し古い時代に戻るなら、神事に子どもたちが参加することは普通であり、その経験を介して、虫たちに神主の名前が与えられた。それは、それぞれの生活圏である地域ごとに異なり、同時に地域区分内で共有された。

その後、「かまきり」「あめんぼ」のネーサマ類は衰退し、「神主」のネーサマ類が残された。一方、「おんぶばった・しょうりょうばった」をネーサマ類で表す地域では「神主」のネーサマ類が衰退した。その結果、「虫」と「神主」の同音衝突が生み出された。その相補分布の領域は、「虫」の同音衝突を引き継ぐものであったため、地域区分と一致する。

相補分布とされる地理空間のあり方が、言語の背景にある社会の地域区分と結びついている事例は、「虫」と「神主」に限ったことではない。「にこごり」と「大根汁」の同音衝突を次に見てみよう。

4　「にこごり」と「大根汁」の四〇年

「にこごり」と「大根汁」

煮魚の煮汁が冷えるとゼラチン質がゼリー状に固まる。それが「にこごり」である。昔の家は断熱が十分ではないから寒かった。夜の台所に置かれた煮魚の煮汁の残りは冷えて、にこごりになる。そのようなにこごりを好む人もいるだろう。

魚の食べるところは胴体部分である。頭は残ってしまう。「粗《あら》」と呼ばれる、ぶりなど大型の魚の頭は煮ればだしが出る。また、多少は身が残っている。これと野菜をいっしょに煮ると野菜にうまみが染みる。特に冬場は大根が好ましい。粗煮とか大根汁などと呼ばれる冬の料理である。(11)

「にこごり」と「大根汁」を表すニコゴリ類が、諏訪から伊那にかけての地方では同音衝突の相補分布を示す。図5-5には『上伊那の方言』(12)をデータ化し、その様子を地図で示した。伊那谷北部から高遠町にかけて、「大根汁」のニコゴリ類が分布し、その他の地域の「にこごり」と相補分布している。

この「大根汁」のニコゴリ類の形成は注意を要する。相補分布を示すものの、これまで見てきた同音衝突とはやや性質が異なる。(13)伊那市とその周辺では、もともと「にこごり」をニコゴリ類で表していたが、「大根汁」もニコゴリ類で表現するようになった。(14)そのために「にこごり」も「大根汁」もニコゴリで同音異義語になってしまった。しかし、事態はそれにとどまらない。ここで発生した同音異義語化は、「にこごり」という語彙そのものを崩壊させた。その結果、『上伊那の方言』では、伊那市とその周辺で「にこごり」に対する回答が得られない事態が生じるとともに、ヒョロヒョロ・ヘロヘロ・プルプル・キョロキョロ・トロトロ・ドロドロのような擬態語でしか表現できないところが、まとまりもなく散在することになった。

この分布は二一世紀初頭になると少し変化する。図5-6にその様子を示した。高遠町や伊那谷の宮田村でニコゴリが「大根汁」から「にこごり」に移るのである。そのことで崩壊した語彙の「にこごり」がニコゴリとして復活する。

二一世紀の「にこごり」と「大根汁」

図5-7には「大根汁」のニコゴリ類が約半世紀でどのように変化したかを示した。ニコゴリ類を残す伊那谷北部では、一九七〇年代はニコグリが主流だったが、二〇一〇年代にはニコゴリに変化したところが多く見られ、標準語の「にこごり」のニコゴリに平行するように「大根汁」もニコゴリに変化しながら、同音異義語の状態が続いている。

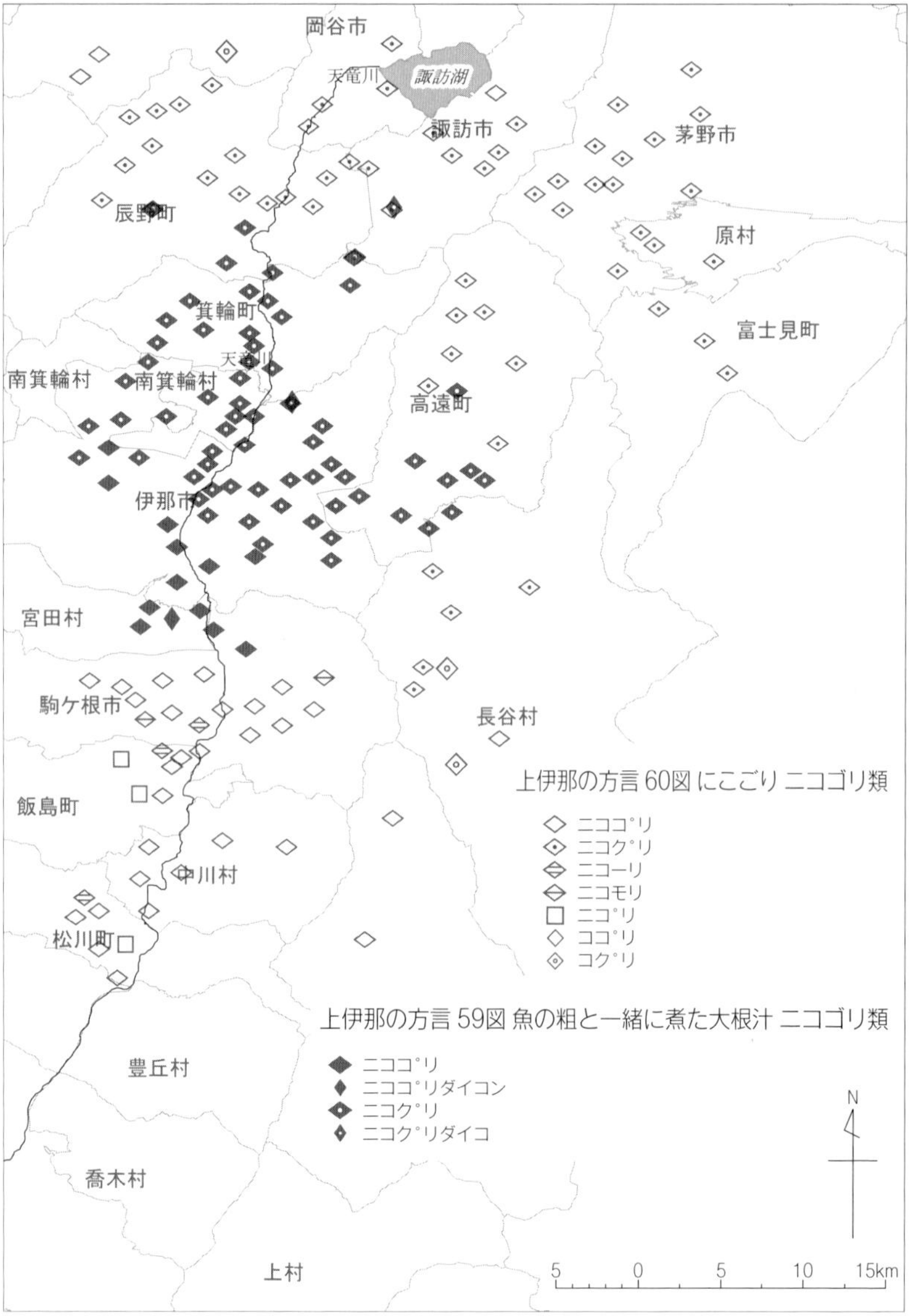
岡谷市
諏訪湖
天竜川
諏訪市
茅野市
辰野町
原村
箕輪町
富士見町
天竜川
南箕輪村
南箕輪村
高遠町
伊那市
宮田村
駒ケ根市
長谷村
飯島町
中川村
松川町
豊丘村
喬木村
上村
上伊那の方言 60図 にこごり ニコゴリ類
ニココ゜リ
ニコク゜リ
ニコーリ
ニコモリ
ニコ゜リ
ココ゜リ
コク゜リ
上伊那の方言 59図 魚の粗と一緒に煮た大根汁 ニコゴリ類
ニココ゜リ
ニココ゜リダイコン
ニコク゜リ
ニコク゜リダイコ
N
5 0 5 10 15km

図 5-5　ニコゴリの同音衝突（1970 年代）

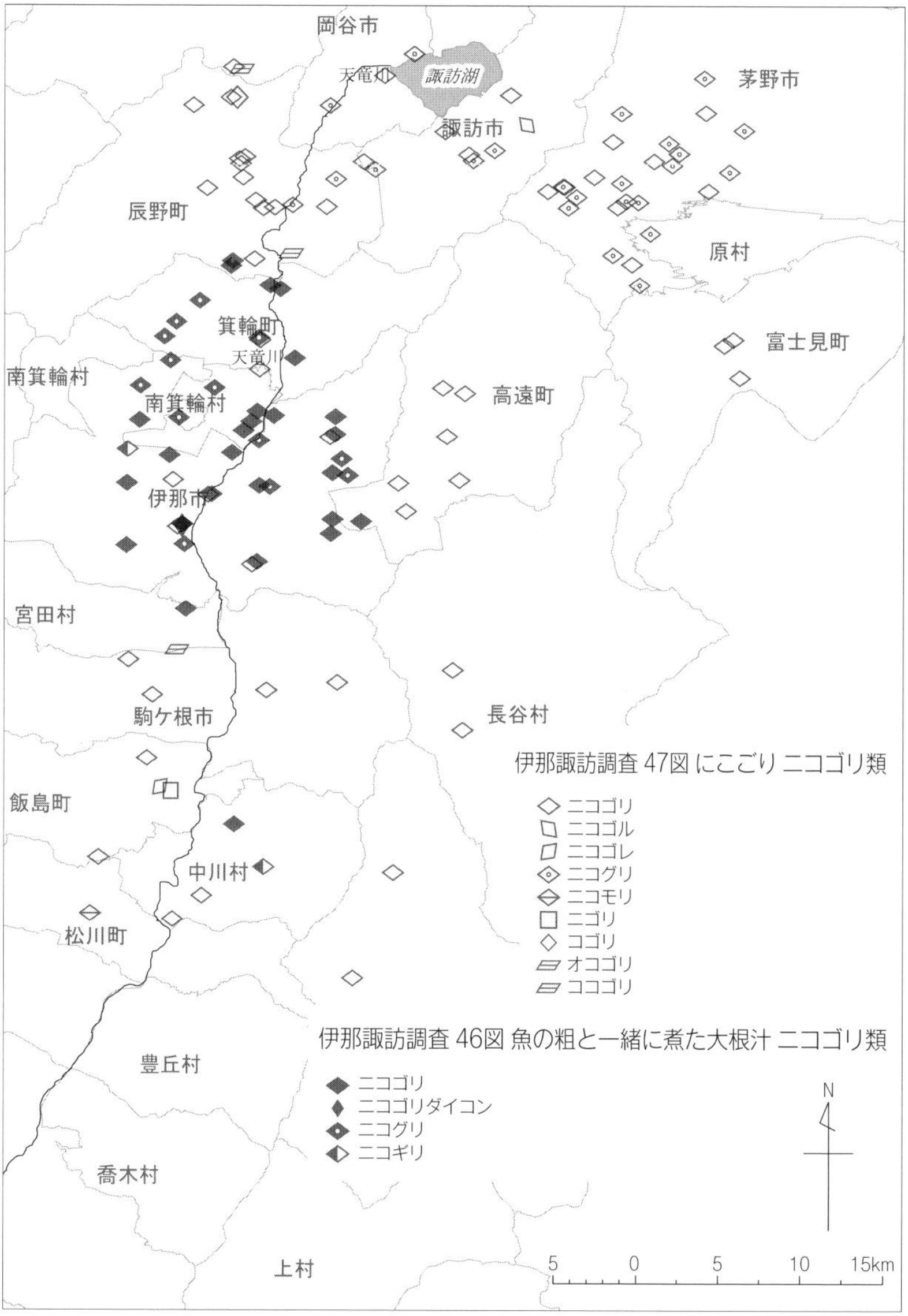
岡谷市
天竜川
諏訪湖
茅野市
諏訪市
辰野町
原村
箕輪町
天竜川
富士見町
南箕輪村
南箕輪村
高遠町
伊那市
宮田村
駒ケ根市
長谷村
飯島町
中川村
松川町
豊丘村
喬木村
上村
伊那諏訪調査 47図 にこごり ニコゴリ類
ニコゴリ
ニコゴル
ニコゴレ
ニコグリ
ニコモリ
ニゴリ
コゴリ
オコゴリ
コゴゴリ
伊那諏訪調査 46図 魚の粗と一緒に煮た大根汁 ニコゴリ類
ニコゴリ
ニコゴリダイコン
ニコグリ
ニコギリ
N
5 0 5 10 15km

図5-6　ニコゴリの同音衝突（2010年代）

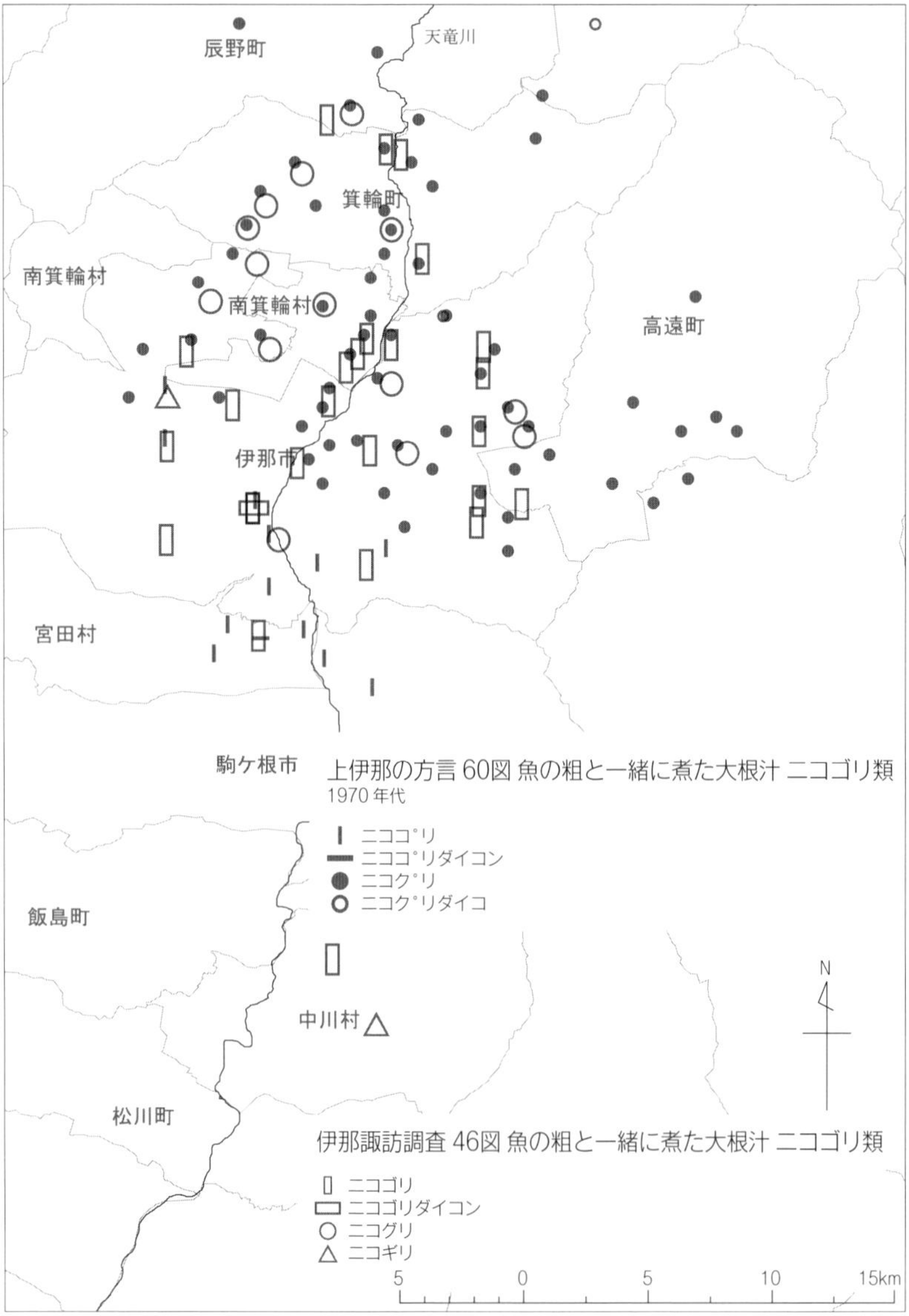
辰野町
天竜川
箕輪町
南箕輪村
南箕輪村
高遠町
伊那市
宮田村
駒ケ根市
上伊那の方言 60図 魚の粗と一緒に煮た大根汁 ニコゴリ類
1970 年代
ニコゴ゜リ
ニコゴ゜リダイコン
ニコグ゜リ
ニコグ゜リダイコ
飯島町
中川村
N
松川町
伊那諏訪調査 46図 魚の粗と一緒に煮た大根汁 ニコゴリ類
ニコゴリ
ニコゴリダイコン
ニコグリ
ニコギリ
5
0
5
10
15km

図 5-7　ニコゴリの同音衝突の変化

一九七〇年代には、箕輪町から伊那市を経て宮田村までの天竜川沿いの地域に加えて、高遠町の南部までで「大根汁」をニコゴリ類で表していた。四〇年後の二〇一〇年代になると宮田村ではニコゴリ、高遠町ではニコグリが消滅した。そのことで相補分布の空間領域は変化した。注目されるのは、変化した領域が行政単位と一致する点である。あわせて注視したいのは高遠町である。上伊那地方の中心地である伊那市では「大根汁」がニコゴリであるために「にこごり」との区別ができない状態が続いている。一方で、周辺の高遠町の方が先に標準語と同様の区別を獲得しており、やや違和感を与える。

高遠町には高遠藩の城もあり、この地域の中心地であった。南には秋葉街道が通り、北に向けては杖突街道が諏訪とつながる。かつての交通の要衝であり、大名などが宿泊する本陣もあった。しかし、明治時代以降は中心地が現在の伊那市に移る。[15] 一方で高遠町には旧国鉄バス（現、ＪＲバス関東）の停留所があり、杖突峠を経て、諏訪地方とつながる。この停留所は、しっかりとした建造物であり、国鉄が運営していたこともあって「駅」と呼ばれている。二〇一〇年代の調査時に話者からうかがったところによると、高度成長期には多くの人がバスを使って高遠町から精密機械工業が盛んな諏訪方面に通勤していたとのことである。[16]

「大根汁」を表すニコゴリ類の分布変化の背景にはこのような事情が働いているのだろう。一九七〇年代に確認された高遠町から伊那谷北部にかけてのまとまりは、その時期の社会を支えた二〇一〇年代の話者たちにおいて変化した。そこには、高遠町と諏訪地方とのつながりが働いた。同時に重要なのは高遠町の一体性である。行政区画としての一体性は日常生活と密接に結び付いている。特に小規模の地方自治体においては小学校が複数あっても中学校は一校ということは多い。高遠町でも一九六二年に中学校が一校に統合されている。学校にかかわるのはそこに通う生徒だけではない。保護者たちもさまざまな形でかかわりを持つ。そこでの意思疎通の道具は、ことば＝方言である。

5　相補分布と同音衝突の本質

相補分布の本質

従来の言語地理学では、同音衝突を次のように捉えていた。方言分布の拡大が同音異義語の分布域まで達したところで停止し、同音異義語の発生を回避する。その結果、同音異義語どうしは地理的に相補分布する。この考えの下、地理的相補分布を手がかりに同音衝突にアプローチしてきた。この考え方の大もとには、方言の使用域が拡大していくことで分布ができるという発想がある。

しかし、実際には、「虫」どうしから「虫」と「神主」の同音衝突への変化が示すように、分布の拡大に根ざす必要はない。また、「にごり」と「大根汁」のように同音異義語が発生することや、そこから同音異義語が回避され、新たな相補分布が現れるケースもある。

また、分布域を検討したところ、いずれの場合も地域的な区分と無関係ではなかった。第12章で述べるように、地域区分と方言分布との相関は、文法においても明瞭に確認される。ただし、その場合の多くは都道府県以上の広さを持つ。語彙では、もっと狭いところで効いていると見られる。

以上のように、同音衝突という言語変化において、相補分布は大きな手がかりであることは間違いないにしても本質を示すものではなく、同音衝突はその根本をもう一度考え直す必要があると考えられる。

同音衝突の再定義

言語地理学は、図5-1のような簡潔なモデルで示される地理的相補分布を基準に同音衝突を扱ってきた。同音異義語の発生を出発点とする現実の同音衝突には、言語変化の段階に応じた多様なケースが含まれており、モデルの見直しが必要だ。その多様性について、図5-1の表示を応用・拡張する形で整理し、図5-8にモデル化して示した。P～Rは語形を、（　）内のxやyは意味を表す。

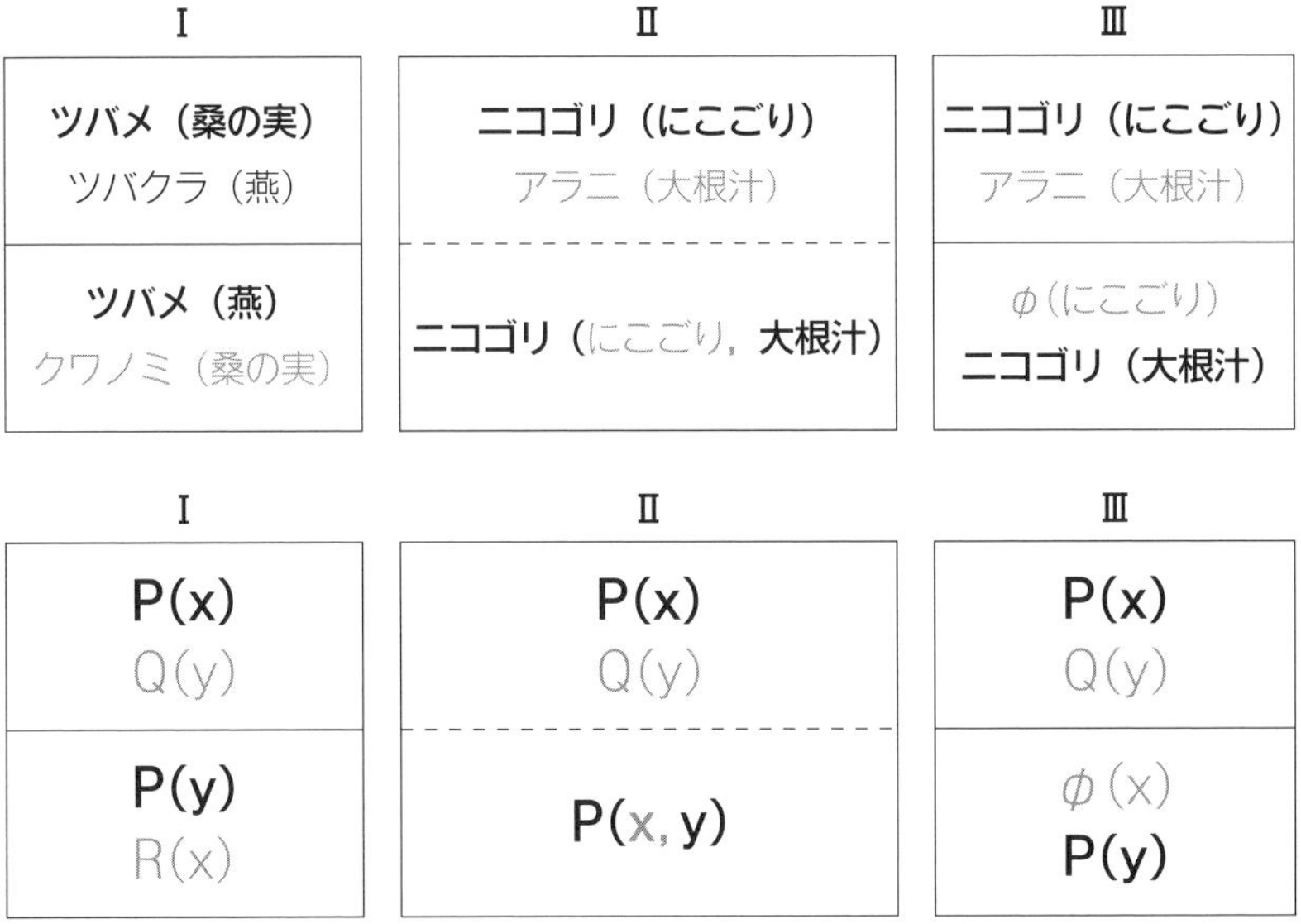

図 5-8　同音衝突の多様モデル(1)

（x,y）のように並べている場合は、同音異義語であることを示す。なお、φは該当する語形が存在しないことを表すものとする。

ひとつはⅠのように、同音語が隣接地の異義語と重なることなく地理的に相補分布するケースである。第4章で扱った「桑の実」と「燕」のツバメが該当する。同音衝突の典型事例である。

Ⅱは、隣接地の一方（上を北と想定するモデル図では南部方言）で同音異義語化が発生したケースである。伊那谷の「にこごり」と「大根汁」が同音異義語化した段階までが該当する。境界を点線で示したのは、全体がP(x)になっている上に部分的（図では下半分）にP(y)が被さったような状態であり、相補分布ではないからである。

Ⅲは、Ⅱの段階が進行し隣接地の一方（モデル図では下半分）で同音異義語の一つが崩壊した状態である。伊那谷における「にこごり」の崩壊が該当する。崩壊することで相補分布が再び現れている。

また、Ⅰのケースは、同音異義語を背後に抱えているようなこともある。このようなケースをI'とし、

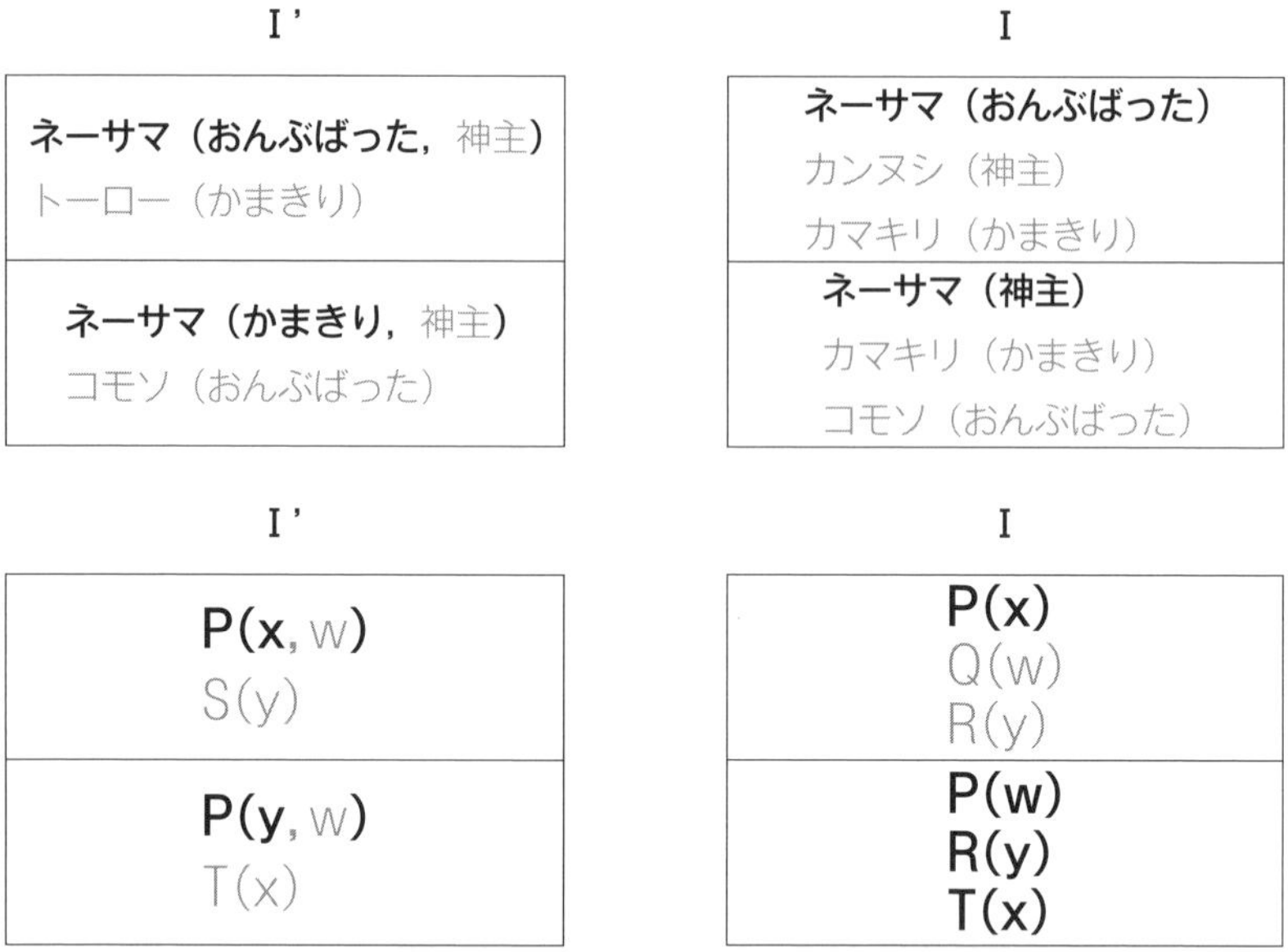

図 5-9　同音衝突の多様モデル(2)

図5-9に示す。一九七〇年代の「虫」の名は「神主」に対応するものであったことを思い出してほしい。それは、「虫」と「神主」が同音異義語であることを意味する。図の上半分の「おんぶばった」（実際には「おんぶばった・しょうりょうばった」であるが図では略記）のネーサマは同時に「神主」でもあるのだ。同じく下半分のネーサマは「かまきり」であると同時に「神主」でもある。

その状態から同音異義語の対の一方が変化すると、当然、相補分布の対も変化する。そうすると抱えていた背後（この場合、「虫」に対する「神主」、もしくは「神主」に対する「虫」）の同音異義語はなくなり、一般的な同音衝突であるIに移行する。二〇一〇年代の「虫」と「神主」の関係がこれである。

図5-8と図5-9の太字を追ってもらいたい。すると、同音衝突には多様なケースがあるが、モデル図上における上半分のP(x)と下半分のP(y)（また、P(y)が消失した後で浮き彫りになったP(w)は、いずれも地理的に接している。ここから同音衝突を次

のように再定義する。

同音異義語が地理的に接して現れること

この定義は、従来からの「同音異義語の地理的相補分布」と似ている。ただし、ここで示した定義は従来の「相補分布」という限定を、「接する」状態に広げている。このことで、P(x,y)のような同音異義語の状態も取り込み、変化過程を広くカバーできるようにした。[17]

また、従来の考え方はP(x)やP(y)が分布を拡張した結果、相補分布に至り、睨み合いの状態になることを想定した。[18]しかし、先にも記したように、拡張よりも、方言分布の背景にどのような地域があるのかという地理的特性に注意を払うべきだと考えている。[19]

図5-8に示したモデルをもとに変化を説明し、Ⅰ→Ⅱ→Ⅲのように変化が進行したことを述べた。しかし、ⅠⅡのような同音異義語が発生した後、再びⅠのように両者を区別するような変化も起こる。したがって、ⅠⅡⅢは、必ずしも変化の一方向性を意味するものではない。区別を失ったり、獲得したり、その結果意味が逆転するといった変化については、次の第6章で検討しよう。

【注】

(1) 馬瀬（一九七九）参照。

(2) 地理的相補分布に根ざした研究は、フランス語における「雄鶏」と「猫」の事例がドーザにより早くから紹介されており（ドーザ一九三八、七二～七四頁、ドーザ一九五八、八一～八四頁）、そこでも触れられている「釘」と「鍵」については後年、オリジナルの研究であるジリエロンによる論文が翻訳されている（ジリエロン一九九四～一九九五）。日本語においては、小林（一九五〇、一三三～一三七頁）により、「母」と「唖」について初めて地図による実証が行われた。その他にも馬瀬（一九六九・一九七九）による「もんぺ」と「わらの長靴」や小林（一九八二）の「とうもろこし」と「もろこし」、「酸葉」と「音のしない屁」などの事例が知られる。

（3）馬瀬（一九六九・一九七九）参照。

（4）馬瀬（一九六九、二〇七頁）参照。

（5）馬瀬（一九九二、一三～五三頁）参照。

（6）各「虫」の方言分布図を元にするのではなく、ネーサマ・タヨーサマ・オカンヌシサマ等の「神主」名がどの「虫」を指すのか尋ねた結果を表す地図は馬瀬（一九七九）に掲載され、馬瀬（一九九二）にも再録されている。ただし、後述するようにタヨーサマとオカンヌシサマはかなり限定的で同音衝突と認定するための相補分布を示さない。また、「虫」と「神主」名を直接照合した地図は示されていない。

（7）竜東と呼ばれることがある。これに対し西岸は竜西と呼ばれる。川は上流から下流を見て、右側を右岸、左側を左岸と言う。したがって、竜東は左岸、竜西は右岸にあたる。

（8）第7章参照。

（9）市川（二〇〇八、一八六頁）参照。

（10）米山（一九八九）参照。

（11）安室（二〇一三）が「骨汁や骨煮」（二三五頁）、「コツニ」（二三六頁、二四五頁）としてあげるのはこれに該当するものかもしれない。

（12）馬瀬（一九八〇a、五九図・六〇図）参照。なお凡例の半濁点は鼻濁音を明示している。

（13）以下の変化過程は馬瀬（一九七九）に基づく。

（14）馬瀬（一九七九）には示されていない、同音衝突が発生する前の「大根汁」の方言について、二つの私案を示しておく。一つは、注11にあげたコツニと同等の語構成である*ニコツ（*は推定形式）のような語があり、それがニコゴリと類音牽引を起こしたという考えである。もう一つは「大根汁」を意味するニコゴリダイコンがもともとあって（中央の文献にも現れるとともに伊那地方出身の民俗学者、向山雅重の随筆にも現れる（向山一九七〇、一八五頁・二三八頁））、それがニコゴリに変化することで「にこごり」のニコゴリとの区別を失ったという考えである。

（15）このあたりの経緯は、馬瀬（一九八〇a、五一九～五二三頁）、馬瀬（一九八六）で繰り返し注意を喚起されている。

（16）この地域のバス交通と方言分布については、小野原（二〇一一）も扱っている。

（17）もっとも、馬瀬（一九七九）も「相補分布」に基づきながら「大根汁」「にこごり」も扱うので、実質的にはここに示した定義に踏み込んでいると考えられる。

（18）馬瀬（一九七九・一九九二）は、その拡張段階をもとにA型、B型という段階を設けている。

（19）言語の状態から考察が出発するのは言うまでもない。一般に言語地図が示すのは、同じ意味を表す異なる語形（同義語）

の地理的分布である。安室（二〇二三、三六頁）はこれをシノニムの分布と呼ぶ。同音衝突はその反対語であるホモニム（同音異義語）の隣接になるが、両者を単に「対」として位置付けることはできない。語の独立性は、基本的に形に依拠する。したがって、独立性を揺るがすホモニム化は語にとって重大な事態であり、言語変化のきっかけとなる。だからこそ、同音衝突は言語地理学の中で大きな課題となってきた。

【参考文献】

市川正夫編（二〇〇八）『やさしい長野県の教科書　地理』（しなのき書房）
岩田礼（二〇〇七）「中国語の言語地理学（２）」国立国語研究所『第14回　国立国語研究所国際シンポジウム　世界の言語地理学』（国立国語研究所）五九～六四頁
大西拓一郎（二〇一六）『長野県伊那諏訪地方言語地図』（私家版）
小野原彩香（二〇一一）「集落の交通路からの距離と言語変異に関する定量的分析」『同志社大学文化情報学部授業資料』
小林隆（一九八一）「同音衝突の意味的側面―高田西部言語地図を中心に」『国語学』一二六、一～一三頁
小林好日（一九五〇）『方言語彙学的研究』（岩波書店）
柴田武（一九六九）『言語地理学の方法』（筑摩書房）
徳川宗賢（一九七八）「単語の死と生・方言接触の場合」『国語学』一一五、四〇～四六頁
馬瀬良雄（一九六九）「言語地理学―歴史・学説・調査法」『国文学　解釈と鑑賞』三四-八、一八九～二三〇頁、（平井昌夫・徳川宗賢編（一九六九）『方言研究のすべて』（至文堂）一八九～二三〇頁に同じ。馬瀬良雄（一九九二、一三～五三頁）に再録）
馬瀬良雄（一九七九）「同音衝突―相補分布との関連で」『国語学』一一九、四一～五六頁（馬瀬良雄（一九九二、五五～七七頁）に再録）
馬瀬良雄（一九八〇ａ）『上伊那の方言』（上伊那誌刊行会
馬瀬良雄（一九八〇ｂ）「神主の方言をめぐる虫たち」佐藤茂教授退官記念論集刊行会編『佐藤茂教授退官記念　論集国語学』六一一～六二九頁、桜楓社（馬瀬良雄（一九九二、九五～一一二頁）に再録）
馬瀬良雄（一九八六）「ことばの伝播―長野県方言を例に」『信州大学人文学部　長野県における社会変動と地域的対応の諸形態』（昭和五九～六〇年文部省科学研究費補助金報告書）六五～九二頁
馬瀬良雄（一九九二）『言語地理学研究』（桜楓社）
向山雅重（一九七〇）『山ぶどう』（宮田新聞社）
安室知（二〇二三）『日本民俗分布論―民俗地図のリテラシー』（慶友社）

米山俊直（一九八九）『小盆地宇宙と日本文化』（岩波書店）
柳田国男（一九三〇）『蝸牛考』（刀江書院）
ジリエロン、J（一九九四～一九九五）「ALFによる疑似ラテン語*CLAVELLUS「釘」の方言分布と同音衝突（1）～（3）」（大川泰子、グロータース、W・A、佐々木英樹訳）『日本方言研究会第58回研究発表会発表原稿集』八二～一〇七頁、『日本方言研究会第59回研究発表会発表原稿集』六五～八四頁、『日本方言研究会第60回研究発表会発表原稿集』七一～八四頁
ドーザ（一九三八）『言語地理学』（松原秀治訳、冨山房）
ドーザ（一九五八）『フランス言語地理学』（松原秀治、横山紀伊子訳、大学書林）

第6章　同音衝突と変化のスピード
―「とうがらし」と「ピーマン」―

新しい野菜として「ピーマン」が導入されたとき、もとからあった類似の「とうがらし」との間で同音衝突が起こり、わずか数年の間にめまぐるしい変化が地理空間上で展開した。

1 「とうがらし」と「ピーマン」

渡来作物の「とうがらし」

多くの人にとって、「とうがらし」の味が連想させるのは、韓国料理だろう。キムチは日本人にもっとも親しまれている韓国の味で、漬け物の中でも売り上げが一番とも聞く。韓国で食事をすると、必ずといっていいほどキムチが用意されるし、チゲのような鍋料理でもとうがらし味のものが多い。韓国だけではなく、タイなど東南アジアでも、やはり「とうがらし」による辛い味の料理が多い。中華料理にも麻婆豆腐のような「とうがらし」が利いた辛い料理がある。多くの人にとって、「とうがらし」はアジアの味というイメージがあるはずだ。

第1章でも述べたが、(1)「とうがらし」の原産地は中南米である。「じゃがいも」「とうもろこし」などと同様にヨーロッパ経由でアジアにもたらされた渡来作物である。日本への導入は、ヨーロッパ人が伝えたのか、朝鮮半島から入ったのかは明確ではない。[2] 和食では、おもに薬味のように味の追加として用いられる。

このように、韓国、中国、東南アジアの料理を強く想起させる「とうがらし」であるが、ヨーロッパ人のアメリカ大陸への進出を考えるなら、太古からの民族の味ということはありえない。

新しく普及した「ピーマン」

「とうがらし」は辛い。この辛みは、カプサイシンという成分が感覚神経細胞のTRPV1《トリップ》に働きかけることで感じられるもので、味覚というより、「痛み」らしい。[3] ただし、カプサイシンは「とうがらし」のすべてに含まれるわけではない。

「とうがらし」にはさまざまな品種がある。シシトウは韓国料理でも使われ、日本でもよく食べられる。たまにとても辛いのがあって、驚かされる。シシトウはシシトウガラシの略で、名のとおり、また見た目が示すように「とうがらし」の仲間である。パプリカも「とうがらし」の一種であり、ハンガリーで生み出された。[4] 品種によっては、パプリカのように辛みのないものもあるわけだ。[5] パプリカが「とうがらし」なら、推測されるとおり、ピーマンも「とうがらし」の仲間である。[6] 昔から子どもには人気がないが、辛みはほぼない。

ピーマンは、一九五一年刊行の『農作物の地方名』[7] にも取り上げられており、地方名（方言）も列挙されているので、それほど新しいわけではない。ただし、明治時代には日本に導入されているものの、一般家庭に野菜の一種として普及するのは比較的新しく、一九六〇年代以降とされる。[8]『農林省統計表』では、第四〇次（昭和三八～三九年）の統計[9]以降に現れる。これらのことから、いわゆる高度成長期にあたる一九七〇年前後に一般家庭の食卓にのぼるようになり、各地で生産が増えたものと考えられる。

2 「とうがらし」と「ピーマン」の同音衝突

導入期の言語地図

そのような時期に、富山県の東部、新潟県境に近い下新川地方で調査された結果に基づく「とうがらし」と「ピーマン」の方言分布図が、永瀬治郎氏による論文で提示されている(10)。論文では明示されていないが、標準語形ピーマンの使用拡大に重きが置かれている点からも、新しく普及してきた野菜に注目したものと考えられる。『農林省統計表』を見ても、各地と較べて、富山県で「ピーマン」が特に多く生産されていたわけではなさそうである。おそらく全国的に増産傾向にあり、この地方でもそれにあわせて普及が進んだのだろう。

「ピーマン」の方言でポイントとなるのは「とうがらし」との関係である。「ピーマン」は「とうがらし」の仲間である。ただし、「とうがらし」は「ピーマン」よりもかなり前から普及していた。似た野菜の「ピーマン」が導入されたときに、どのように受け入れられたのか。

図6-1は、一九六七〜七〇年に行われた調査の結果である(11)。地図凡例のコショー「とうがらし」=「ピーマン」・ナンバン「ピーマン」=「とうがらし」は、両方を区別なくコショー・ナンバンと言うこと、ナンバン「とうがらし」／コショー「ピーマン」は、「とうがらし」をナンバン、「ピーマン」をコショーと呼び、それぞれを区別することを意味する。

第一に、「とうがらし」と「ピーマン」を区別するところと区別しないところがあることがわかる。今の感覚では両者の区別がないことは不思議に受け止められるかもしれないが、「ピーマン」の導入当初は区別しないこともあったのである(12)。

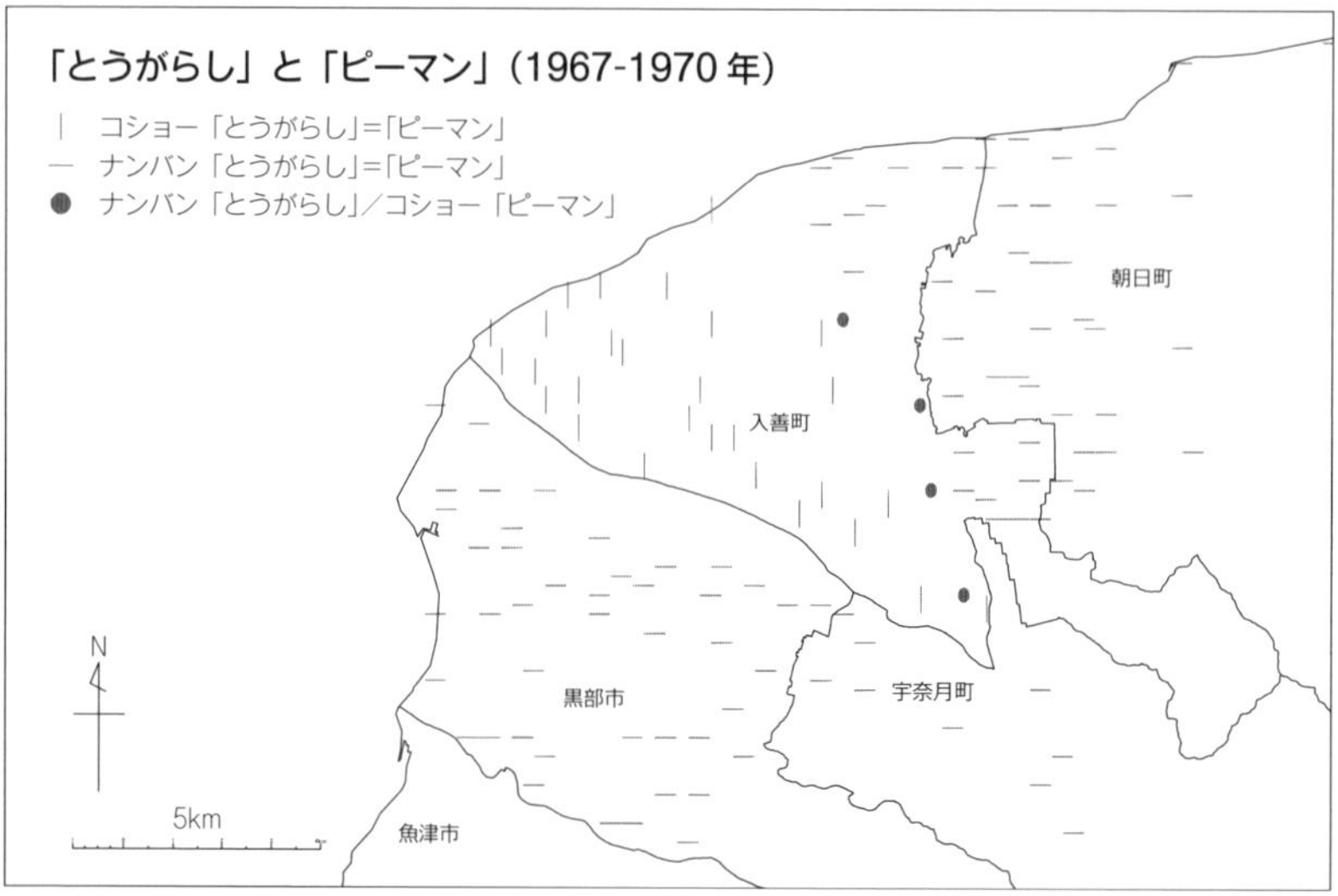

図6-1 「とうがらし」と「ピーマン」（1960年代）

区別しないところは、縦や横の棒線で示した。朝日町から入善町の境にかけての地域と、宇奈月町、黒部市では、「とうがらし」「ピーマン」の両者をナンバンで表している。一方、入善町の南西部では、広く両者をコショーで表している。「とうがらし」をコショーと言うのは、何か誤解があるように思われるかもしれないが、九州を中心に各地で「とうがらし」をコショーと言う方言は広く見られる[13]。おそらく、スパイスの「胡椒」を表すコショーが古くからあったところに、渡来作物の「とうがらし」が導入され、同じ辛いものということで、その名称にコショーがあてられたものであろう。「胡椒」は近世以降の渡来作物ではないが、基本的に熱帯地方の作物であり、国内ではあまり生産されない。そのため、「胡椒」そのものは一般にはほとんど普及することがなく、名称のみが知られ、それが「とうがらし」に適用された。したがって、「とうがらし」のことをコショーと呼んでも困ることはなかった。

一方で、入善町の朝日町との境にあたる場所では、「とうがらし」をナンバン、「ピーマン」をコショーと言って、区別している。もともと「とうがらし」をナンバンと言っていたところに、新しい野菜・作物の「ピーマン」が入ってきた。この新しい野菜・作物に対し、隣接地で「とうがらし」を表していたコショーをあてて、区別したと考えられる[14]。

以上のように「とうがらし」と「ピーマン」は、ともに広くコショーもしくはナンバンによる同音異義語であり、一部の地域で「とうがらし」をナンバン、「ピーマン」をコショーと呼んで区別していた。

短期間隔の比較

永瀬氏が示した方言地図の興味深い点は、わずか数年後の分布が示されている点である。図6-2は、「とうがらし」と「ピーマン」について、一九七四〜七五年の調査結果である。図6-1との間隔は、長くて8年、短ければ4年である。おそらく世代差ではなく、ほぼ同一世代内で変化が生じたものと見られる。

図6-1と同様に多くのところでは、両者を区別せず、同音異義語としてともにコショー、ともにナンバンである。また、「とうがらし」がナンバン、「ピーマン」がコショーだった入善町内の朝日町との境界地域は、区別を失い、ともにナンバンに戻った[15]。

注目されるのは、入善町に「とうがらし」をコショー、「ピーマン」をナンバンと呼び、区別するところがまとまって現れていることである。この区別をするようになった場所は、図6-1ではともにコショーだった。以前からある「とうがらし」のコショーを保持しながら、新参者の「ピーマン」には隣接地で「とうがらし」を表すナンバンをあてることで、新たな区別が行われるようになった。そして、この区別は図6-1の区別のしかたと逆転している。

同音衝突の多様な変化と速度

一九六〇年代は、「とうがらし」のナンバンと「ピーマン」のナンバンが入善町と朝日町の境辺りで接しており、かつ、「とうがらし」のコショーと「ピーマン」のコショーが入善町の町内東部で接している。また、一九七〇年代は、「とうがらし」のナンバンと「ピーマン」のナンバンが入善町中央東部で接し、かつ、「とうがらし」のコショーと「ピーマン」のコショーが入善町中

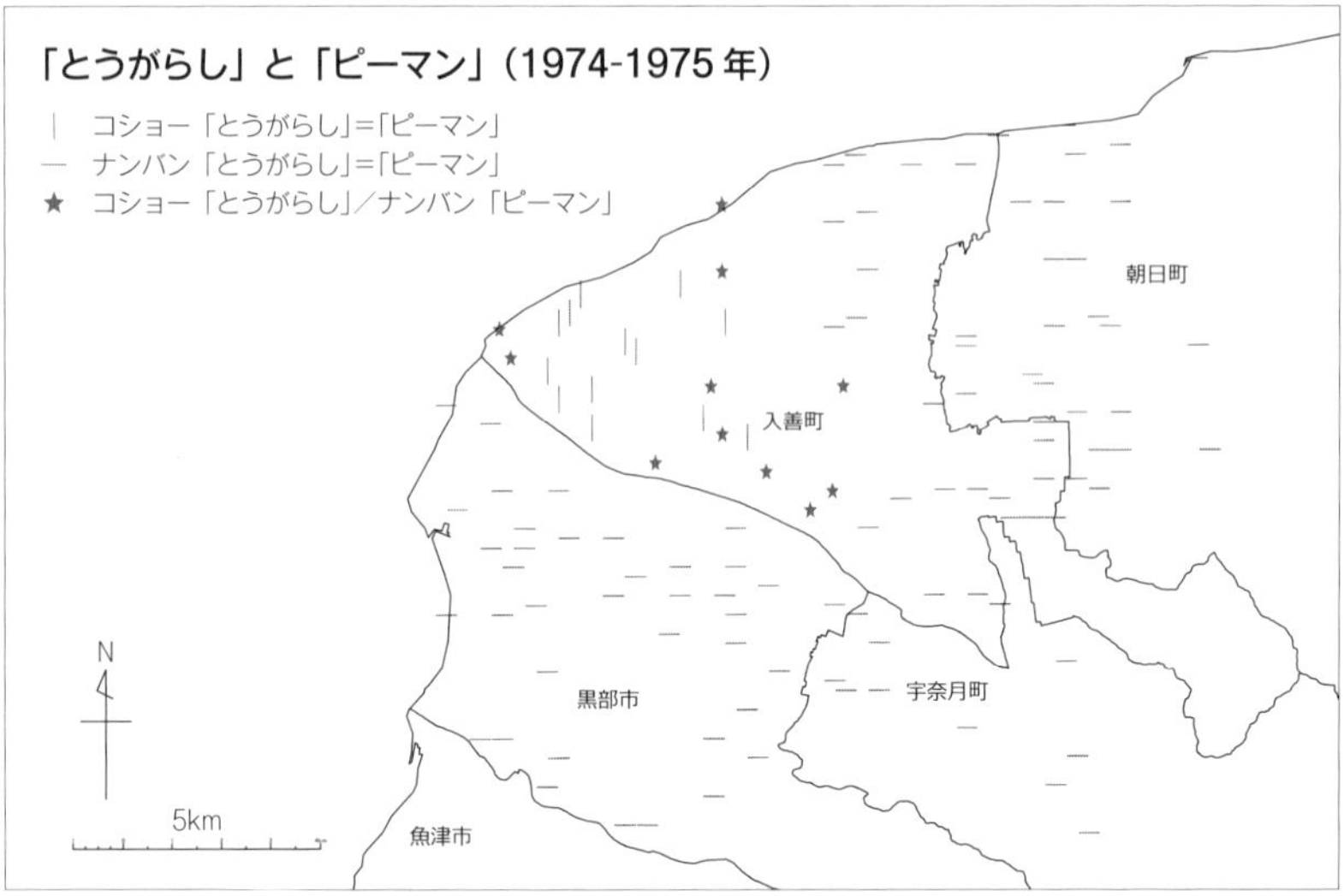

図6-2 「とうがらし」と「ピーマン」(1970年代)

央西部で接している。したがって、「とうがらし」と「ピーマン」は同音衝突状態にある。第5章と同じようにモデル図で説明しよう。

図6-3は、「とうがらし」と「ピーマン」のモデル図であり、縦線の左側が先行して一九六七～七〇年に行われた調査により明らかにされた一九六〇年代の状態で、右側がその後の一九七四～七五年に行われた調査により明らかにされた一九七〇年代の状態である。なお、図ではスペースの関係で「とうがらし」を「唐辛子」とした。P＝コショー、Q＝ナンバン、x＝「ピーマン」、y＝「唐辛子」に該当する。「とうがらし」と「ピーマン」が、コショーという語形で同音異義語状態にある地域と、ナンバンという語形で同音異義語状態にある地域が同居しているので、それぞれをさらに左右に分けて示している。一九六〇年代においても一九七〇年代においてもP(x)とP(y)、Q(x)とQ(y)は、地理的に隣接している。そして、分布の片側はP(x,y)やQ(x,y)のように同音異義語状態にある。これは第5章(101頁)で示したモデルにおけるⅡのタイプに該当する。

ただし、第5章のタイプⅡは、一方が同音異義語化して区別を消失したことでできたものであったが、「とう

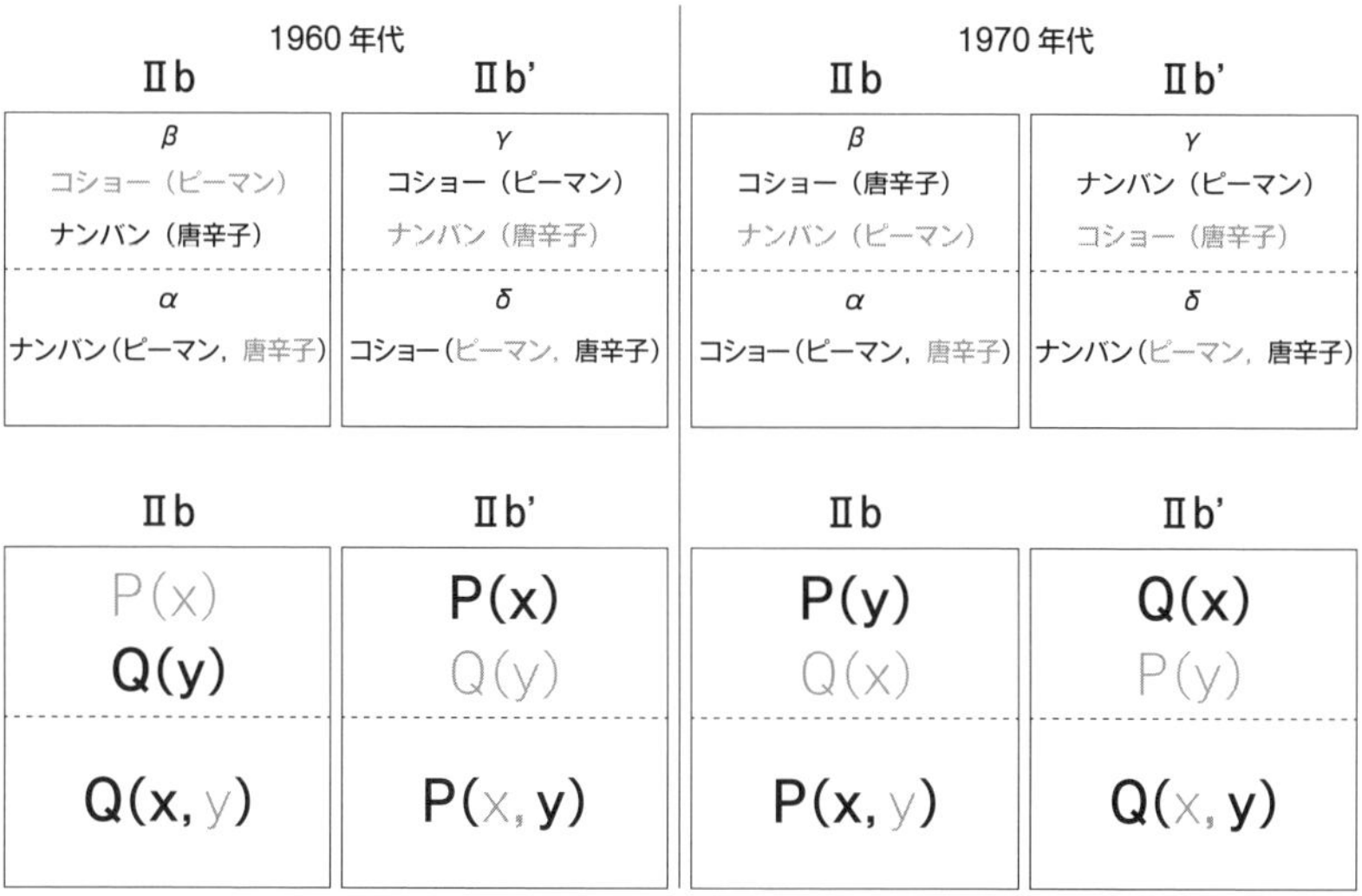

図6-3　「とうがらし」と「ピーマン」の同音衝突のモデル

がらし」と「ピーマン」のタイプⅡは、もとは同音異義語で区別のなかったところから、「ピーマン」に近隣の「とうがらし」の語形を導入することで区別が生み出されることでできたものである。つまり、区別していたのが同音異義語になったのか、同音異義語だったのが区別するようになったのかという異なりがあり、双方の成立過程は逆である。第5章の「にごり」と「大根汁」のように区別を失うタイプをⅡaとし、ここでの「とうがらし」と「ピーマン」のように区別を獲得するタイプをⅡbとしよう。

図6-3の各時代（一九六〇年代・一九七〇年代）の状態をさらに、ⅡbとⅡb'に分けて示した。Ⅱbは同音異義語状態と、そこからの区別で構成されている。両時代ともαとβを示したが、これはもとの状態がαだったのがβに変化したことを示している。このことは、αの中にβが生じることで、場所によることばの違い、方言が生まれたことにほかならない。一方、Ⅱb'は、γ（Ⅱbのβと同じ状態）で生じた区別のための素材が、隣接するδの同音異義語に存在することを示している。Ⅱb'のδは、区別のための素材は提供するが、自らは区

別する方向には動かない。

言語地理学が伝統的に扱ってきた同音衝突は、同音化の手前で分布拡大が停止することに限定されていた。しかし、第5章で示したように同音衝突を「同音異義語が地理的に接して現れること」と定義した上で事例を求めると、同音衝突の形成は、それだけで説明できるものではないことがわかる。表面的には同じⅡ型でも、変化の方向が逆である、上伊那の「にごり」「大根汁」（Ⅱa型）と下新川の「とうがらし」「ピーマン」（Ⅱb型）のように、変化の過程も多様であることがわかる。

また、同一地域における同一対象の同音衝突であっても変化は多岐にわたる。下新川の「とうがらし」と「ピーマン」には四つのケースがあった。

第一は、新しい野菜の「ピーマン」が導入されて、従来からの「とうがらし」と同音語（コショー・ナンバン）になるケースである。つまり、同音異義語化を受け入れるものである。

第二は、当初（一九六〇年代）の入善町内における朝日町との境界地帯のように、新しい「ピーマン」に対し、近隣で使われる「とうがらし」の自分たちとは異なる方言の語形（コショー）を与えることで、同音意義語状態を解消させ、区別できるようにするケースである。

第三は、いったんは同音異義語（コショー）として導入したものの、数年後の地図（図6-2）が示す入善町内の中央部のように、その後あらためて区別をするようになるケースである。

第四は、当初区別していたのに、朝日町との境界地帯の入善町のようにその後は区別をやめてしまうケースである。

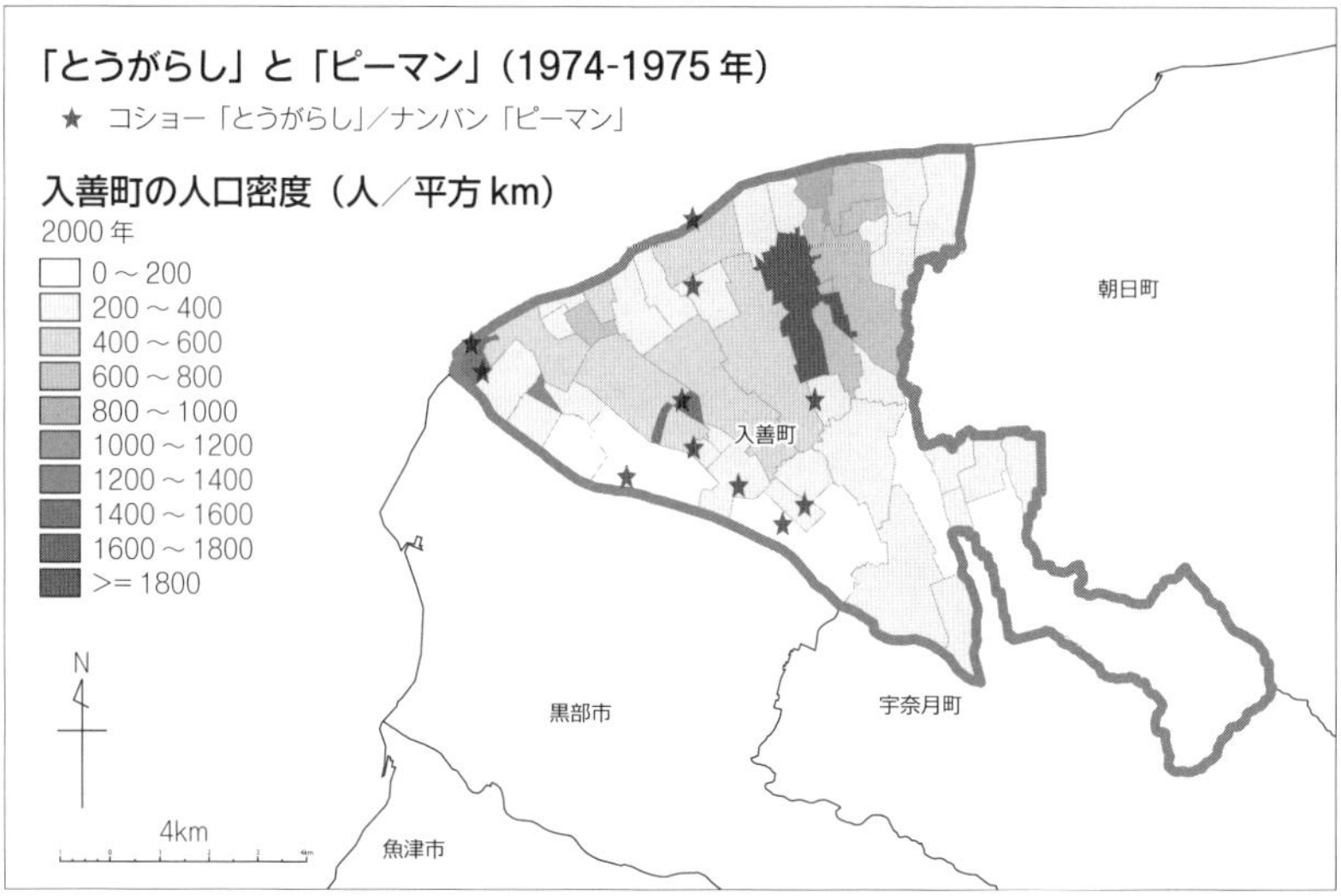

図6-4　「とうがらし」と「ピーマン」の最先端変化と人口密度

3　変化の場所と速度

変化した場所の社会特性

区別のなかった「ピーマン」と「とうがらし」を区別するようになったのは、入善町の中央部であった。ここでいう中央とは、ただ真ん中辺りに位置していることだけを意味し、入善町の社会的中心地を意味するものではない。

人口密度をもとに、入善町内の様子を「とうがらし」と「ピーマン」の最先端[16]変化とあわせて図6-4に示した。★を付したところで、一九六〇年代には「とうがらし」と「ピーマン」を区別せずコショーだったのが、一九七〇年代には「ピーマン」がナンバンとなり、「とうがらし」のコショーから区別するようになった。

図を見ると、その地域は、入善町における人口密度の高い社会的中心地ではないことがわかる。また、隣接する黒部市の方が入善町より都会的で相対的に都市性は高いと考えられるが、黒部市は二つの野菜を区別する動きをまったく見せなかった。同音衝突の変化に中心性や都市性は関係ないことも示している。

語彙の変化と速度

さほど広くない地域における比較的短期間隔の調査データを再検討することを通して、語彙の多様かつダイナミックな言語変化に迫ることができた。同音衝突の同音異義語化の統合が発生し、その後に再び分化するという変化は語彙ならではのことであり、文法や音韻では一般に考えにくい。動詞の二段活用（例　起くる）が一段活用（例　見る）と統合した後に再び分かれていくとか、合拗音（クヮ）と直音（カ）との区別が失われた後に再び区別が生じるといったようなことは、普通は起こらない。

この多様な変化が10年にも満たない、わずかな期間で起こることを、「とうがらし」と「ピーマン」は教えてくれた。ほんの数年の間に、区別しない、区別する、区別をやめるという変化がめまぐるしく起きている。同時に、狭い地域内であっても中心地に依存することなく、まとまった分布を持ちながら、変化が進行している。語彙の変化を見るにあたっては、ときにこのくらい微細なところまで捉えられるスケール（尺度）が求められることも、この事例は示している。

第Ⅱ部で扱った同音衝突は、ぶつかり合いであるとともに、区別を失うという点では混ざり合う変化でもあった。次の第Ⅲ部では、その混ざり合いに注目する。そこには、意味の明確化や同音語の回避、また、類義語の同居などが引き起こす変化が確認される。その背景には言語の本質と人間の葛藤があり、それを明らかにすることを通して、言語変化の中核を担う「有縁化」に迫ることにしよう。

【注】

（1）　第1章の注4参照。

（2）山本（二〇一〇・二〇一六）参照。
（3）出村（二〇二二）参照。
（4）山本（二〇一六、七四頁）、アンダーソン（二〇一七）参照。
（5）山本（二〇一六、八四頁）によると辛いパプリカもあるとのことである。
（6）山本（二〇一六、一五頁）参照。
（7）農林省統計調査部編（一九五一）。
（8）講談社（二〇一三、八三頁）、主婦の友社（二〇一一、一六頁）参照。
（9）農林省農林経済局統計調査部（一九六六、八六頁）。
（10）永瀬（一九七七a・一九七七b・一九八六）参照。
（11）以下、下新川郡の方言分布図は永瀬（一九七七a）をもとに作図し直した。
（12）ただし、ここにあげた一連の図では「ピーマン」を表すピーマンは省いている点には注意が必要である。原論文ではむしろ標準語形のピーマンに注目している。ここでは伝統的方言形での扱いを見ることにする。
（13）ＬＡＪ183図参照。今では一般的な商品として食卓にのぼる「ゆずこしょう」の味は「とうがらし」の辛みである。もともと「ゆずこしょう」が古くから食されていたのは九州であり、全国的な普及は新しい。
（14）Onishi（2017）参照。
（15）ただし、この図では「ピーマン」のピーマンは掲載していないため捉えられないが、「とうがらし」ナンバン／「ピーマン」コショーという区別をやめた上で、「とうがらし」ナンバン／「ピーマン」ピーマンという区別を行うようになったところもあるようだ。
（16）この分布情報は図6-2と同じである。

【参考文献】

講談社編（二〇一三）『からだにやさしい旬の食材　野菜の本』（講談社）
主婦の友社編（二〇一一）『野菜まるごと大図鑑』（主婦の友社）
出村政彬（二〇二二）「痛みが美味しさに変わるメカニズム」『日経サイエンス』二〇二二年五月号、二八～三五頁
永瀬治郎（一九七七a）「標準語形と方言形」『日本方言研究会第24回発表原稿集』五二～六〇頁
永瀬治郎（一九七七b）「下新川の2つの分布図」『国語学研究』一七、一～一二頁

永瀬治郎（一九八六）「方言の世代による変遷」飯豊毅一ほか編『講座方言学1　方言概説』（国書刊行会）二五三〜二八一頁
農林省統計調査部編（一九五二）『農作物の地方名』（農林統計協会）
農林省農林経済局統計調査部編（一九六五）『第40次農林省統計表　昭和38〜39年』（農林統計協会）
山本紀夫（二〇一〇）『トウガラシ讃歌』（八坂書房）
山本紀夫（二〇一六）『トウガラシの世界史―辛くて熱い「食卓革命」』（中公新書）
アンダーソン、ヘザー・アーント（二〇一七）『トウガラシの歴史』（服部千佳子訳、原書房）
Onishi Takuichiro（2017）The Relationship between Area and Human Lives in Dialect Formation. *dialekt|dialect 2.0: Long papers from 7th Congress of the International Society for Dialectology and Geolinguistics*（*SIDG*）, Wien: Praesens Verlag. 294–289

第Ⅲ部　ことばの混ざり合い

第7章　民間語源再考
―「ひっつきむし」と男性器―

あることばの成り立ちを思うということ自体が、ことばの変化をもたらすことがある。民間語源と呼ばれる変化である。民間語源は、本来の語源とは違っていても、ことばの合理化を図る重要な言語変化である。

1　ひっつきむし

「ひっつきむし」は虫ではない

ここでは「ひっつきむし」の方言を取り上げる。「〜むし」とは言うものの、虫ではない。植物の種のことである。

植物は自分では動けない。しかし、子孫を繁栄させるためには生息域を広げていくことが必要だ。そのために種を風で飛ばしたり、鳥に実を食べてもらい、行った先でフンとともに出してもらったりと、さまざまな方法がとられることになる。「ひっつきむし」が採った手段は、動物の毛や人間の衣類に「ひっつく(付着する)」ことで、生息域を広げることだ。「ひっつきむし」というのは、そのような植物の種を指す総称であり、さまざまな植物の種があてはまる。『フィールド版　ひっつきむしの図鑑』[1]には、ヌスビトハギ、センダングサ、タウコギ、オナモミなどの植物があげられ、形状もいろいろだ。[2]

「ひっつきむし」は方言も多様であり、長野県の伊那谷北部から諏訪地方にかけての一九七〇年代の方言分布は、『上伊那の方言』で確認できる。(3)『上伊那の方言』から約四〇年を経た、二〇一〇年代初頭におけるわれわれの追跡調査でもこの項目を扱った。

「ひっつきむし」の方言分布

諏訪地方における一九七〇年代の「ひっつきむし」の方言分布を図7-1に示した。諏訪湖に近い西側が相対的に標高は低い（といっても諏訪湖の標高は759メートルある）。諏訪湖の南東岸の平野が諏訪市の市街地である。図が示すようにバカ類（バカ・バカグサ）は、諏訪市で使われていた。一方、中央から東側にかけて標高が高くなっていく。東から北にかけて、濃い色で表示されている標高の高いところは、八ヶ岳連峰につながる山岳部である。そのなだらかな裾野は高原状の傾斜地になっており、そこに茅野市がある。一九七〇年代の茅野市では、べべ類（べべバサミ・べベックサ）が用いられていた。このように、一九七〇年代は、諏訪市のバカ類と茅野市のべべ類という形で分布が分かれていた。

それに対し、図7-2は二〇一〇年代の分布である。両図を較べることで、方言とその分布の半世紀近くにわたる変化が把握できる。

2　「ひっつきむし」の二つの変化

バカの拡大

変化のひとつは、バカ類が諏訪市側から茅野市に拡張したことである。両図ともに各地点の話者は、調査時点での年齢はほぼ同じで、一九七〇年代の図7-1の話者も、二〇一〇年代の図7-2の話者も、調査当時、多くが70歳代である。したがって、図7-1は、多くが一九〇〇年前後の明治生まれの方々、図7-2は、多くが一九三〇年前後の昭和一桁から一〇年代生まれの方々ということになる。

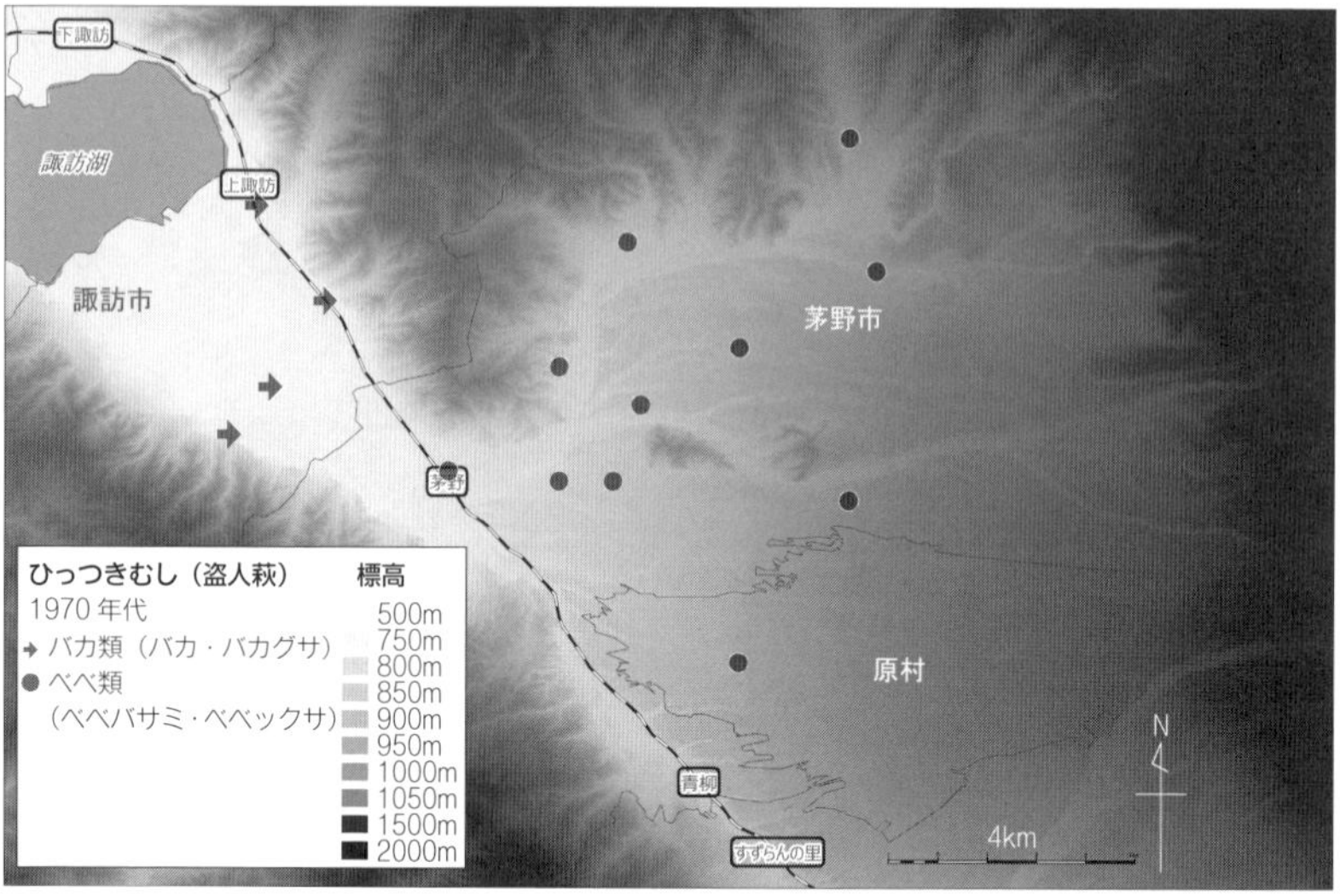

図 7-1　1970 年代の長野県諏訪地方における「ひっつきむし」の方言分布
（馬瀬 1980 をもとに再描画）

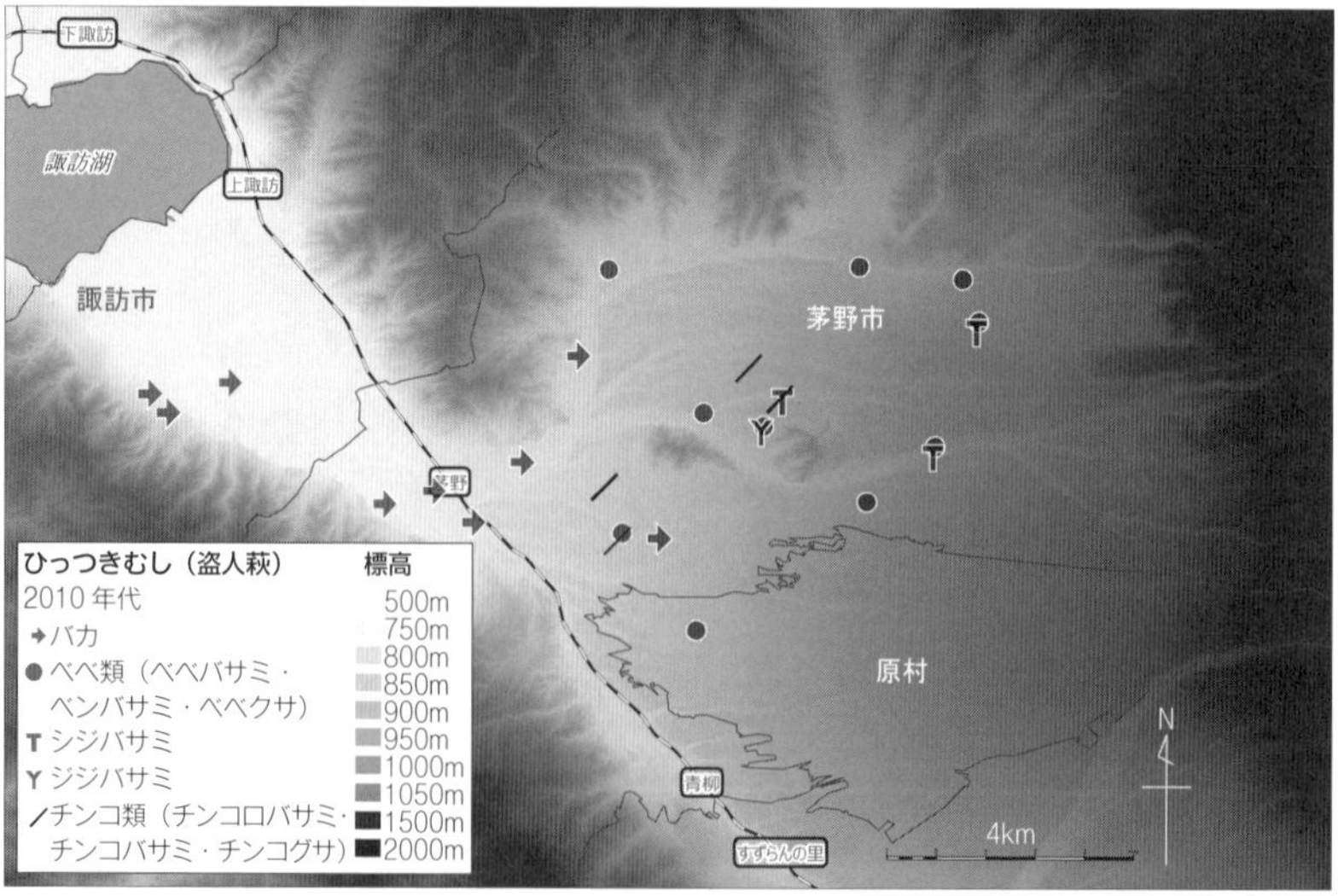

図 7-2　2010 年代の長野県諏訪地方における「ひっつきむし」の方言分布

二〇一〇年代の調査（図7-2）の話者は、戦後に高校への入学が拡大した世代である。対象地域においては、高校の数の違い（茅野市の1校に対し、諏訪市は3校）もあって、茅野市から諏訪市への通学が増えた。それにより、茅野市と諏訪市の人々の交流が盛んになり、バカ類が茅野市にもたらされた。ただし、それは比較的標高の低い場所に限られた[4]。

シジバサミなどの発生

図7-2に現れるシジバサミ、ジジバサミ、チンコ類は、図7-1には見られない。すなわち、これらの語が二つの図の時間差にあたる約40年の間に新しく発生したことを意味する。図7-2では、シジバサミ・ジジバサミ・チンコ類は、べべ類と重なって表示されているところが多い。これらの場所ではべべ類と併用されていることを示している。さらに、図7-2が示す二〇一〇年代にシジバサミ、ジジバサミ、チンコ類が使われている場所を40年前の図7-1で確認すると、べべバサミなどのべべ類のみが使われていたことがわかる。

つまり、べべ類はシジバサミ・ジジバサミ・チンコ類に置き換えられつつあったり、すでに「ひっつきむし」の座をこれらに譲ってしまったりしている。なぜべべ類は、シジバサミなどに変化したのだろうか。

3　べべは「衣類」だったのに…

同音異義語の存在

同音異義語が類音牽引や同音衝突により言語変化を引き起こすことは、前章までに述べてきたが、「ひっつきむし」の変化でも同音異義語の存在が強く働いた。

べべ類がシジバサミなどに変化したきっかけは、「べべ」にある。べべ類としてまとめたのは、べべバサミ・べべックサという語形である。これらの方言形に含まれるべべは『長野県方言辞典』[5]によれば、「衣類・着物」

を指す。「ひっつきむし」は、衣類に付着する。べべ類は、そのことに由来する語形である。したがって、べべバサミは「衣類をはさむ（ように付着する種）」、べべックサは「衣類（に付着する）草」である。

ところが、『長野県方言辞典』によると、この地域のべべは「女性器」も指す。そのため、べべバサミやべべックサのべべにもともとの「衣類・着物」とは異なる解釈が与えられることになった。つまり、べべを「女性器」とするなら、べべバサミは「女性器ばさみ」、べべックサは「女性器草」である。これはどうにも具合が悪い。そこで「女性器」を「男性器」に置き換えて[6]、新たに生み出されたのが、シジバサミとチンコ類である。シジは、この地域で「男性器」を表す[7]。

民間語源

このようにもともとの語源とは異なる語源解釈が行われることによりことばの変化が生み出されることがある。このような変化は民間語源と呼ばれる[8]。民間語源は術語（学術的に定義された専門用語）ではあるものの、やや未整理に扱われ、筆者自身もこの点をあまり追究することなく民間語源の中にさまざまな現象を押し込めてきてしまった[9]。この反省の上に立って整理しよう。

そもそも、なぜべべは「男性器」に置き換える必要があったのか。筆者自身もこれまでただ「対《つい》」になるものに置き換えたとしか説明してこなかった。なぜ「対」に置き換えたのか。その理由は何か。まずは、そのことから掘り下げてみよう。

4　民間語源を考える

民間語源とは

ここで、あらためて民間語源について考えることにする。

民間語源は、民衆語源や語源俗解とも呼ばれる。特に語源俗解という呼び方は、俗な解釈で、真偽が疑わしいというニュアンスがある。例えば、魚の「まぐろ」は集まると「真っ黒」になるから「まぐろ」である、といったような見解を揶揄する場合に適用される。

民間語源とは、そのようなことではない。語や語を構成する要素に対する解釈や意識が、語を安定させたり、変化を生み出したりすることを指す。[10] その基本は、語の成り立ちを再解釈することにある。

例えば、「コンクリート」は外来語であるが、セメントを混ぜて造ることから、「混クリート」のように解することで、語が安定する。「カタログ」に「型録」を当てることも同じ原理だ。[11]「あて字」として扱われる事例の多くは、語の安定性に寄与するものと考えられる。話しことばである方言にも事例が見いだされ、八丈方言では、朝のことをトンメテと言い、もともとは古典語にもある「つとめて」（早朝）に対応するが、「東明天」という漢字表記に該当すると意識されているという。[12]

一方で言語変化を誘発することもある。新潟県糸魚川では土を掘る道具のシャベルをシャビロと言う地域があり、道具の掘るところが広いからそのように呼ばれ、また、シャボルと呼ぶ地域もあり、「掘る」のに使うからだと意識されているという。[13] そこで「しっける」のように変化する。「しける」は、「煎餅がしける」のように「湿気を帯びる」ことを意味する。この場合は、類似した語形に引きつけられている。

このように、語の再解釈としての民間語源は多様であり、さまざまな事例が含まれる。同時に、さまざまであるということは、分析的に分類・整理することが求められるということにほかならない。

同音回避

「ひっつきむし」を表すべべバサミなどのべべは、もともと「衣類」を意味していた。ところが、この地域ではべべは女性器と同音異義語であった。そこで、同音異義語の存在を回避するために、対となる男性器を表す、シジやチンコ類に変化したのであった。

べべから「男性器」への変化は、本来の語源とは異なる解釈による民間語源を契機とするものであるが、同時に同音異義語の解消でもある。同音異義語の存在は、言語にとってあまり好ましいことではない。意味の異なりと形の異なりは平衡している方が意思疎通の道具としては使い勝手が良い。「かがくといってもばけがくの化学の本です」のような持って回った表現は不経済だ。そこで、同音異義語を回避する言語変化が起こることになる。このように同音異義語の発生を回避することで起こる言語変化を「同音回避」と呼ぶことにしよう。

同音回避は、言語内的変化として、既存の同音異義語から逃れるために起こる言語変化である。実は、第4章で扱った同音衝突[14]も同音異義語が導入されないために受け入れを拒否しようとするわけだから、基本原理は同音回避と同じである。ただし、同音衝突は外部から同音異義語が入ろうとすることを回避する。中のものから区別しようとして起こる（同音回避）か、入ってくるものを拒否する（同音衝突）かに違いがある。

同音回避は、べべの「衣類」と「女性器」のように、すでに同音異義語が発生してしまっており、そこから抜け出すための言語変化である。一方、同音衝突は発生する前に阻止することである[15]。いずれにしても同音異義語の発生を回避することであることに変わりはない。そのことに注目するなら、地理的相補分布に限定した同音衝突に対する「変化を起こさない言語変化」という不可解な説明は解消される。すなわち、ここにいうベベバサミ→シジバサミのような同音回避は能動的（アクティブな）同音回避で、地理的相補分布に限定した同音衝突（例えば、72頁で扱った「桑の実」のツバメへの変化拒否[16]）は受動的（パッシブな）同音回避と位置付けた方が、明瞭でわかりやすい。

5　能動的同音回避の回避相手

回避と同音化

べべを「男性器」に置き換えることで「女性器」との同音化は回避された。ところで、これで同音異義語の発生という問題を解決したことになるであろうか。

べべをシジやチンコ類に置き換えたということは、実は「男性器」との同音化を引き起こしている。つまり、「女性器」から引き離すという当面の問題は回避できたかもしれないが、同音異義語化という観点から見るなら根本的な解決にはなっていない。

結局のところ、同音化する箇所をどんな語に置き換えたとしても、置き換えた語との同音化は避けられないのである。つまり、置き換えという方法をとる限り同音化はつきまとうわけで、抜本的対策にはならない。とはいえ、そのほかの方法があるかと言えば、おそらくない。

ということは、同音化には、同音化が望まれない相手と同音化することがそれほど気にならない回避先があるということだ。「ひっつきむし」の事例では、べべ＝「女性器」は望ましくない相手であるのに対し、シジ＝「男性器」は特に問題にならない回避先だった、ということになる。

忌みことば

ではなぜ、べべ＝「女性器」は避けられたのか。この点を掘り下げたい。

一つ考えられるのは、「忌みことば」ではないかということである。忌みことばとは、そのことばを口にすることが忌むべきことと認識され、そのために別の語に置き換えられることである。よく知られるのは、植物の「葦」が「あし」では「悪し」と同音であるために「よし（善し、良し）」に置き換えられたり、髭をカミソリで「擦る」の「する」がお金を失う「する」と同音であるために「あてる」に置き換えられたりする事例である。これらの事例だけではわかりづらいが、忌みことばの根本は「けがれ」を避けることにあるとされる。

楳垣実氏の『日本の忌みことば』[17]は、忌みことばに特化した研究書である。[18]「死」や「出産」「月経」、生業である「狩猟」「漁労」などの中での忌みことばの事例が豊富にあげられている。産業との関係は興味深く、特に狩猟をおもな生業とするマタギの忌みことばは、他と一線を画すほど豊富であるのに対し、農業ではあまり忌みことばが見られないことも明らかにされている。

それでは、性器を表すことばはどうだろうか。女性器を表すことが忌みことばであれば、「あし」→「よし」同様に男性器に置き換えられたことになる。

しかし、『日本の忌みことば』を見る限り、性器の表現が忌みことばに該当する事例は見あたらない。忌みことばは、その背景に、けがれに対するおそれがあり、それは伝統的な宗教意識に支えられているとされるが、性器の表現はそのようなこととは関係ないらしい。

羞恥の発生

自身の意識を確認してもらいたい。「女性器」と同音語になることを避け、「男性器」に置き換えたという能動的同音回避に対し、違和感を覚えただろうか。違和感がないとすれば、男性器名に較べて、女性器名を口にすることがはばかられる心情を当然のこととする意識が働いているのではないか。

その心情は、羞恥ではないかと思われる。そして羞恥は男性器よりも女性器に対する方が顕著なのだろう。[19]これに関して参考になるのは、忌みことばを生み出す「けがれ」は「はずかしい」感情とは異なるものであること、性に関することが「羞恥心」と結び付くのはかなり時代を下るだろうとする棟垣氏の指摘である[20]。この事態に大きく影響を及ぼしたと考えられるのは　明治維新以降、鎖国が解かれ、西洋との交流が再開された中で明治政府がとった政策である。混浴なども含め、日本では裸体に関してはおおらかで、あまり羞恥の心情を持っておらず、そのことが西洋人の奇異の目を誘ったため、政府は一八七二年（明治五年）に軽微な犯罪を取り締まる「違式詿違《いしきかいい》条例」を敷き、その中で裸体をさらすことが大きく制約された[21]。加えて、性行為のことを多くの地域で女性器の語形で表現することが知られており[22]、女性器名を回避する要因はそこにもあるのかもしれない。

これらの事情により、時代が下るほど女性器名に対する羞恥が強くなったと考えられる。それにより、当初の命名時には同音でも特に問題が生じなかったべべバサミが、同音回避を要するようになった。それは、冒頭に記したバカの拡大とも時期が共通する。すなわち、戦後の教育制度の改革の中で育った世代で共有されるようになった現代的心情がそこに働いている可能性がある。そうだとすれば、長期にわたり特に問題なく使われていたベベバサミはこの四〇年で突如として変革の波に巻き込まれたことになる。[23]

6　男性器とお爺さん

「男性器」のシジとの出会い

実は、筆者は当初次のような推定をしていた。[24] ベベバサミの類音牽引で生み出された＊ババサミ[25]が一時的に存在していたと推定されるが、現在は消失して見つからない。その＊ババサミからの連想でジジバサミやシジバサミが発生した、と。このときは、シジとジジの違いについて、あまり気にとめていなかった。

ところが、茅野市の糸萱集落で、当地の宮坂泰文氏と伊藤傳氏から継続して方言をうかがううちに、シジは男性器を意味することを知った。各種の方言辞典にも当該地方の記載はなかったが、当地で編まれた『糸萱区史』には掲載されていた。[26] フィールドワークを深めることで、正しい解釈に導かれたのだった。

「男性器」も避けられた

シジが男性器であることがわかったことで、ジジバサミへの道が開かれた。「女性器」と同音のベベから「男性器」のシジに回避したのであった。しかし、回避先も結局は性器である。そのため、「男性器」のシジも避けられることになる。回避した先は、ジジであった。

ジジは「爺」であることは間違いないだろう。さらなる同音回避をきっかけにして、「男性」を共通項とする類音牽引が働き、シジバサミはジジバサミに変化したのであった。

7　舞台は「やまうら」

やまうら

先にも記したとおり、図7-1と図7-2には標高を示しているので、この地域の地形の様子がわかる。南東の標高が高いところは八ヶ岳である。北西には諏訪湖があり、その周りは平らで相対的に標高が低い。諏訪市と茅野市の境界辺りから南東に向けてのなだらかな傾斜地一帯は、この地域で「やまうら」と呼ばれる。「やま」は「山」だろうが、行政上の地名ではないので、「山浦」なのか「山裏」なのか、漢字表記の標準は決められないが、ここでは便宜的に「山浦」としておく(27)。

どこからどこまでが山浦なのか、線引きは人によりさまざまである。茅野市から原村、また図7-2に地名の表示はないが、さらに南側の富士見町にかけての八ヶ岳の裾野一帯が、だいたい山浦である。諏訪盆地は諏訪湖の周りの岡谷市、下諏訪町、諏訪市、茅野市、原村、富士見町の、比較的標高が低く、古くから人が住む集落のある辺りのことで、山浦は諏訪盆地の一部にあたる。

諏訪盆地には、諏訪大社が諏訪湖を間に分かれて存在し、南側にあるのが上社で、北側にあるのが下社である。さらに上社は前宮と本宮に、下社は春宮と秋宮に分かれている。諏訪大社では6年に1回、御柱祭《おんばしら》という大きな祭りが行われる。山間部から巨大な樅《もみ》の木の丸太を大勢で曳き、人を乗せたまま坂を落としたり、川を渡したりし、最後は4箇所の諏訪大社のそれぞれの周りに4本ずつ立てる勇壮な祭りであり、確実な記録に限定しても600年以上はさかのぼる(28)。この祭りで山浦の人々は上社側を担当する(29)。

御柱祭では、各柱を複数の集落が担当し、かなり綿密な打ち合わせと準備が行われるものの、祭りの時期以外に深いつながりを日常的に有しているわけではないらしい。ただし、灌漑《かんがい》用水など農業の基盤にかかわるつながりは普段から継続している。この地域は農業用水に恵まれてはいなかったが、江戸時代に坂本養川《よっせん》（一七三六〜一八〇九）により、この地方でセギと呼ばれる用水路が開発されたことで、米の収穫量が飛躍的に向上した[30]。この用水路は、世界灌漑遺産に登録されるとともに[31]、現在も地域の農業を支えている。その維持管理には人々の協力体制が欠かせない。そのようなつながりが祭りや言語変化で力を発揮するのかもしれない[32]。

　産業面でも注目すべきことがある。諏訪盆地は、近代以降、海から遠く離れた内陸部であるにもかかわらず工業が発展した。戦前までは製糸業が盛んに行われ、製糸業が衰退した後は精密機械工業が隆盛し、東洋のスイスと呼ばれた時期もあった。その背景には人々の強い起業志向があるとも言われる[33]。そのような工業が盛んなのは基本的に平野部であり、山浦は農業が中心であった[34]。

　「ひっつきむし」の方言形において、約40年の間にベベバサミ→（民間語源・同音回避）シジバサミ→（類音牽引）ジジバサミとめまぐるしい変化が起こった[35]。この変化が起きた場所は山浦であった[36]。

変化の舞台

　一九七〇年前後の『上伊那の方言』の時代には、諏訪盆地は平野部のバカ類と山浦のベベ類に分布が分かれていた（図7-1）。地元で認識されている地域区分に該当する形で分布が形作られていたわけである。これは、この地域におけるコミュニティーのあり方と密接に結びついている。諏訪大社との関係や産業面などから、山浦はゆるやかなつながりを持つ。また、学校制度が変わり高等学校への進学者が増えるまでは、山浦の多くの人は日常的に平野部と行き来することはあまりなかった。したがって、バカの導入はこの地域にとって新たな時代の幕開けを意味する。そのような新時代以前の地域区分を明瞭に表すのが、図7-1におけるベベ類（ベベバサミ・ベベックサ）が示す山浦に沿った分布である。

　そして、この山浦のベベ類が「女性器」と同音であったため、民間語源をきっかけとする能動的同音回避による対処が図られ、「男性器」の語形に置き換えられた。そのことを示すのが図7-2であるが、ベベ類がすべて消滅したわけではなく、もとのままの地域や併用される地域も多い。

このように出発点が山浦のべべ類であることから、この変化の舞台も山浦に限定される。約10キロメートル四方程度のところで、半世紀に満たない間に急展開を見せ、現在もまだ過渡期にあることになる。

図7-2をもとにその過程に注目すると、「男性器」の現れ方にも異なりが確認される。シジバサミはより八ヶ岳寄りで、チンコ類は平地寄りである。このことで、山浦の中でのべべバサミを源流とする流れは二つに分岐した。八ヶ岳に近い山沿いでは「男性器」の方言シジがあったためにシジバサミに変わり、さらにシジバサミはジジバサミを生み出した。一方、平地寄りでは「男性器」のシジがなかったためチンコロバサミに変わり、そこで止まった。

図7-2ではチンコロバサミで打ち止めになっているが、その後、バカが山浦に大きく進出しているようである。山浦で、図7-2が対象とする世代（二〇一〇年代における70歳代）の次の世代（おもに50歳代）の人々に尋ねてみると、多くがバカを用いており、小学生の間にも広まっている。シジバサミ同様にチンコ類も性器であり、終着点とはなりえなかった。その結果、「ひっつきむし」における山浦の独立はうすらぎつつある。

狭さと早さ

「ひっつきむし」方言の変化が見せた舞台の狭さと時間の早さに注目してほしい。前著『ことばの地理学』では文法を扱うことが多かったが、その場合、ここにあげたような小地域を対象とした大縮尺の地図で分布を示すことはあまりなかった。ここで扱った「ひっつきむし」の地図（図7-1、図7-2）を全国地図はもとより、長野県地図のような、小縮尺の分県地図で示しても、その変化はほとんどわからない。そして、べべバサミ→シジバサミ→ジジバサミのように約40年で2段階にわたるという早いスピードでの変化が起きた。おそらくいつ変化したか気付くこともなく、気が付いたときにはすでに変化は終わっていたというような進み方だろう。これも文法と違う点で、文法の変化はこのような進み方をあまり示さない。このようなあり方は前章（第6章）の「とうがらし」「ピーマン」と同じく、語彙変化の特色である。どうやら文法と語彙では変化の速度や変化が反映する分布の広さに異なりがあるようなのである。

同時に注意してほしいのは、言語変化が生み出す新しい語形の分布のでき方である。どこかを出発点として放射するように波状に広がるといったような変化はやはり前章同様に示していない。むしろ、人々の交流域であるコミュニティーの空間範囲を埋めるように新しい分布はできあがっている。ことばは意思疎通の道具である。そこに新しい道具、つまり、言語変化後の新しいことばが導入されれば、そのことばはコミュニティー内で共有されることにより、ことばとしての機能獲得が達成される。それを踏まえるなら、実に理にかなった姿を分布は見せている。

【注】

（1）北川監修（二〇〇九）。

（2）衣類に付着する点でやっかいなひっつきむしであるが、その性質をヒントに開発されたのが面ファスナー（マジックテープ）である（小林二〇二二、一九五頁）。

（3）馬瀬良雄（一九八〇、三九八頁）が該当し、地図名は「ぬすびとはぎ（盗人萩）」が掲げられている。この項目には、「秋、草むらや薮の中を歩くと、着ている物に草の種がつきます。この実を何と言いますか。」という質問文で調査しており、（種類によって名称が違うときは種類と名称を書く。）という調査時の注意事項が付記されている。質問文と調査時の注意は、『上伊那の方言』のための一九七〇年代の調査と二〇一〇年代の調査に共通している。調査を実施してわかったのは、地図タイトルには「盗人萩《ぬすびとはぎ》」が掲げられているものの、実際には特定の種類の植物に限定されない「ひっつきむし」が広く対象になって回答されていたと考えられるということである。身近にある「ひっつきむし」の中で、ヌスビトハギの実を指していることもあれば、センダングサの実が思い浮かべられていることもある（本章がおもな対象とする諏訪地方ではセンダングサの仲間が多いようである）。その他にもいろいろな野草の種が想定されており、植物学的にどれか一つということではなく、ひっついてめんどうな種（のようなもの）、すなわち「ひっつきむし」のことだった。このようなことは、やはりフィールドワークを行ってみないとわからない。その上で『上伊那の方言』には「ここでは回答の中から「ぬすびとはぎ」の方言を地図に示した。」と注が付されている点には留意が必要である。この点で慎重な扱いが求められるものの、実際には調査現場で正確に限定するのは困難であり、「ひっつきむし」全般が扱われていると考えるのが妥当と判断した。

（4）統計をもとに確認したわけではないが、標高が高い地域の産業は農業が中心であり、農業科のある富士見町の高校への通学が多かったことが考えられる。

（5）馬瀬（二〇一〇）。

（6）Onishi（2016）等、かつて筆者はこのような説明にとどまり、島田・芝原（二〇一七）はそれらを承けて書かれている。

（7）古語に「肉」を表す「しし」があるが、それと関係するものかもしれない。

（8）folk etymology（Bybee 2015, pp.112-113・二〇一九、一四七～一四八頁）に対応する術語である。

（9）大西（二〇一八・二〇一九）参照。

（10）柴田（一九六七）、グロータース（一九七六）、高橋（一九八九）、工藤（二〇〇五、一五九～一八六頁）、岩田（二〇一七）もこの立場で解説されている。

（11）偶然の一致が異なる起源の語を結びつけることがある。例えば、「切る」と“kill”、「名前」と“name”など。

（12）柴田（一九六七）参照。

（13）グロータース（一九七六、七四～七七頁）参照。

（14）ここでは地理的相補分布を示す同音衝突、第5章のⅠ型に限定しておく。

（15）第5章と第6章で述べたように多様な同音衝突の中には阻止しないケースもある。

（16）第5章で示した同音衝突の分類におけるⅠ型。

（17）楳垣（一九七三）。

（18）現在の研究書ではほとんど取り上げられることがない「忌みことば」だが、楳垣の著書のほかにも橘正一の『方言学概論』（橘一九三六）は「忌み言葉」をその一章にあてている。かつて重要な概念だったものがいつの間にか研究者の中でも忘れられてしまう事例の一つである。

（19）松本（二〇一八）は性器名の表現におおらかであることを強調する。一方で、楳垣（一九七三、八〇頁）は月経に関する忌みことばへの意識の変化と対比しながら、忌みことばには含まれない性器の表現にはデリケートであることが述べられる。

（20）楳垣（一九七三、九九頁）参照。

（21）中野（二〇一〇）参照。なお、フランスを中心としたヨーロッパにおける歴史は、ボローニュ（一九九四）参照。

（22）平山編（一九八二、四三〇頁）参照。

（23）ここには課題もある。それはこの地域に見られる陰陽石である（倉石二〇一三）。陰陽石は女性器や男性器を模したと考えられる石であり、寺社などに配されている。これらに対し、何らかの「畏れ」が意識されていたとすると、いきなり羞恥が生じたわけではなく、畏れから羞恥への移行があった可能性も否定されない。このように変化の背景を掘り下げることは、前田（二〇〇九）が提唱する文化語彙史を切り開くことに貢献するかもしれない。

(24) Onishi（2016）参照。

(25)「*」は存在が確認されていない推定形であることを示す。

(26) 糸萱区（二〇一二、二〇六頁）。

(27) 諏訪市側から見て茅野市との境界に突き出た山塊（地図でも中央やや西寄りに北から南に続く山地が見え、地理院地図では永明寺山の名称が確認される）の向こう側にあるからそのように呼ぶと言われることもある。

(28) 宮坂（一九五六）参照。

(29) ただし、上社を担当するのが山浦というわけではない。諏訪市の一部、上社に近い地域（ここは山浦ではない）は上社を担当する。また、茅野市の中央本線に近い比較的標高が低いところや富士見町でも中央本線をはさんだ西側を山浦と呼ぶかどうかは意見が分かれそうだ。

(30) 浅川（一九九八）参照。

(31) 佐藤・古川（二〇一九）参照。

(32) グラノベッター（二〇〇六）参照。

(33) 小倉（二〇二〇）、長野日報社マジカルヒストリーツアー企画取材班編（二〇〇七）参照。

(34) ただし、セロリ（地元ではセルリーと呼ばれる）のような洋菜をいち早く導入したのは、やはり平野部と共通する起業意識が認められよう。また、現在は山浦の一部に新しく工業団地が設けられている。

(35) 二〇一〇年代の調査結果を示す『長野県伊那諏訪地方言語地図』126図「ぬすびとはぎ（盗人萩）」では、岡谷市にジジバサミが見えるが、これは誤記である。調査票をもとに調査時の記録にさかのぼると、話者は耳にしたことがあるものの自身では使用しないことが確認されることから、本来、地図に登載すべきではないデータであった。

(36) 方言から諏訪盆地を見渡した場合、山浦と山浦以外に二分できることになる。土川（一九五八、一五五頁）はこれに該当する区分を高地諏訪（方言）、低地諏訪（方言）と呼ぶ。

【参考文献】
浅川清栄（一九九八）『諏訪の農業用水と坂本養川』（中央企画）
糸萱区史編纂委員会（二〇一二）『糸萱区史』（糸萱区）
岩田礼（二〇一七）「語彙変化に関わる言語地理学的要因の再検討」『方言の研究』三、一八五〜二一六頁
楳垣実（一九七三）『日本の忌みことば』（岩崎美術社）
大西拓一郎（二〇一八）「方言語彙の分布の変動」小林隆編『方言の語彙―日本語を彩る地域語の世界（シリーズ日本語の語彙8）』（朝倉書店）一一六〜一三三頁
大西拓一郎（二〇一九）「「ひっつき虫」方言の変化を探る」『BIOSTORY』三一、七二〜七三頁
小倉美惠子（二〇二〇）『諏訪式。』（亜紀書房）
小林武彦（二〇二一）『生物はなぜ死ぬのか』（講談社現代新書）
佐藤洋平監修・古川猛編（二〇一九）『日本が誇る　世界かんがい施設遺産』（東方通信社）
島田泰子・芝原暁彦（二〇一七）「方言研究における地形情報としてのDEM（数値標高モデル）導入の試み―言語地図分析における〈精密立体投影〉手法の可能性」『国立国語研究所論集』一二、二一一〜二二四頁
北川尚史監修（二〇〇九）『フィールド版　ひっつきむしの図鑑』（トンボ出版）
工藤力男（二〇〇五）『日本語学の方法　工藤力男著述選』（汲古書院）
倉石忠彦（二〇一三）『道祖神と性器形態神』（岩田書院）
柴田武（一九六七）「民衆語源について」『国語学』六九、五一〜五六頁
高橋顕志（一九八九）「防御システムからみた「民衆語源」」『日本語研究』（東京都立大学）一一、七八〜九〇頁
橘正一（一九三六）『方言学概論』（育英書院）
土川正男（一九四八）『言語地理学―日本語の歴史地理学的研究』（あしかび書房）
中野明（二〇一〇）『裸はいつから恥ずかしくなったか―日本人の羞恥心』（新潮選書）．
長野日報社マジカルヒストリーツアー企画取材班編（二〇〇七）『記憶の中の諏訪産業変遷小史　諏訪マジカルヒストリーツアー』（長野日報社）
平山輝男編（一九八二）『全国方言辞典2（角川小辞典34）』（角川書店）
前田富祺（二〇〇九）「文化から見た語彙史」安部清哉・斎藤倫明・岡島昭浩・半沢幹一・伊藤雅光・前田富祺『語彙史（シリーズ日本語史2）』（岩波書店）一九九〜二三六頁

馬瀬良雄（一九八〇）『上伊那の方言』（上伊那誌刊行会）
馬瀬良雄（二〇一〇）『長野県方言辞典』（信濃毎日新聞社）
松本修（二〇一八）『全国マン・チン分布考』（集英社インターナショナル）
宮坂清通（一九五六）『諏訪の御柱祭』（甲陽書房）
グラノベッター、マーク・S（二〇〇六）「弱い紐帯の強さ」（大岡栄美訳）野沢慎司編『リーディングス　ネットワーク論』（勁草書房）一二三〜一五六頁
グロータース、W・A（一九七六）『日本の方言地理学のために』（平凡社）
ボローニュ、ジャン＝クロード（一九九四）『羞恥の歴史―人はなぜ性器を隠すか』（大矢タカヤス訳、筑摩書房）
Bybee, Joan（2015）Language Change. Cambridge: Cambridge Universary Press.
Bybee, Joan（二〇一九）『言語はどのように変化するのか』（開拓社）
Onishi, Takuichiro（2016）Timespan comparison of dialectal distributions. Marie-Helene Cote, Remco Knooihuizen and John Nerbonne ed. *The future of dialects*, pp. 377-387. Berlin: Language Science Press.

第8章　混淆
――混ざり合う「そばかす」――

同等の意味を表すことばが同居しているとき、両方が混ざって一つのことばに変化することがある。「捕まえる」ことを表すトラマエルの成り立ちがその典型とされる。方言では混ざり合いを地図で検証することができる。

1　混ざり合うことば

混淆

ことばの混ざり合いが混淆という変化を起こす。混淆[(1)]とは次のような言語変化である。

ともに「捕らえる・捕獲する」を表す「とらえる」と「つかまえる」が組み合わさって、「とらまえる」という新しい語形ができる。

とらえる　＋　つかまえる　→　とらまえる

「とらまえる」は、標準語の事例である。標準語の中にほぼ同じ意味の二つの動詞があり、それらの組み合わせで新しい語ができるという言語変化である。

方言の事例としては、次の事例がよく取り上げられる。(2)「恐ろしい・恐い」を表すのにオソロシーと言う地域とコワイと言う地域が隣接し、接触した地域では両者が同居することになり、混淆によりオソガイという語形が生まれた。(3)

オソロシー　＋　コワイ　↓　オソガイ

図8-1にその様子を示した。オソロシー（記号は◯）・コワイ（記号は●）の接触地帯にオソガイ（二重丸など◯の中に模様の入った記号）が分布していれば話は早いのだが、残念ながら現実は理屈どおりの分布にはなっていない。オソガイができてから時間が経てばその領域が広がることも考えられる。そのことでオソロシーだった地域がオソガイに置き換わることもあるだろう。愛知県から岐阜県南部にかけての東海地方のオスガイ・オスゲーはオソガイからさらに変化した語形であり、これらの分布はそのような事情によるものかもしれない。

意味は不変化　混淆は、同等の意味の語が混ざり合って新しい語が生み出される変化である。したがって、混淆が新しい意味を生み出すことはない。(4)

混淆は、同じ意味の語が複数存在する無駄を省くための合理化と見なすことができる。その経済化にあたり、いずれかを取捨選択するのではなく、部分を活かしながら残す方法を採用するのが混淆である。したがって、複合語のように新しい意味を生み出すとか、それまでになかった概念や事物に対応するといったような革新的変化ではない。混淆は無駄をなくすための方法ではあるが、思い切った断捨離をするのではなく、ちょっとずつ残してくっつけるといういじましい変化なのだ。

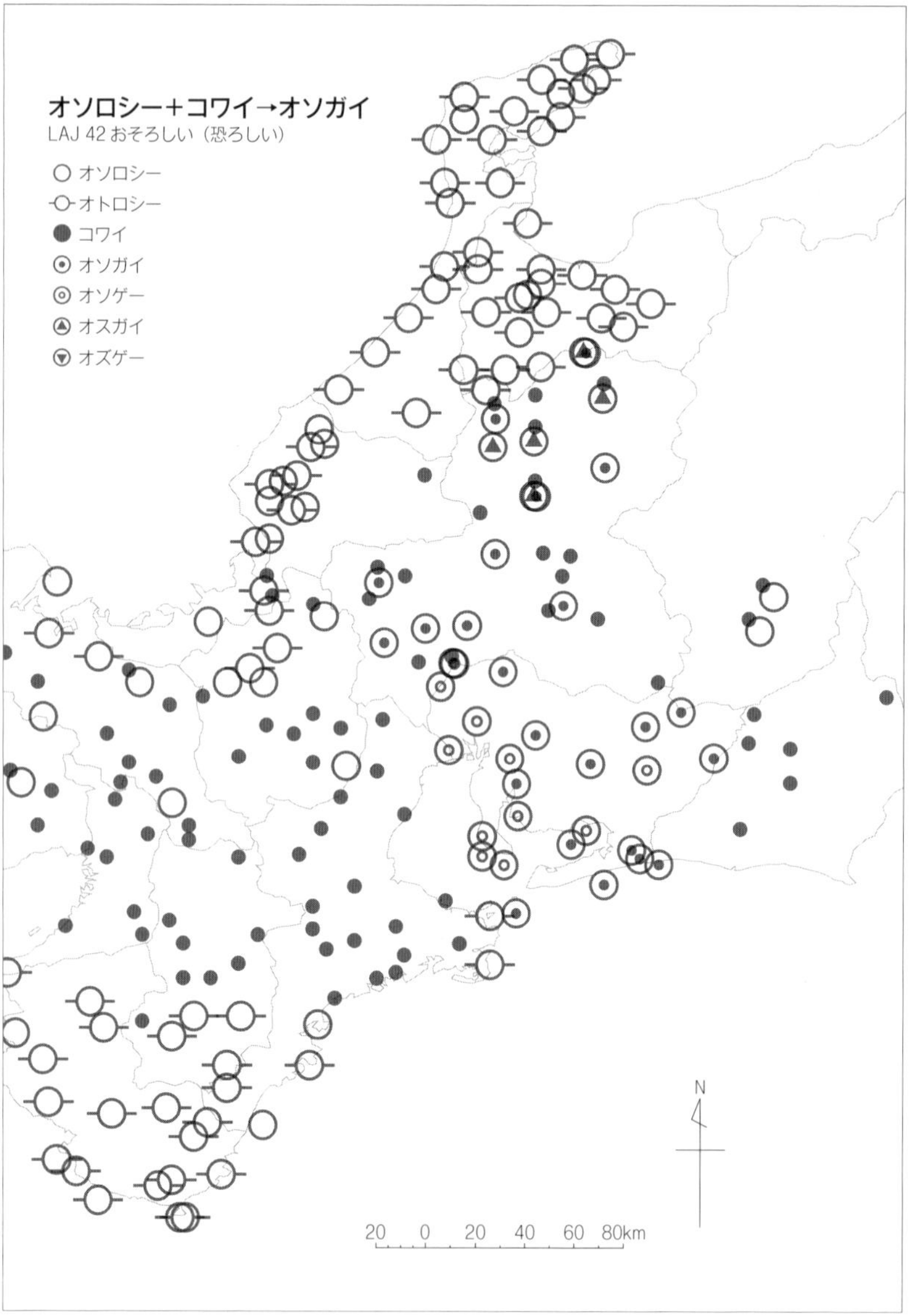

図 8-1　「おそろしい」のオソロシーとコワイの混淆によるオソガイ（LAJ 42 図に基づく）

2　方言の接触と混淆

混淆の研究

言語地理学が想定する混淆は、オソガイの例のように、方言間の接触により、双方で使われていた同等の意味の語が混ざり、新しい語形が発生する言語変化である。例えば、隣接するAとBという方言があったとしよう。A方言ではａｂという語形が用いられ、B方言ではｃｄという語形が用いられていた。A方言とB方言が接触する境界地域にはａｄのような語形が生み出されると想定する。つまり次のようなことである。

ａ|ｂ（A方言）＋ ｃ|ｄ（B方言）→ ａｄ（A方言とB方言の境界地域）

以下では、ａｂやｃｄのような混淆のもとになる語を「素材」、生み出された語を「混淆形」、また、ａ、ｂ、ｃ、ｄといった素材を構成している部分を「素材要素」と呼ぶことにする。

混淆に関する先駆的な論文は、馬瀬良雄氏による「方言分布からみた「混淆」」である。[5] この論文のあと、混淆にかかわる論文が複数公表された。[6] 馬瀬論文は混淆の研究を代表するものであり、本書でも頻繁に取り上げている馬瀬氏自身による言語地図集『上伊那の方言』[7] をもとに約五〇件の事例を分析している。[8]

この論文は、混淆のしかたについて次のような基本モデルを示す。

混淆するもとの語であるXとYが、XｆXｂとYｆYｂのようなつくりの語形の場合、それぞれの組み合わせで混淆した語形が生み出される。ここでいうXｆXｂ、YｆYｂとは、もとの語XとYを前半と後半に分けたもので、ｆとｂは front と back の略である。例えば、「片足跳び」を意味するチンガラ（X）とシンゴロ（Y）

であれば、チンがＸｆ、ガラがＸｂ、シンがＹｆ、ゴロがＹｂである。混淆形のつくられ方について、チンガラとシンゴロから混淆形チンゴロが生み出される場合は次のような式で表す。

ＸｆＸｂ　＋　ＹｆＹｂ　→　ＸｆＹｂ

先述した用語に当てはめると、ＸとＹが素材、Ｘｆ、Ｘｂ、Ｙｆ、Ｙｂが素材要素、ＸｆＹｂが混淆形である。これに具体的な語形を入れると次のようになる。混淆形を生み出した素材要素は傍線で表示する。

チンガラ　＋　シンゴロ　→　チンゴロ

Ｘｆ、Ｘｂ、Ｙｆ、Ｙｂの組み合わせにより混淆形ができあがる。馬瀬論文では、どちらをＸもしくはＹにするかは、どちらがどちらに影響を及ぼすかで設定するとされているが(9)、組み合わせのあり方そのものには関係しない。したがって、混淆形の可能性は、ＸｆＹｆ、ＸｆＹｂ、ＸｂＹｆ、ＸｂＹｂ、ＹｆＸｆ、ＹｆＸｂ、ＹｂＸｆ、ＹｂＸｂの8通りの組み合わせがあることになる。

これは4種類の素材要素から2個を選ぶ順列組み合わせと考えればよい。チンガラとシンゴロであれば、チンとガラとシンとゴロの四つが素材要素である。馬瀬論文はこの基本モデルをベースに混淆の事例を示す(10)。

混淆の組み合わせ

さて、右のように理論上は4種類の素材要素から8通りの混淆形が生み出せることになる。

しかし、実際にはすべてが生じるわけではない。多くは1種類であり、ＸｆＹｂがほとんどであることを馬瀬論文は明らかにしている。その一方で、同じ素材から2種類の混淆形が生み出されることもあるとされる。一部重複することになるが、「片足跳び」の例を示す。

チンガラ　＋　シンゴロ　→　チンゴロ

チンガラ　＋　シンゴロ　→　シンガラ

馬瀬論文は「そばかす」も2種類あるとする。

ハークロ ＋ ヘークソ → ヘークロ

ハークロ ＋ ヘークソ → ハークソ

馬瀬論文は、これらのほかに「床ずれ」「あぶ」など5項目で同じ素材から2種の混淆形が生み出されたとする。ただし、明言はされていないが、あげられた事例を見る限り、同じ素材から生み出される混淆形は2種類までにとどまり、3種類以上に及ぶことはないようである。

このように馬瀬論文は、混淆を考察する上でおおいに役立つ基本モデルをもとに、約50件にのぼる具体的な事例を示した点で画期的であった。ただし、言語地理学として考える上では大きな課題が残った。それは、混淆の事例について、語形を中心にあげているものの、地図がほとんど示されていないということである。

混淆の検証

そこで、筆者は馬瀬論文がもとにした『上伊那の方言』の各地図をデータ化し、それをもとに、馬瀬論文が示した混淆が、分布図としてどのように現れるのかを検証してみることにした。

例えば、右にあげたチンガラ（XfXb）とシンゴロ（YfYb）による混淆形チンゴロ（XfYb）の分布がどのように現れるか、地図を描いて確認するという作業である。その一例を図8-2に示した。

北側のチンガラの分布域と南側のシンゴロの分布域に挟まれた、両者の接触域と想定される場所に混淆形チンゴロが分布していることがわかる。

この作業を馬瀬論文であげられたすべての事例に対して行ってみた[11]。図8-2には、混淆の理論に沿った形で分布が地図に現れていて、喜ばしいのだが、実際には想定通りの分布が現れる事例はそれほど多くない。その背景には、図8-1のオソガイと同様に、混淆によって生み出された語形が、その後、領域を拡大し、当初

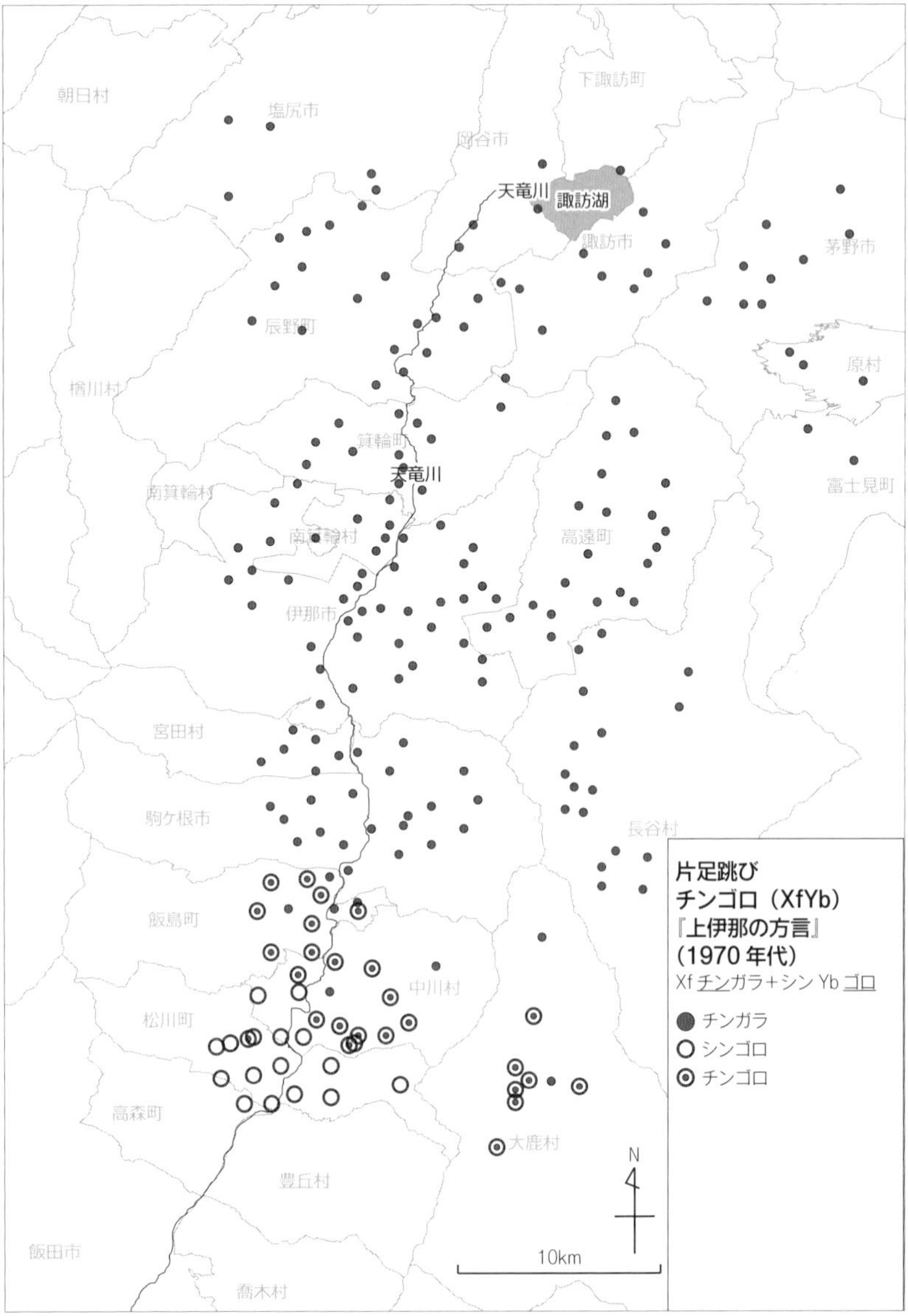

図 8-2　「片足跳び」のチンガラ＋シンゴロ→チンゴロによる混淆
チン（Xf）ガラ（Xb）＋シン（Yf）ゴロ（Yb）→チンゴロ（XfYb）
（『上伊那の方言』107 図に基づく）

の分布よりも広がりを持ってしまうようなことがあるからだと思われる。

ところが、そのようなことを考慮したとしても、見過ごすことができない事例がある。

３　「そばかす」の疑似混淆 —— へークロ ——

へークロは混淆形なのか

前節で述べたように、馬瀬論文は「そばかす」のへークロはハークロとへークソの混淆とする。ハークロとへークソ、そしてそれらの混淆形とされるへークロの分布を図8-3に示す。伊那市から高遠町にかけての辺りでは、北側にハークロ、南側にへークソが分布する。そして、それらの境界にはへークロが、東西に線状に現れている。ここだけに注目すると、見事にハークロとへークソの接触が混淆形へークロを生み出したように見える。

しかし、注意してほしい。さらに南の方、松川町、中川村、大鹿村、そして長谷村にもへークロはまとよりを持ちながら現れている。つまり、ハークロとへークソの接触が確認されないところにも混淆形とされるへークロが存在する。こうなると、語どうしの接触地域に混淆形が生じたという想定は再考を要することになる。

へークロとへークソのＡＢＡもしくは蛇の目

図8-3における北側のハークロは除き、へークソとへークロに絞って考えてみたい。この二つが示すのは明らかにＡＢＡ（蛇の目）型の分布である。[12] Ａが分布していたところの一部にＢが新しく生まれる、つまり一部の場所でＡからＢへの変化が起こると、ＡＢＡのような分布になる。

この場合、へークロがＡで、へークソがＢである。へークロが分布していた中にへークソが新しく生まれることでできた分布と考えられる。どこで変化が始まったかは特定できないが、駒ヶ根市や宮田村はほぼ全域で

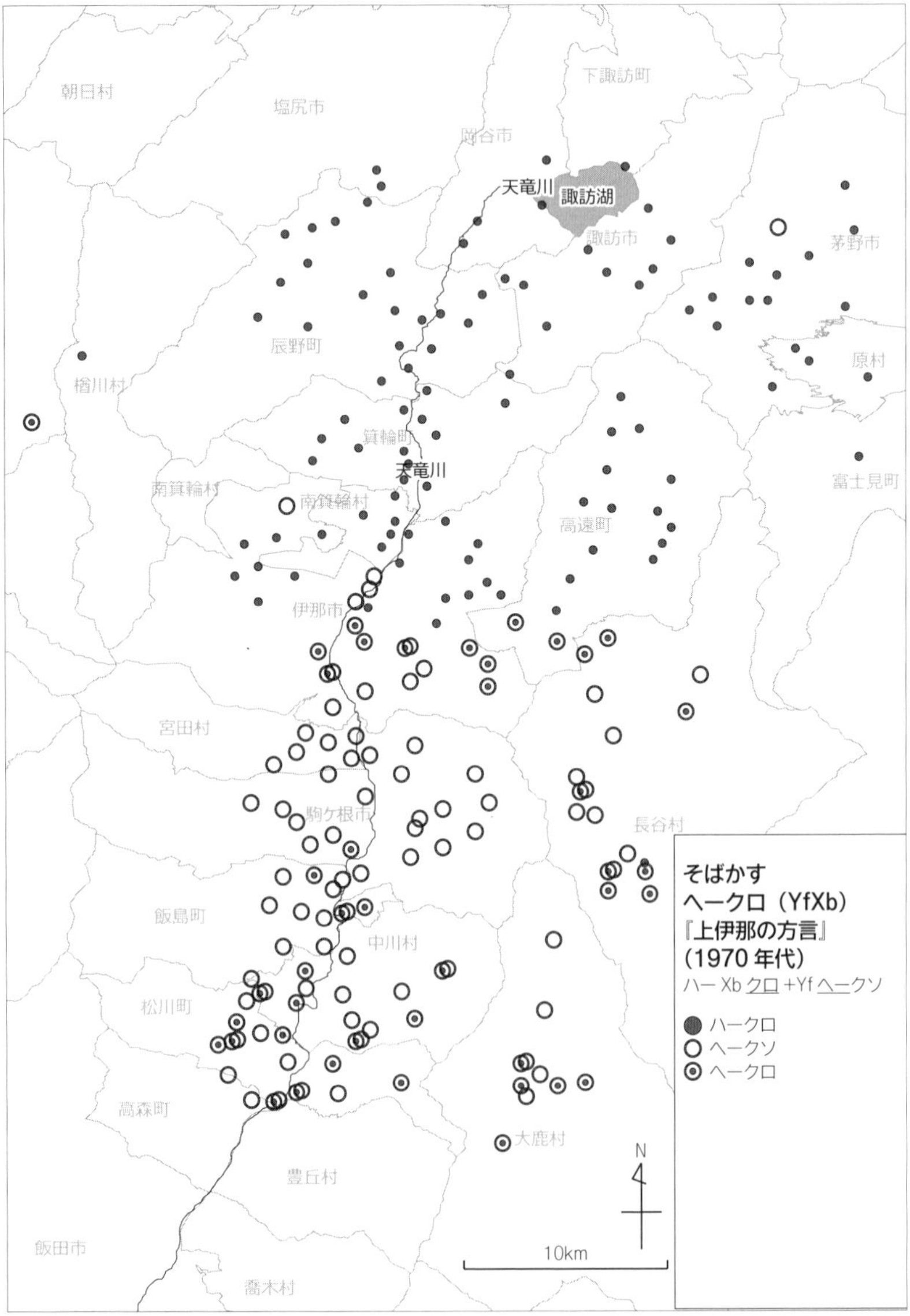

図 8-3 「そばかす」のハークロ、ヘークソ、ヘークロの分布（『上伊那の方言』50 図に基づく）

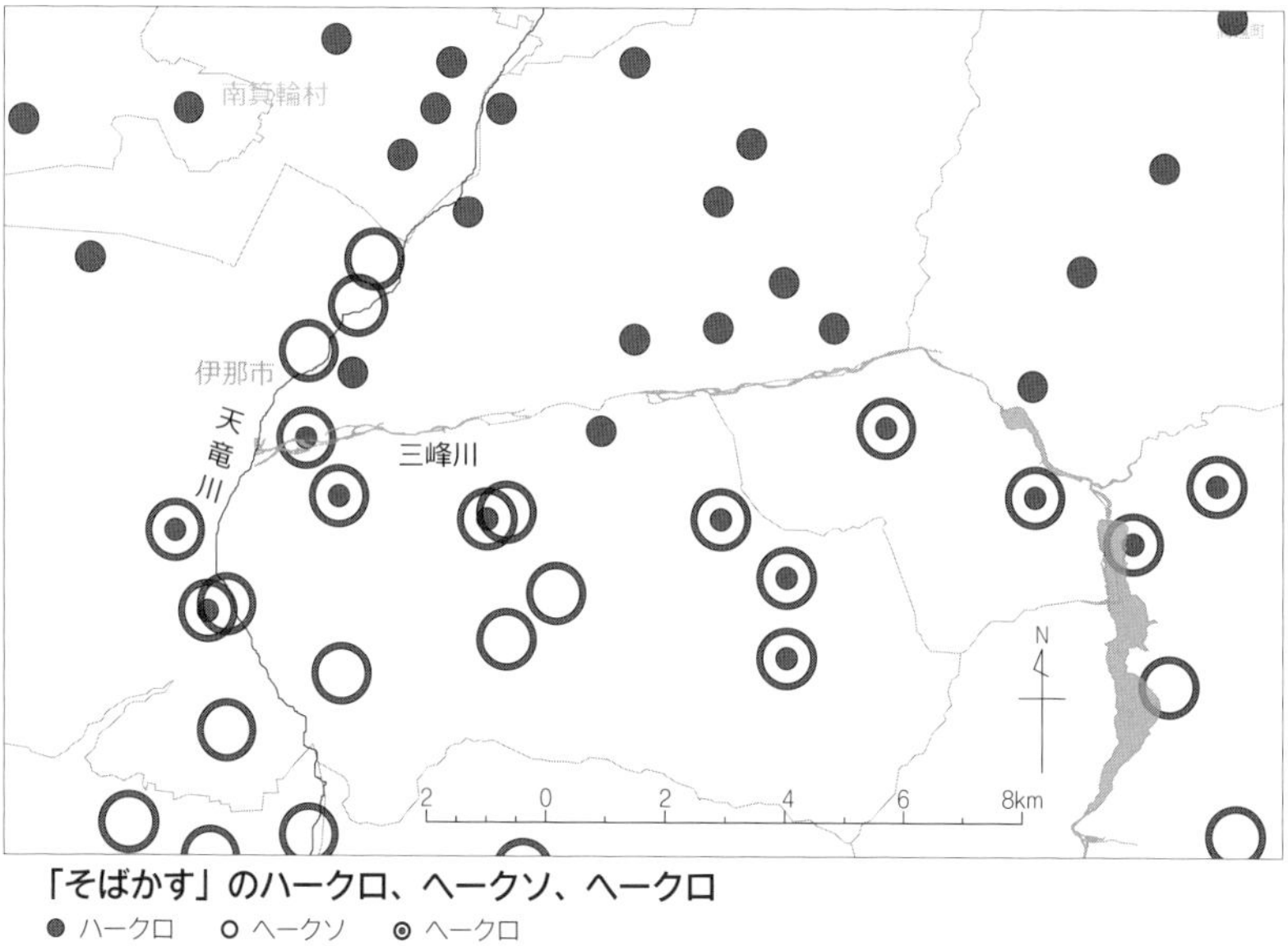

図 8-4 「そばかす」のハークロ、ヘークソ、ヘークロと河川（『上伊那の方言』50 図に基づく）

ヘークソが用いられているから、この辺りではないかと推定される。言語変化の発生地は一定ではない。さまざまな場所で変化は起こる。「そばかす」のヘークソは、たまたまこの場所で生まれたと考えるべきである。

語の後半のクロがクソに変化したのは、クロに類似した語形のクソが持つ「糞」や「滓」のようなイメージが「そばかす」と結びついた類音牽引による変化であろう。

もともとは、ヘークロとハークロが対立するように南北に分かれて分布していた。そのヘークロの中にヘークソが生まれることでできた分布と考えられる。ヘークソからヘークロが生まれたのではなく、ヘークロからヘークソが生まれた。つまり、ヘークロの方がヘークソよりも古いことになる。

南北対立と川　ヘークロとハークロの南北対立に言及した。二つの語形の境界を地形と照らすと、興味深い事実が浮かび上がる。

図8-4には両者の境界と河川の関係を示した。

北のハークロと南のへークロの間は三峰川《みぶがわ》という川により隔てられている。三峰川は天竜川に合流する。天竜川の支流の中ではもっとも大きい。三峰川は、幾度も氾濫を起こしてきた川であり、南東の上流部に見えるのは流量を調整する美和湖とも呼ばれるダムである。(13)

地図からもわかるように、南北対立の境界近辺は、三峰川が天竜川に合流するところでもあり、三峰川の下流である。氾濫を繰り返してきた川であるため、この辺りは川幅が広く、水が少ない時期には広大な河川敷が広がる。このことで、川の両岸の集落は、三峰川で隔てられている。それによりへークロとハークロの南北対立には、三峰川が関与していると考えられる。

方言分布と方言区画

「そばかす」のへークロとハークロが南北対立を示すわけであるが、『上伊那の方言』で確認すると、方言分布の境界がここに現れるのは「そばかす」の事例に限らない。(14) 30枚近い地図でこの辺りに共通した分布の境界が存在していることが確認される。(15)

『上伊那の方言』に集録されている言語地図は281枚であるから、顕著な分布類型といえるだろう。(16) 図8–5の「あめんぼ」には、ツンツンムシ（北側）とカークモ・カーグモ（南側）として、顕著に現れている。「そばかす」のへークロとハークロもそのような分布類型である南北対立の一つであったと考えられる。従来の言語地理学は、語ごとの分布を重視するあまり、分布類型として顕著に表れる方言区画を脇に置いたり、時には積極的に排除したりするきらいがあった。(17) しかし、分布の事実として、分布類型が示す方言区画の存在から目を背けるべきではない。

このような多くの分布対立、つまり、方言の境界に川が寄与していることを考えるなら、川の両岸の行き来が混淆を生み出すほど頻繁であったとは考えにくい。つまり、北側のハークロと南側のへークソを使う人びとの接触交流が、へークロという混淆形を発生させたと想定することには無理があることになる。

『ことばの地理学』（第1章）では、富士川が生活必需品である塩とともに西日本の動詞否定辞ンを運んだこ

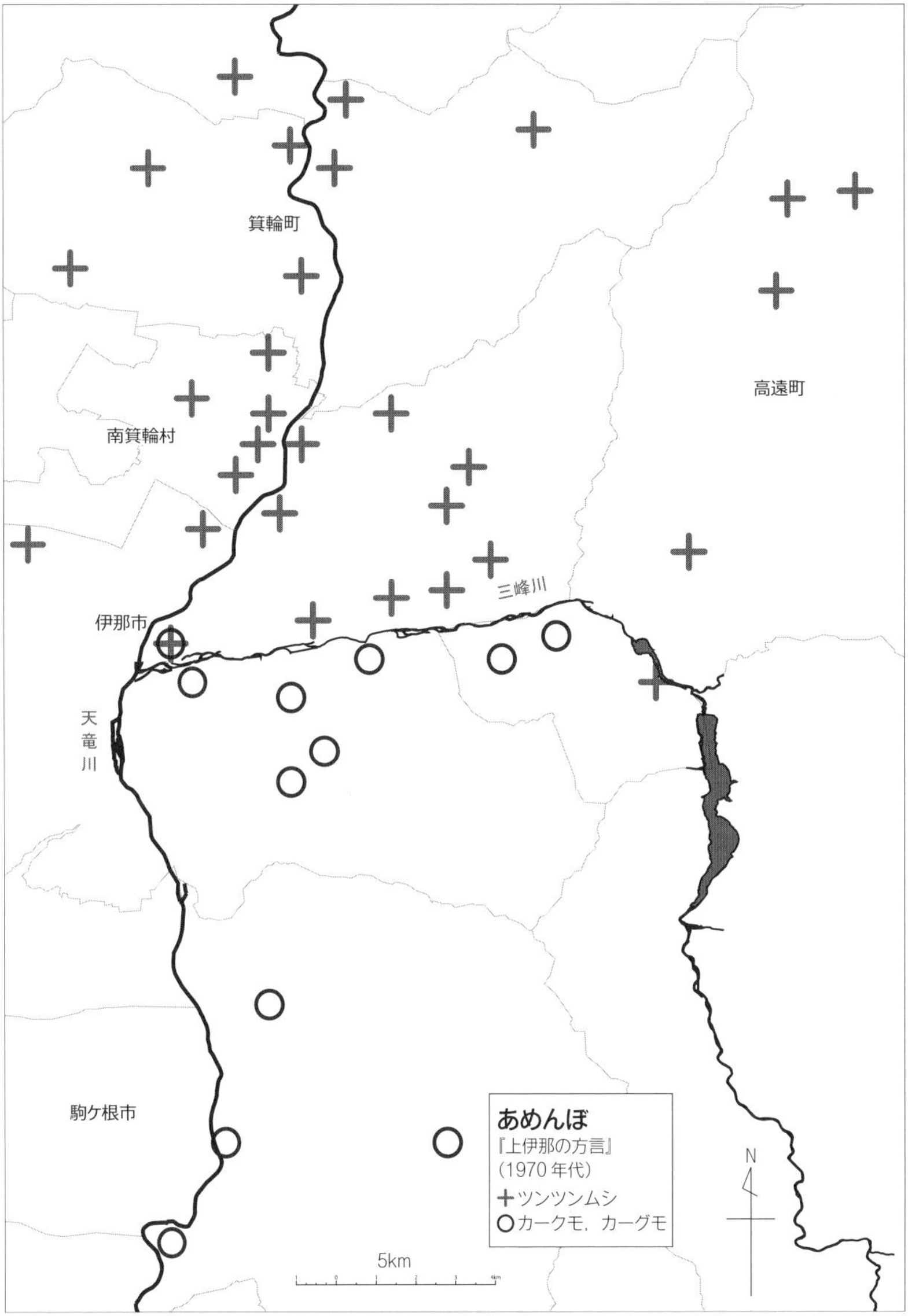

図8 5 「あめんぼ」の南北対立
三峰川右岸＝北側：ツンツンムシ／三峰川左岸＝南側：カークモ・カーグモ
(『上伊那の方言』130図に基づく)

とを述べた。川はたしかにことばを運ぶこともあるが、一方で、三峰川のように隔てることもある。相反する二つの性質を川は持っているのである。

4 「そばかす」の混淆 ―― ハークソ ――

混淆の発生　ハークロとヘークソからヘークロが発生したわけではなかった。一方で馬瀬論文は、同じ素材のハークロとヘークソから、素材要素の組み合わせを異にする混淆形ハークソが生まれたとも想定していた。こちらはどうだろうか。前節で見たように、ヘークソはヘークロから類音牽引で生み出された形であるから、新しい形が混淆を起こすと考えることになるが、そのような想定を行うことに特段の問題はない。

ハークロ、ヘークソとハークソの分布を図8-6に示した。

ハークロは南北対立の一端を担って、北側に当初から分布していた。ヘークソは、ヘークロを母体にする新しい形であるが、伊那市の南から中央にかけて広がりが見られる。そして、ちょうどその伊那市の中央、天竜川の東側（左岸）にハークソの分布が見られる。これはまさにハークロ＋ヘークソにより生み出された混淆形ハークソである。南北対立の一方で発生した変化形があらためて混淆を発生させたわけだ。

分布の形成　図8-6では、ハークソは伊那市の中央以外に高遠町にも分布が見られる。ここはハークロに接しているものの、分布上ヘークソとの接点がない。それではどのようにして高遠町のハークソはできたのだろうか。

二つの道が考えられそうだ。

ひとつは、伊那市でできた混淆形が飛び火的に広がったとする考えである。もうひとつは、このハークソは

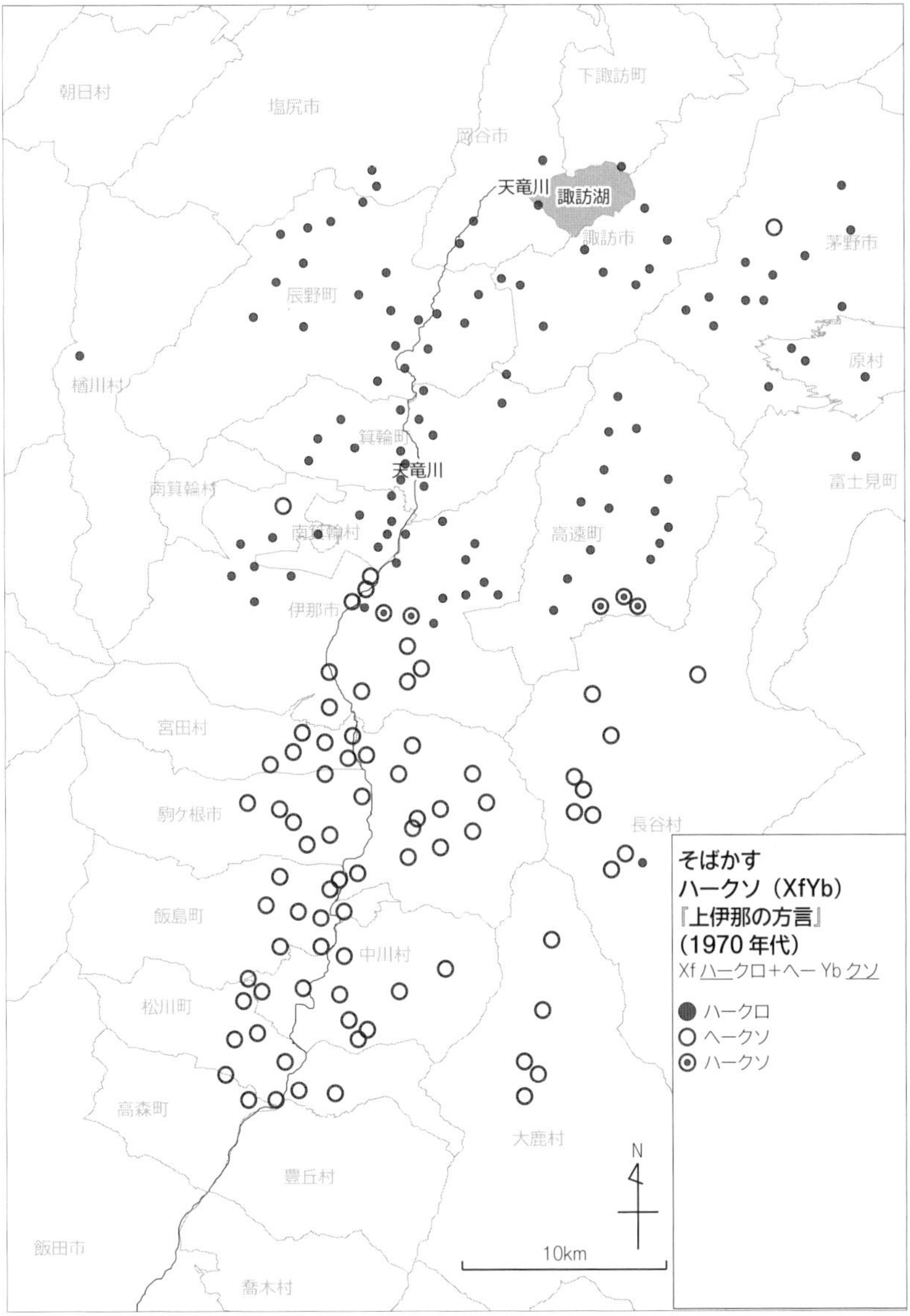

図8-6　「そばかす」のハークロ、ヘークソ、ハークソの分布（『上伊那の方言』50図に基づく）

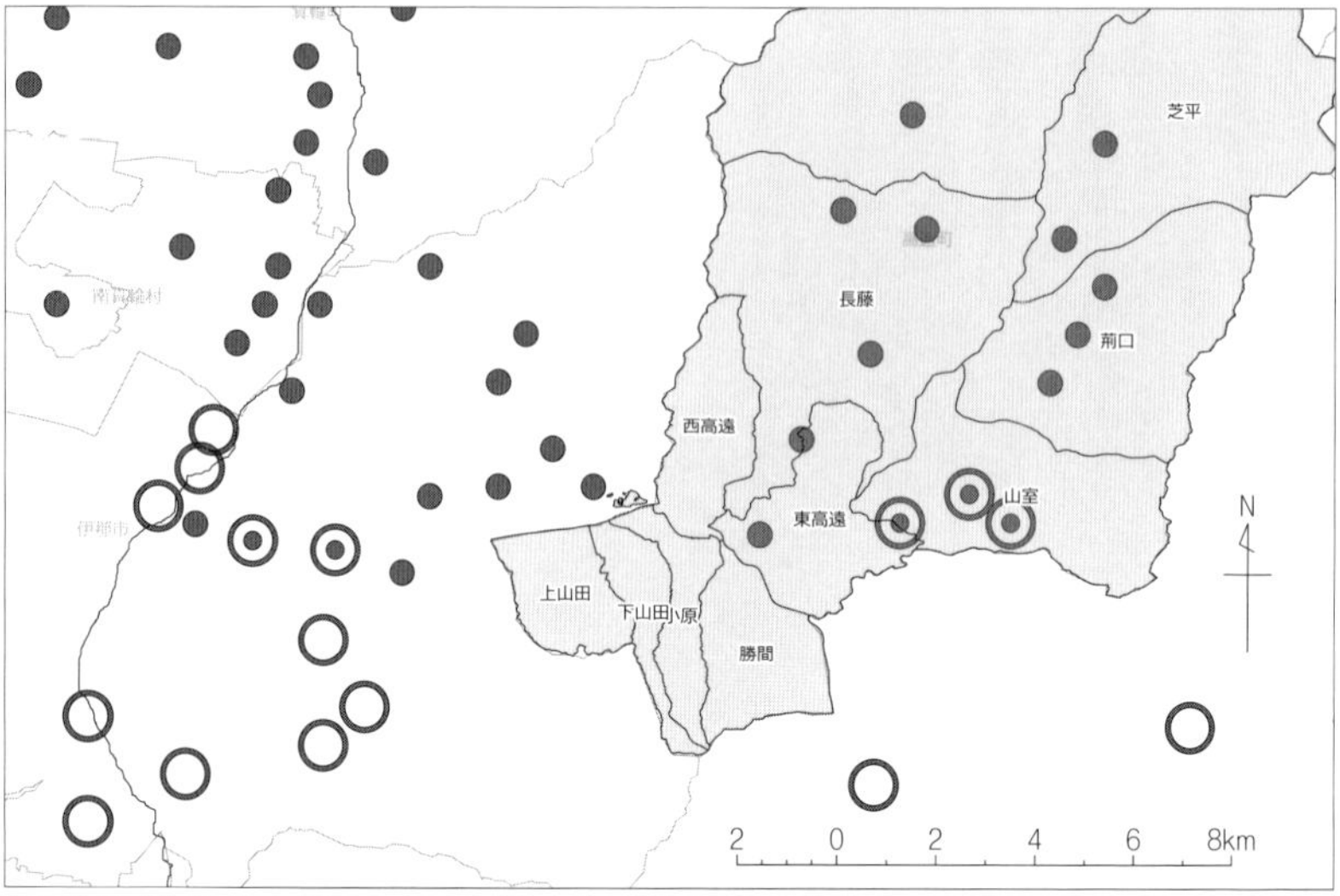

「そばかす」のハークロ、ヘークソ、ハークソ
●ハークロ　○ヘークソ　◎ハークソ

図8-7　「そばかす」のハークロ、ヘークソ、ハークソと高遠町の地区
（『上伊那の方言』50図に基づく）

混淆形ではなく、ヘークロ↓ヘークソと同様に類音牽引によりハークロからできたとする考えである。

第5章で述べたように、伊那市は近代以降の新興都市である。素材のヘークソが新しい語形であることを考えるなら、近代以降において便が向上した伊那市の中心地との交流を通して、伊那市で生まれた混淆形ハークソが高遠町に飛び火的に持ち込まれ、広がったと考えることは可能である。

一方で、ハークロを母体とする類音牽引説も積極的に否定する材料はない。その場合、伊那市のハークソは混淆、高遠町のハークソは類音牽引、というように、発生の道筋が異なる同形が別々に存在することになる。つまり、結果的に同形になるわけで、生物進化で言うところの「収斂進化[18]」のようなことが起こったことになる。言語の変化においてこのように結果的に同じになることは珍しくはない[19]。したがって、結論は、どちらともいえないという玉虫色に輝く。

ところで、市町村といった行政界はさらにその下に小さな境界を持つ。○○市△△といった住居表示の△△以下にあたる箇所である。字《あざ》（また大字《おおあざ》）や街区と呼ばれる境界であり、生活の上では、地区とかコミュニティー、場所によっては行政区とも呼ばれる。古くは江戸時代の村（藩政村）や、昭和三〇年代に行われた昭和の大合併以前の村を引き継ぐものであったり、それが小学校の学区に該当するものであったりもする。現在も公民館などがあり、日常的な住民のつながりの基盤となっており、[20] その地理的範囲は共同体を反映する。

図8-7には、高遠町におけるそのような地区（ここでは大字相当）の境界を重ねて示した。ハークソは山室地区と一致していることが明瞭である。発生の過程が2通り考えられ、いずれとも決めがたいハークソであるが、生み出された語は地区で共有され、意思疎通の道具として成立していることがわかる。[21]

5　混淆・民間語源・コンタミネーション

混淆と民間語源の線引き

以下は、多少込み入った話にはなるが、言語地理学史における混淆について、正確に理解するためには避けることができない術語の問題を解説して本章を閉じる。

本章の出発点となった馬瀬論文に戻ると、次のような記載がある。

これは「民衆語源」と呼ばれているものに属するが、「混淆」を最広義に解すればそのなかに含めることもできよう。事実、学者によってはA・ドーザのように両者の区別を認めない学者もいる。

実は、同じ内容を馬瀬氏は、その約一〇年前の論文でも述べている。[22]

混淆は民衆語源とはかなり違った印象を与えるが、民衆語源の生じる過程は混淆と共通していて、両者は密接な関係にある。ドーザ（A. Dauzat）のように民衆語源と混淆とを同一視している学者もいる。

両論文とも、ご自身の著書『言語地理学研究』に再録されていて、それぞれ八九頁と三七頁で確認できる。ここにある「民衆語源」は、民間語源と同じである。民間語源についてはさらに次章（第9章）でも検討するが、前章（第7章）で説明したとおり、本来の語源とは異なる解釈を行うことである。「桑の実」のツバメの末尾（「豆」の末尾音に由来）を「実」と解釈することでツバミに変化させたり（第4章）、「ひっつきむし」のべべバサミのべべ（衣類）を女性器と解釈することで、男性器由来のシジバサミに変化させたり（第7章）する。また、前章で述べたように変化させるだけではなく、語の安定化にも寄与する。

このようなメカニズムの民間語源と混淆はかなり異なる。混淆は、「XfXb ＋ YfYb → XfYb」という式が象徴するように複数の語の混ざり合いである。このような混淆と民間語源の間に線引きすることに迷いは生じない。

ではなぜ、馬瀬氏は、両者が「密接な関係」とし、混淆が民衆語源に属するとするのか。ここで留意すべきはドーザである。

コンタミナシヨン（コンタミネーション）の問題

Contamination（コンタミネーション・コンタミナシヨン）という術語があり、混淆はその訳語である。ドーザの『フランス言語地理学』[23]の一〇頁に現れる「混成」に関する訳者注に次のような記載が見られる。

混成（contamination）とは意味の似寄った二語が交錯して新しい形を作るもので、手《テ》ダテと手《シュ》ダンが交錯して手《テ》ダンとなり、破ルと裂クが交錯してヤブクとなるようなものである［金田一京助著《国語音韻論》

中の例を借用する」。

旧訳では、「ステーションとテイシャバが交錯してステンショバ」という例もあげられている。[24] この「混成」(contamination) は混淆にほかならない。

一方で、『フランス言語地理学』には次のようにも述べられる。やや長いが引用する。

類音牽引は同音衝突の反対現象である。同音は我々がこれまでみて来たように破壊的なものであるが、またそれとともに、一面創造的でもある。創造的というのは、二つの類音語の形態の類似が一つの完全な同音語を作り出すという意味においてである。この変化の代表的なものは coute-pointe [かけぶとんの一種] で、形容詞 court [短い] の影響で courte-pointe に変った例である。

この現象は、同音衝突と同じに、古典文法では、文法の論理的な、秩序ある調和を乱す破格と認められていたものである。それなのに、いろいろの文語や俚語をもっと深く研究してみると、これは反対に古語の更新の重要な因子であることがわかった。つまり、これは、外国語を国語に同化し、すたれた古語を除去する主要な様式なのである。

この現象は汚染《コンタミナシヨン》と名付けられた。しかし、この名称は誤った病理学的観念をよび起すもので適当ではない。なぜなら、他の語を汚染すると非難される語は、この両者のうち一番生命力のある、従って本質的に健康な語であるからである。この現象はまた、民衆語原とも名付けられた。この名称は一面の真理を含んでいる。民衆は無意識的に、稀な語を、周知の語族に結びつける本能的な傾向をもっているからである。しかし、この現象は連想作用がひき起す単なる機械的事実にすぎず、意識して行われる語原探究とはなんの関係もない。(九〇～九一頁)[25]

混淆のもとになったコンタミナシヨン（contamination）がどうも怪しいことに気付く。contamination は英語でも綴りは同じで、外来語としてはコンタミネーションとして導入されている。混淆を扱う沢木幹栄氏の論文も「コンタミネーション」を標題に掲げる。[26] ところが、ドーザのコンタミナシヨンは、混淆だけではなく、類音牽引も民間語源も含むらしい。これはどういうことなのか。

『フランス言語地理学』にもあるとおり、contamination（コンタミナシヨン）は「汚染」なのである。「汚染」というと、環境汚染のように汚すことであるが、それだけではない。理系の実験や観測で、主たる試料や対象の中に他のものが混ざり込むことをコンタミと呼ぶ。コンタミが起こると本来のねらいとは異なる結果が生じるから嫌われる。例えば、特定の場所の水質を調べるのに隣接地の水が混ざるような現象である。ある星の性質を調べるために分光観測によりスペクトルを得ようとするが、近くに明るい星があってその光が混ざってしまうようなこともコンタミという。いずれにしてもコンタミは嫌われ者であるが、このコンタミはコンタミネーションである。「汚れ」とか「嫌い」とか、好みの問題は措いて、コンタミナシヨン、コンタミネーション、コンタミは混ざることなのである。

混淆は例の式が示すとおり、混ざることである。類音牽引は、類似した音の語に引き付けられて変化することであるが、例えば、コーシュー（甲州）がゴーシュー（江州）に移行した「じゃがいも」（第2章）のように、ある種の「混ざり」が生じている。民間語源においても「ひっつきむし」の衣類のべべと女性器のべべ（第7章）のように、「混ざり」がある。

つまり、コンタミネーション（コンタミナシヨン、contamination）は多義語なのである。さまざまな概念が含まれてしまい、[27] 広げ出すと何でもコンタミネーションにされる危険性を伴う。そして、このことが、馬瀬論文の言辞を引き出すことになったものだろう。「コンタミネーション」という語は、この語自体がコンタミしている。[28] 術語としての使用は避けるべきである。[29]

【注】

（1）混交と表記されることもあるが、中国語言語地理学を専門とする岩田礼金沢大学名誉教授によると、中国語において混交は混淆と同じ意味を表すことができるものの、ときに猥褻な意味にとられかねないので、混淆を使った方が無難とのことであり、混淆を採用している。

（2）佐藤（二〇一九、一二四頁）など参照。

（3）その他「肩車」において、関東地方東部に分布するカタウマと関東地方周辺部に分布するテングルマの接触でカタグルマが発生したと考えられる事例等が取り上げられることもある（佐藤二〇〇二、三六二頁）。

（4）混淆は混ざり合うことで発生する言語変化であるが、複合語とは異なる。複合語も混ざり合ってできる語であるが、「飲み会」（飲む＋会）、「赤ワイン」（赤＋ワイン）、「チューハイ」（焼酎＋ハイボール）のように組み合わせることで新たな意味を生み出す。

（5）馬瀬（一九八一）。

（6）沢木（一九八七）、丹羽（一九八六）、山田（一九八五・一九八六）。

（7）馬瀬（一九八〇）。

（8）なお同論は、後日、馬瀬良雄（一九九二）『言語地理学研究』（桜楓社）に再録されるが、オリジナル論文である馬瀬（一九八〇）末尾の「蒲公英」と「萱草」は別扱いになっている。

（9）馬瀬（一九八一）はXが分布しているところにYが伝播してくることを想定しているので、YがXに影響を及ぼすことを前提に設定することになる。

（10）実際には語形が前半後半に分かれるものばかりとは限らず、語形全体が混淆してXYもしくはYXのような形に混淆するものや、いっそう複雑な事例もあることが述べられるが、混淆を分析・理解する上で、この基本モデルは大きな手がかりとなる。

（11）大西（二〇一六b）。

（12）大西（二〇一六a、一七〜一八二頁）で「蛇の目」に喩えた分布である。

（13）さらにその北にあるのは高遠湖とも呼ばれるダムである。

（14）本章の内容は、二〇一七年八月に国立国語研究所を会場として開催された第16回METHODS（Methods in dialectology、国際方言学方法論学会）において、Reconsideration of blending changes in Kamiina dialect. として口頭発表した内容をもとにする。境界線に共通性がないかということについては、スイスの地理学者Péter Jeszenszky氏の質問がきっかけになって気付いた。

(15) 三峰川を境とする方言分布の南北対立を対立の明瞭性を基準に分類しながら地図の枚数とともに示すと、①きわめて明瞭（4枚）、②明瞭（7枚）、③傾向あり（22枚）のようである。

(16) 第13章でも述べるように『上伊那の方言』（五一〇〜五二七頁）は分布類型が述べられる。ところが、この三峰川を境とする南北対立への言及は見られない。

(17) その背景には、言語地理学（方言周圏論）と方言区画論の根深い対立があった。この問題については第13章ならびに大西（二〇一四）参照。

(18) 稲垣（二〇一四、八〇頁）参照。

(19) 例えば、近畿地方と東海地方のいずれにも動詞の否定辞としてヒンがあるが、近畿のヒンは上一段活用動詞のミーヒンなどの動詞末尾の母音イによる順行同化でヘンがヒンになったと考えられるのに対し、東海地方のヒンはもとになったサ行変格活用動詞の否定形（上一段化したシン）を引き継ぐものと考えられる。

(20) 藤田（二〇一二、二〇八頁）参照。

(21) 歴史的には高遠町が中心地だったので、高遠町山室において類音牽引により生み出されたハークソが、かつては中心地ではなかった伊那市に持ち込まれたという考えも出てきそうだが、山室はかなりの僻地であり、よほどの事情がない限り山室から伊那市に広がるのは難しそうだ。

(22) 馬瀬（一九六九）参照。

(23) ドーザ（一九五八）。

(24) ドーザ（一九三八、一一頁）参照。

(25) 旧訳のドーザ（一九三八）では八一頁に該当する。訳文の表現に多少の差異はあるが、内容は同じである。

(26) 沢木（一九八七）。

(27) 『言語学大辞典 第6巻 術語編』（三省堂）の「混交」には「類推」まで含まれている（五九四頁）。

(28) フランス語学・フランス語言語地理学を専門とする、東京外国語大学の川口裕司名誉教授によると、日本では古くからよく読まれてきたドーザの『言語地理学』であるが、原著は版による異同も多いので、扱いには気を付けた方がよいとのことである。

(29) 引用元を再度確認するために、沢木論文が掲載された『言語生活』にあたっていて気付いたことがあった。沢木論文は、『言語生活』の一九八七年八月号に掲載されている。この号の特集は「まざりあうことば」である。背表紙にもそれが印刷されている。翌月の九月号の特集は「ことばのレトロ」である。ところが、九月号の背表紙も「まざりあうことば」になっている。悲しいかな、コンタミしてしまったわけだ。図書館に収蔵されている雑誌・ジャーナルはほとんどが複数の号を合冊して製本されるので、背表紙は見えなくなる。『言語生活』は自身で継続購入していたものを見たために気付いたが、気付くまでに30年以上を要した。

【参考文献】

稲垣栄洋（二〇一四）『弱者の戦略』（新潮選書）
大西拓一郎（二〇一四）「言語地理学と方言周圏論、方言区画論」小林隆編『柳田方言学の現代的意義』（ひつじ書房）一四五～一六一頁
大西拓一郎（二〇一六ａ）『ことばの地理学—方言はなぜそこにあるのか』（大修館書店）
大西拓一郎（二〇一六ｂ）『長野県伊那諏訪地方方言混交変化分布図集』（私家版）web サイト：https://www2.ninjal.ac.jp/takoni/GISME/Atlas_of_blendings_in_Ina-Suwa.pdf, https://doi.org/10.15084/00002034
佐藤亮一編（二〇一九）『方言の地図帳』（講談社学術文庫）
沢木幹栄（一九八七）「言語地図に見るコンタミネーション」『言語生活』四二九、六〇～六四頁
丹羽一弥（一九八六）「混交の様子」『名古屋・方言研究会会報』三、五一～六〇頁
藤田覚（二〇一二）『泰平のしくみ—江戸の行政と社会』（岩波書店）
馬瀬良雄（一九六九）「言語地理学—歴史・学説・調査法」『国文学　解釈と鑑賞』三四‐八（7月臨時増刊号）、一八九～二三〇頁
馬瀬良雄（一九八〇）『上伊那の方言』（上伊那誌刊行会）
馬瀬良雄（一九八一）「方言分布からみた「混淆」」藤原与一先生古稀御健寿祝賀論集刊行委員会編『方言学論叢Ｉ—方言研究の推進』（三省堂）、二五五～二七五頁
馬瀬良雄（一九九二）『言語地理学研究』（桜楓社）
山田健三（一九八五）「めだかとコンタミネーション—長野・静岡・愛知県境域」『名古屋・方言研究会会報』二、六一～七一頁
山田健三（一九八六）「言語地図にみるコンタミネーションの諸相」『名古屋・方言研究会会報』三、四一～四九頁
ドーザ（一九三八）『言語地理学』（松原秀治訳、冨山房）
ドーザ、Ａ（一九五八）『フランス言語地理学』（松原秀治・横山紀伊子訳、大学書林）

第9章　有縁性・有縁化

語彙の変化として、類音牽引・同音衝突・民間語源・混淆を見てきたが、これらの背景には、有縁化という人間の認知的な営みがある。言語記号の本質である恣意性と、それに対処する有縁性・有縁化について、考えてみよう。有縁化は世界への人間の対峙でもある。

1　形と意味

記号

道に出れば、守らなければならないことを示す道路標識がある。道路標識は、横断歩道の存在や速度の規制など、マークに応じた意味を持っている。

小学校や中学校で地図記号を学ぶ。市役所、工場、学校など、マークには、それらが指す意味がある。オリンピックではさまざまな競技が行われる。それらを表すマークはピクトグラムとも呼ばれる。ピクトグラムはその形により、それぞれの競技を意味する。

このような形と意味の組み合わせで構成されるものは「記号」と呼ばれる。人が歩く絵で横断歩道を表す道路標識、二重丸で市役所を表す地図記号、ボールを蹴る形でサッカーを表すピクトグラム、いずれもマークの形が意味を表している。

言語も記号

「イヌ」と口に出して言ってみよう。その発言は〈犬〉を意味している。「ネコ」と言えば、〈猫〉を意味する。言語も発声や文字の並びにより、聞いたり、見たりできる、具体的な形になる。そして、その形、すなわち、「イヌ」や「ネコ」といった発声や文字の並びは、〈犬〉や〈猫〉のような意味と結び付いている。

このように、言語も形と意味の組み合わせであるから、記号である。言語としての記号であるから、言語記号とも呼ばれる。

2　言語記号の恣意性と有縁性

恣意性

道路標識も地図記号もピクトグラムも言語も、記号である。それでは、記号としての性質に違いはないだろうか。

道路標識も地図記号もピクトグラムも大事なのは、誰でもすぐわかるということで、意味することが即、理解できることが求められる。これらの記号は、本質的に形と意味が密接につながっているべきものである。

ところが、言語記号はそれらとかなり違う。「イヌ」と聞いて〈犬〉、「ネコ」と耳にして〈猫〉と理解できるのは、日本語がわかる人に限られる。言語が違うと形と意味の結び付きは同じではない。知らない外国語で〈犬〉や〈猫〉のことを言われてもわからない。

このように、言語記号は、形と意味の間に必然的な結び付きがない。この性質は、「言語記号の恣意性」と呼ばれる。恣意というのは、自由、勝手、気まま、適当を意味し、必然性を持たないことを指す。言語記号の恣意性（arbitrariness）は、言語の普遍的性質として知られており、構造主義言語学の先駆けであるソシュールが見いだした。(1)

遠く離れたところの方言が類似していることをもとに歴史を推定する方言周圏論(2)の基盤には、この恣意性があるとされる。(3)それは、言語記号の恣意性に従えば、交流のない遠隔地に共通のことばがないはずなのに、類似性が認められるのは、共通起源の中心地からのことばの広がりという歴史的なつながりがあるからであり、それゆえに歴史の再構成も可能であるという考え方である。

有縁性

このように言語には、形と意味の関係が恣意的であるという普遍的性質がある。それはたしかなことだが、そのような言語を使うのは人間である。人間にとって、言語記号の恣意性はどのように働くだろうか。

言語を使う人間にとって、日常的には言語の形と意味は密接に結び付いている。「イヌ」と言えば〈犬〉だし、「ネコ」と言えば〈猫〉である。つまり、言語は、記号としての性質においては恣意性を有しているが、人間が言語を使用するときは、恣意性は意識されず、必ずしも恣意的ではないという不思議な状態にある。

外国語を意識するときなど、言語の多様性に目を向けるなら、言語記号の恣意性に気付く。しかし、日常生活で運用する中では、言語の形と意味は切り離せない必然的なつながりを持っている。つまり、恣意的ではない。このように形と意味が強い結び付きを持ち、そのつながりがあたりまえで当然、かつ、合理的であると意識されていることを有縁性（motivation）と呼ぶことにしよう。(4)有縁性は次のように定義できる。

有縁性＝自分たちの知の範囲内における形と意味のつながりの合理性

恣意性の負荷

言語記号の恣意性の意味するところは、個々の語が持つ、本来必然性のない形と意味の関係が頭の中に格納されていることにほかならない。その関係が社会で共有化されているからこそ、

「イヌ」と言えば〈犬〉であり、「ネコ」と言えば〈猫〉と理解されるわけである。

言語による人間どうしのコミュニケーションの最小単位は文である。文は、大量の語をさほど多くない文法規則により組み合わせることで無限に生み出される。文は無限である一方で、語はたくさんあるけれども無限ではない。そうは言っても、たしかに語は多い。一般的な辞書には、4～6万語程度が登載されている。[5] 無限ではないが、かなりの数だ。その中で日常的に使用するのは数千である。[6] だから、わからない語や忘れた語が出てくると、辞書の出番となるが、記憶は継続するとは限らず、同じ語を何度も調べたりする。

外国語の学習では、単語を覚えなければならない。知らない単語に出会ったら、辞書で確認することが求められる。それが学習の負担になるという側面は否めない。

形と意味が直結していれば、これらの事態は発生しない。恣意性ゆえに面倒が発生する。語を頭に格納するという加重を乗り越えながら、言語を運用し、日々の生活を送らざるをえない。このように、言語記号の恣意性は、言語を使う人間に対して負荷を与える。

3　有縁化

言語と人間の相反

人間は、恣意性という普遍的性質を持つ言語を、言語記号の有縁性に根ざしつつ、日々の営みの中であたりまえのように使っている。日々の暮らしでことばを交わす中では言語の形と意味の間には有縁性が保持されている。しかし、その言語記号の本質は恣意性なのである。つまり、人間と言語の間で、使用する側の意識と使用される側の性質が相反していることになる。

このような相反的なあり方は、合理化を志向して変化しようとする言語と、共有性に根ざして変化を好まない人間との間にも認められる。例えば、「見れる」「起きれる」のような「ら抜きことば」は、言語にとっては合理的だが、変化すると、「見られる」「起きられる」などが持っていた社会における共有性が崩れることから人間の側は必ずしも好意的な姿勢を見せない。

言語が記号としての恣意性を帯びているとはいっても、それを使うのは人間である。使われてこそ言語である。恣意性のために使いにくければ、有縁性を与えて使いやすいようにする。

有縁性と有縁化

それが「有縁化」である。

例えば、「木《こ》の葉」や「木《こ》の実」だとわかりにくいから、「きのは」や「きのみ」にする。「ホワイトシャツ」だと他の色に合わなくなるから、襟の形に注目して「Y《ワイ》シャツ」にする。「カタログ」を漢語のように「型録」と表記したり、「コンクリート」は混ぜて作るから「混クリート」と表記したりする。以上のような、複合語や外来語（借用語）の解釈や表記の例からも、形と意味の間につながりを持たせようとしていることがわかる。複合語の中での古形の残存や音韻変化（例えば「木」のキとコ）、また語と現実の乖離などによって、もとの構成がわかりづらくなったり、使用する人間の側の理解から離れてしまったりすると、合理性が欠如する。そこで、形と意味のつながりをわかりやすくする、再活性化、合理化をはかることになる。これが「有縁化」である。有縁化は次のように定義できる。

有縁化＝自分たちの知の範囲内における形と意味のつながりの合理化

本書では、語彙の基本的変化として類音牽引、民間語源を取り上げてきた。また、変化を引き起こす現象として、同音衝突を扱った。類音牽引は、類似した語形に置き換えることだった。第2章で扱った「じゃがいも」のコーシュー（甲州）からゴーシュー（江州）への変化などを思い出してもらいたい。民間語源は、本来とは異なる語源解釈を行うことだった。第7章における「ひっつきむし」のべべ

有縁化と言語変化

バサミからの変化がそれにあたる。

実は、類音牽引にしても、民間語源にしても、どのような変化が起きたのかをいっているに過ぎない。つまり、言語変化という現象の分類と説明にとどまるものである。

同音衝突は同音語の発生であり、変化のきっかけだから、変化そのものである類音牽引や民間語源とは異なるように見える。しかし、相互は無関係ではない。「ひっつきむし」がベベバサミからシジバサミになり、ジジバサミに移行していった背景には、べべが「女性器」と同音だということ、そして、シジとジジの類似性があった。結局、基本変化の分類といいながら、未分化で十分な説明ができていない。

類音牽引、民間語源、そして同音衝突という、言語地理学が扱う基本的な言語変化の大もとにあるのは、有縁化にほかならない(7)。その有縁化は2方向の言語変化を引き起こす。ひとつは「引き寄せ」であり、もうひとつは「回避」である。

4　有縁化による引き寄せと回避

引き寄せの効果

有縁化による、形と意味のつながりの合理化を実現するために、既知の語への引き寄せを行う。このことが言語変化を起こしたり、語の安定化につながったりする。

音の類似性を手がかりにした場合は類音牽引として実現し、意味の再解釈に根ざした場合は民間語源として実現するとおおまかにいうことができるものの、両者には重なりが少なくない。このことは両者が未分化であって、切り分けた説明ができていないということにほかならない。言語地理学の基本概念である類音牽引と民間語源は、整理し直す必要がある。

二つの類音牽引

類似した形を持つ他の語形に引き寄せられて変化するのが類音牽引である。もとの形を「引き寄せ元」、引き寄せる形を「引き寄せ先」とすると、引き寄せられるのは、引き寄せ先が高い有縁性を持っており、そのような引き寄せ先に変化することで有縁化がはかられるからである。

類音牽引は、引き寄せ元と引き寄せ先の間に意味が関与するかどうかにより、与義性類音牽引と非義性類音牽引に分類される。関与するのが「与義性類音牽引」であり、関与しないのが「非義性類音牽引」である。以下では、それぞれについて見ていこう。

与義性類音牽引

形の類似により他の語形に引き寄せられて起こる変化のうち、意味の関与があるのが与義性類音牽引である。意味がどのように関与するかで、「類義型」と「付与型」に分類できる。

類義型は、同等の意味分野の中で類音牽引が進む。「じゃがいも」の方言において、コーシュー（甲州）を出発点にゴーシュー（江州）へと変化した事例があった（第2章）。地名という同じ土台の上で変化をしていることから、類義型与義性類音牽引と見なされる。

一方、付与型は、意味を付与することで意味分野の移行が行われる類音牽引である。やはり「じゃがいも」で人名のセーダユー（清太夫）からセンダイ（仙台）へと変化した事例がこれにあたる（第2章）。人名から、救荒作物が適応する寒冷地という意味を付与して地名に移行させており、付与型与義性類音牽引と見なすことができる(8)。

非義性類音牽引

意味の関与を介さずに、形が類似した他の語に引き寄せられて起こる変化が、非義性類音牽引である。意味の関与がない有縁化というのは戸惑いを与えるかもしれない。しかし、既知の語を用いることで合理化が実現されるなら、たとえ同音異義が生じても不用意に語の数を増やさないという点で経済的である。したがって、引き寄せ元と引き寄せ先の間に意味的なつながりは必ずしも求められない。

第4章の「桑の実」で見られた庄川上流域におけるツバミからツバメへの変化がその事例である。また、東北地方の事例として知られる「土筆《つくし》」の方言におけるデデポポ（山鳩の鳴き声）やツクツクホーシ（蝉の種類）からの変化[9]がこれに該当する。[10]

安定化

有縁化による引き寄せが語を変化させるのではなく、安定化に寄与することがある。民間語源とされてきた事例の一部がこれにあたる。

第7章でもあげた例であるが、八丈島では古語の「つとめて」にさかのぼる「朝」を表すトンメテを、「東明天」という漢字表記に該当すると捉えることでその語を安定させている。また、新潟県糸魚川地方で「薄氷」を表すガサは「滓」をもとにすると考えられるが、当地ではガサガサのような擬音語やガラスとの関係で意識されているという。[11]このような意識による有縁化が、変化をもたらすのではなく、ガサという語を安定させていると考えられる。

このように、有縁化による引き寄せは、変化を起こすだけではない。語を安定させる働きも持つ。

類音牽引と民間語源

右にも述べたように、類音牽引と民間語源は必ずしも線引きができない。民間語源は本来の起源とは異なる語源解釈を行うことであるが、これは、起源を異にする語との有縁化にほかならず、類音牽引と同等になるからだ。

言語変化を起こす民間語源は、有縁化による引き寄せを行い、形の類似性を伴う、与義性類音牽引として実現すると考えられる。第7章であげた、民間語源として扱われてきた糸魚川地方の事例[12]に、土を掘る道具のシャベルからシャビロやシャボルへの変化がある。この場合、道具の形状が「広い」ことから～ビロになり、「掘る道具」であることから～ボルになったとされる。[13]しかし、同時に～ベルと～ビロ・～ボルの類似性に留意したい。その場合は、類音牽引であり、意味が関与していて、～ビロ（広い）・～ボル（掘る）ともに新たな意味を付与している。したがって、これは付与型与義性類音牽引として扱えることがわかる。類音牽引と民間語源が線引きできないとされてきたのは、このような事情によるものだろう。

ただし、民間語源のすべてが類音牽引ではない。先に述べた安定化や、後述する回避も、民間語源として扱われることがある。これらは類音牽引ではないので注意したい。

類義牽引　有縁化の引き寄せとして、類音牽引の事例を多くあげてきた。類音牽引は、形の類似により他の語に引き寄せられて起こる変化である。形がきっかけになるのであれば、理屈の上では意味の類似による引き寄せも成り立ちそうである。

これについては、さらに検討が必要であるが、「じゃがいも」の方言であるゼンコージイモ（善光寺いも）はその事例にあてはまるかもしれない[14]。第2章で述べたように渡来作物であるにもかかわらず「じゃがいも」の方言には、国内地名が多い。その中にシンシューイモ（信州いも）がある。信州という土地と「じゃがいも」の救荒作物としてのありがたさが信仰心を呼び覚まし、霊験あらたかな信州の古刹、善光寺を引き寄せたとは考えられないだろうか。

有縁化の連鎖　「蟻地獄」という虫が、長野県などでミミットームシと呼ばれるのは、もとは壺のような巣の形状からツボムシであったのが、類音牽引・民間語源によるツンボを経て、ミミットー（耳遠）に変化したとされている[15]。この語形は『上伊那の方言』（115図）により、諏訪盆地を中心に広く分布していることが確認される。同時に『上伊那の方言』には、この虫を捕まえる際の呼び声の分布図も掲載されている（116図）。それによると、蟻地獄に呼びかけるという行為そのものが対象地域全体で共通する中で、「大声で呼ぶ」という行為の分布が、やはり諏訪地方を中心に分布している[16]。名称の有縁化が、言語行動を生み出していくという有縁化の連鎖が確認される。このような連鎖は、後述する月面模様の見立てが、ものがたりを生み出していく過程と共通する。

回避　有縁化による引き寄せは、語の理解を促進する合理化をねらうが、一方で既知の語と結び付ける経済化にはリスクが伴い、歓迎されない同音異義語の発生という事態も生む。

ただし、同音異義語が、つねに不都合を生み出すわけではない。日本語には同音異義語が多い。[17] 例えば、国語辞典を冒頭頁から開いてみれば、藍《あい》、愛、間、相などの事例に行きあたる。しかし、中には、どうしても耐えることができない、不都合な同音異義語が生じる場合がある。[18] そのような新たに生じた不都合を解消する手段が回避であり、第7章で述べたとおり、積極的に言語変化を起こす能動的同音回避と、そこにはいたらない受動的同音回避がある。

長野県諏訪地方では、「ひっつきむし」のベベバサミには「女性器」と同形のベベが含まれることからこれを避けて、「男性器」のシジに置き換えシジバサミにしたが、これも「性器」であることに変わりはないことから、シジを避けて類音のジジに置き換えてジジバサミに変化させた。このように積極的に語を変化させるのが能動的同音回避である。

一方、富山県庄川中流域では、「桑の実」が「燕」と同音になってしまうためにツバメには変化できなかった（第4章）。そのために、地理空間的な相補分布として同音衝突が生じた。このような相補分布の形成過程が、従来から考えられてきたように、同音異義語の発生を避けるために分布の拡大が停止したことによるのであれば、[19] 受動的同音回避ということになる。受動的同音回避は、能動的同音回避と異なり、回避するための積極的な言語変化を起こすことがない。

このように回避のためには、2通りの対策が講じられる。そして、そのような回避に失敗すると、伊那谷の一部で起こった「にこごり」（第5章）のように、語の崩壊を起こすこともある。

5　有縁化の変動

有縁化は内的変化なのか、外的変化なのか

言語の変化は、変化の要因が言語の中にあるか、言語の外にあるかにより、言語内的変化と言語外的変化に分けられる[20]。

「着る」の命令形の着ロが着レに変化するように、一段動詞の命令形が変化することがある。動詞の活用では五段活用動詞が圧倒的多数であり、その中でも「切る」のようなラ行五段活用動詞が多い。そのような多数派（「切る」の命令形は切レ）に同調する類推により、着レが発生した[21]。この変化は、要因が言語の中にある。したがって、内的変化（言語内的変化）である。

一方、第8章で扱った「片足跳び」では、チンガラとシンゴロの混淆によりチンゴロが生み出されたことを見た。この場合、チンガラとシンゴロを使う人々の間の交流に伴う併用が混淆形のチンゴロを生み出したと考えられる。また、「ひっつきむし」が最終的にバカに収斂することを第7章で説明したが、バカが山浦に導入されたのは、学校制度が改正され、人々が高い頻度で山浦から平野部に行き来するようになったことがきっかけであった。これらの場合、変化の要因が言語の外にある。したがって、外的変化（言語外的変化）である。

有縁化が、形と意味のつながりの合理化という、言語内部の事態である限りは内的変化に位置付けられる。しかしながら、形と意味をつなぐ有縁性には、時代や場所を越えた普遍性が約束されているわけではないことに注意が必要である。

有縁性と時間・空間

人名は時代とともに忘却されがちである。第2章で述べたように「じゃがいも」のセーダイモは江戸時代に救荒作物として「じゃがいも」を導入した甲州の代官「中井清太夫」をもとにする。セーダイモの分布は、一九六〇年代のＬＡＪでは山梨県全域に分布していたが、二〇一〇年代のＮＬＪ（11図）ではかなり希薄になっている。同時に人名は、その人とつながりのある場所から離れると有縁性が下がる。清太夫も甲州以外ではあまり知られなかったために、甲州から離れた飛騨では仙台と結びつける有縁化が図られたのだった。

地名の扱いにも移り変わりがある。「じゃがいも」の方言では、コーシュー（甲州）から有縁化により変化したゴーシュー（江州）が一九六〇年代のＬＡＪでは広く分布していたが、二〇一〇年代のＮＬＪではかなり減少している。都道府県の制定後、旧国名（令制国名）は、時代が下がるほど日常生活から縁遠くなる。それに伴い、有縁性が希薄化していることによると考えられる。また、一律には断言できないが、当該地から遠く離れるほど旧国名はなじみが薄れ、知識の中で不明確になるという傾向もあるだろう。

長さや広さの単位を表す度量衡も不変ではない。筆者にとっては、現代の日常生活と結び付きが薄い間《けん》やら反《たん》やら町歩《ちょうぶ》は、なかなか頭に入らず、フィールドワークの際に教えてもらったことを、調査後に平方メートルやヘクタールなどに置き換えて、やっと理解できる、ということがしばしばある。第2章で述べたように「じゃがいも」のゴショーイモは、甲州をもとにする江州が、さらに固有名詞から収穫量の多さを示す数量（５升）に有縁化した語形である。ニドイモは二期作が可能なことによる。ゴドイモはゴショーイモとニドイモの混淆形であるが、五期作ではなく、ゴド（５斗）[22]として、さらに強調した収穫量に有縁化した語形である。しかし、升や斗のような古い度量衡をもとに有縁化した語形は、ＮＬＪによれば二一世紀には度量衡の変化に伴い有縁性が希薄化し、著しく衰退した。一方、度量衡の変化に関係しないニドイモの分布はあまり変化していない。

有縁性と社会

「ひっつきむし」では、「女性器」との有縁化が回避を引き起こした。しかし、なぜ回避すべきなのか。回避の必然性は元来なかったからこそ、もともとベベバサミは存在しえた。第7章で述べたとおり、そこには羞恥の意識の変化があり、それは社会の動きを反映するものであった。

先にも述べたように、有縁化のしくみそのものは内的変化である。しかし、そのしくみを支える有縁性のあり方は、時代や地理空間、社会など言語外の世界に左右され、変動することを意識しておきたい。

6　有縁化と世界

有縁化は言語だけではない

形と意味のつながりを合理化する有縁化は言語にとどまらない。人間は、何であれ形があれば、それに対して意味を求めようとするのではないだろうか。視覚や聴覚など、感覚を通して対象物を受け止める。そこで把握された形を、われわれは意識の中で何らかの意味と結び付けようとする。

そのように、事象を記号として捉え、記号化された事象は有縁化される。有縁化により、自らの知の範囲に事象を収め、納得できるようにつとめながら、世界と向き合う。

弥勒菩薩と歯痛の神様

弥勒菩薩の姿は半跏思惟像とも呼ばれ、片肘をついてその手のひらを片方の頬にあてる。奈良県斑鳩の法隆寺の隣にある中宮寺の仏像がよく知られるが、石仏などでもその姿が見られる。長野県諏訪地方の石仏を踏査した今井廣亀氏の『諏訪の石仏』に次のようなことが書かれている。(23)

下諏訪町東山田区の墓場でこうした仏像を調査しているとき、そばの畑のおばあさんが、「よく来なさったね、お前さんも虫歯には苦労なさるかね。この仏像はよくきくそうで、お参りに来る人が多いよ」と教えてくれた。そのとなり村でも「歯が痛むのはつらいもんだね」と話しかけられた。弥陀仏のお姿を虫歯と受け止めている人がなかなか多いようである。

ここでは、弥勒菩薩の姿に対し、片方の頬を押さえる歯痛のポーズを投影し、歯痛を治してくれる神仏としての意味を与え、有縁化している。

月、惑星、星のような天体は、自然物とはいえ、植物、動物、山のように手に取ることもそこに行き着くこともかなわないような対象である。しかし、人はそこに何らかの投影を行い、意味を見いだしてきた。

月と星

月面には明暗がある。それは地質の差によるものであるが、暗い部分を海と見なした地名がつけられ、現在の天文学でも「静かの海」のような地名は踏襲されている。また、その明暗がなす模様に意味を付与してきた。日本では、古くから餅をつく兎を見いだし、七世紀のものとされる奈良県斑鳩の中宮寺の天寿国曼荼羅繍帳にもそれは見られる。兎の図像は中国由来の兎と蛙の組み合わせにさかのぼり、もとは薬をついていたものが、一八世紀後半から餅をついていることに変化したという(24)。満月を意味する「望月《もちづき》」から薬ではなく「餅《もち》」をつく兎になったとされる(25)。

図　弥勒菩薩の石仏（筆者画）

月の模様は、世界中でさまざまな見方がされている(26)。「兎」は、日本や中国だけではなく、マヤ、アステカ、エジプトなどかなり広い(27)。また、イングランドでは「優しそうな男の顔(28)」、フランスでは「白黒の衣装をつけた道化、ピエロ(29)」、アラスカのトリンギット族は「水差しを運ぶ子ども(30)」などの見方をするとともに、それらにまつわるものがたりが知られている。

天の星の並びをつないで形を見立てることがあり、星座(31)やアステリズムと呼ばれる。つなぎ方は一定ではなく、日本国内でも多様性に富む(32)。例えば、奈良県の宇陀ではオリオン座の三つ星とその下（南）の小三つ星を結んで、田を鋤くときの農機具である「からすき」に見立てている[33]。
月の模様も星の並びも手を加えることなどできないし、人間に対して、何かを示すものでもない。しかし、人間は太古からそこに何らかの姿を投影し、意味を与えてきた。興味深いのは、意味の付与がしばしばものがたりを伴う点である。例えば、オリオンは、苦手なさそりが昇ってくると西の空に沈み、おおぐまとこぐまは、尾をつかんで天に上げられたので長いしっぽを持つ。そして、星の間を動く惑星や突然現れる新星、超新星や彗星に予兆を見いだし[34]、時々の判断や行動を左右させてきた。今でも流星に願いごとを託す人は少なくない。人間は、姿形があるものには意味を付与しないではいられないらしい。

有縁化とものがたり

人間は、感じとる対象物があればそこに意味を付与し、有縁化を図ろうとする。天井の染みに人面を重ねておびえた子ども時代を思い出してほしい。しかし、感じとるのは、仏像や星空、染みの痕のような視覚的なものに限らない。聴覚、嗅覚、触覚などの五感はもとより、世の雰囲気、人々の噂、自分を見る目、風の便りなど、明瞭とはとても言えそうにないものにまで、いやむしろはっきりしないからこそ、そこに意味を付与して、対象を理解しようとする。有縁化は、対象を明確化させる手段でもあるのだ。

その活動は、ものがたりを生み出す。理解を進めるとき、さまざまな推論を立てていくだろう。人々の共感が得られるとき、推論はものがたりとして共有されていく。それは楽しく美しいこともあるが、憎しみを生み出すこともある。

思い出や愛情、友情といったものも、それぞれの有縁化により彩られているものなのかもしれない。花を見て美しいと思う心、鳥のさえずりに感じるやすらぎ、涼やかな風に和む気持ち、すべて人間の勝手な有縁化に過ぎない。長い冬の後にやってくる、待ち焦がれた春に対し、そよ風に漂う花粉に悩まされる私は、なかなかすてきな有縁化ができない。

7　終わりなき有縁化

恣意性と有縁化

すべての語は、その始まり、つまり起源までたどるなら、有縁性を有していたはずだ。〈犬〉をイヌと言い、〈猫〉をネコと言う、それらの形と意味の間には、原初の語源として、必然的なつながりがあったはずである。それがいつしかわからなくなり、意味と形の関係が恣意的になる。

すでに述べたように、恣意性が負担になり、有縁性を求め、有縁化することで言語変化が起こる。「じゃがいも」のコーシューイモは、甲州から広まったからコーシューだったものが、コーシューのわかりづらさが恣意性となり、類音でなじみのあるゴーシュー（江州）に置き換えることで、有縁化されたのだった。

しかし、有縁性は永続しない。いずれまた言語の普遍的性質としての恣意性に戻っていく。それは再び人間に負荷をかけることになり、有縁化が行われる。北日本でゴーシューはニドイモと混淆を起こし、ゴドイモとなる。収穫量に根ざした有縁化でもある。しかし、ここで得られた有縁性はやはり永遠ではなかった。収穫回数に応じたニドイモに回帰していった。

言語変化の中で、有縁性と恣意性は繰り返していくものらしい。有縁化は、つまるところ言語の合理化である。合理的になったはずなのに、使い慣れ親しむと恣意性に転じて不合理が生じる。そこでまた合理化がはかられる。合理化と破綻、そしてその修復は、言語変化の基本と見られ[35]、有縁化もその中に位置付けられる。

人間は有縁化により歴史を展開し、ものがたりを編み続けてきた。ところで、これは人間独自のことだろうか。

有縁化と人間性

昆虫や植物の擬態、鳥の偽傷行動（わざと傷ついたようなふりをする行動）などは、「見せる」「だます」という点で新たな意味付与として注目されるが、はたしてそれは有縁化と同じ線上で扱えるだろうか。
さらにさまざまな事例を積み重ねる必要があるが、今のところ有縁化をとおして世界を認識するのは人間の特性であるように思われる[36]。慎重に考え続けることが必要ではあるが、ものがたりをつむぎだし、時に事態を複雑化させるのは、やはり人間特有のことであることは間違いなさそうだ。

第Ⅲ部まで、語彙を通してことばがどのように変化し、それに合わせて方言がどのようにできていくのかを見てきた。次の第Ⅳ部では、文法の変化をもとに、ことばの変化とそれが方言分布にどのように反映されるのかを具体的に見てみよう。同じようにことばの変化と言っても、特に分布への反映には大きな違いがある。注目点は対象範囲の広さの違いである。縮尺（スケールバー）に注意しながら地図を見てほしい。

【注】

（1）ソシュール（一九四〇、九七～一〇〇頁）参照。この文献では、形にあたるsignifiant（シニフィアン）を「能記」、意味にあたるsignifié（シニフィエ）を「所記」と訳している。この訳語は術語としてよく知られるものの、一般的な語ではないので、ここでは形と意味として扱う。なお、言理学（イェルムスレゥ一九五九）として精緻な理論化を進めたイェルムスレゥの用語は「表現」と「内容」と訳され（イェルムスレゥ一九五九、三五頁・イェルムスレウ一九八五、五八頁）、両方二字熟語で座りがよく（言理学への嗜好は別として）、授業などではそちらを使うこともあるが、ここではわかりやすさを優先させた。

（2）大西（二〇一六、一八四～一八六頁）は古典言語地理学と位置付けている。

（3）徳川（一九六〇、一六頁・一九九三、一四九頁）参照。

（4）有縁性と有縁化については、コートダジュール大学のフィリップ・デルジューディチェ氏との直接の交流を通して得たことが大きい。日本語による論文もあり、理解に役立つはずだ（デルジューディチェ二〇一三）。また、その後、学会での口頭発表も行われている（デルジューディチェ二〇二三）。

（5）林大監修（一九八二）六〇頁をもとに算出。

（6）林大監修（一九八二、四二～四五頁）参照。

（7）岩田（二〇一七）も言語変化の出発点に有縁化を位置付けている。

（8）新井（二〇一三a・二〇一三b）が、郷土料理「しもつかれ」のソモツカレが下野国《しもつけのくに》への類音牽引とするのも類例と考えられる。

（9）小林（一九五〇、一三一～一四一頁）参照。

（10）小林（一九五〇、一二七頁）は、「同音牽引は意味の聯想を伴ふものの多いことは考へられるが、又全く意味の類縁が無くてもしば〳〵この現象は起るものである」と述べている。なお、小林好日は、類音牽引を同音牽引と呼ぶ。

（11）柴田（一九六七）参照。

（12）グロータース（一九八六、七四～七七頁）参照。

（13）グロータースも「このような言語変化の一つの大きな理由は、恣意性に対する抵抗である。恣意的でないものを求める気持ちである。」と述べている（グロータース一九八六、七七頁）。

（14）グロータース（一九八一）参照。

（15）長尾（一九五六）参照。

（16）二〇一〇年代の調査では、このような「呼ぶ」分布は、かなり薄らいだものの、諏訪盆地の山浦を中心に残存していることが確認されている。

（17）国立国語研究所（一九六二）参照。

（18）馬瀬（一九七九）、小林（一九八一）参照。ただし、後述するように有縁性は普遍性を持ち合わせていないことを考慮するなら、耐えられない基準を一律にもうけることは難しい。

（19）第5章で述べたように、本当に拡大の停止があったのかどうかについて、筆者は懐疑的である。

（20）大西（二〇一六、五〇～五三頁）参照。

（21）大西（二〇一六、六五頁）参照。

（22）おもに東北地方に分布するので、語中のタ行音がイド（糸）、アド（後）のように有声化（濁音化）する。

（23）今井（一九七一、四一～四二頁）。

（24）庄司（二〇二一）参照。

（25）吉野（一九九四、一〇二頁）参照。

（26）児童向けの書籍では、かこ（一九八五）が図説している。

（27）キャシュフォード（二〇一〇、四〇六頁）参照。

（28）キャシュフォード（二〇一〇、三七八頁）参照。

（29）キャシュフォード（二〇一〇、三七九頁）参照。

（30）キャシュフォード（二〇一〇、三九一頁）参照。

（31）国際天文学連合（ＩＡＵ）は88星座を認定しているが、それは星座の範囲であってつなぎ方ではない。

（32）北尾（二〇一八）参照。

（33）北尾（二〇一八、一三七頁）参照。

（34）作花（二〇二三）参照。なお、新星は新しい星が生まれる現象ではなく、基本的に連星系の伴星から主星に向かっての質量移動が引き起こす現象であり（鳴沢二〇二〇）、超新星は恒星進化の最終段階である（田中二〇一五）が、「新星」「超新星」という分類命名は、「大型新人の誕生」のような意味を生み出す。

（35）大西（二〇一六、一一六～一一八頁）参照。

（36）もっとも、近年は人間独自と思われていたことが人間に限らないことが明らかにされることが少なくない。犬は人間とかかわる歴史が長いこともあって、その心理（菊水ほか二〇二二）や行動（カイム二〇二〇）で注目されることが多い。また、カラスの能力や行為もしばしば話題にあがるとともに研究が進められている（樋口二〇二一、ターナー二〇一八）。

【参考文献】

新井小枝子（二〇二三a）「〈シモツカレ〉を表す語の形式と方言分布」栃木県教育委員会事務局文化財課『とちぎの食文化調査研究発信事業 シモツカレの調査報告書』（栃木県教育委員会）七八〜八五頁

新井小枝子（二〇二三b）「郷土料理〈しもつかれ〉を表す語の形式と方言分布」『日本方言研究会第116回研究発表会発表原稿集』、四一〜四八頁

今井廣亀（一九七一）『諏訪の石仏』（諏訪教育会）

岩田礼（二〇一七）「語彙変化に関わる言語地理学的要因の再検討」『方言の研究』三、一八五〜二一六頁

大西拓一郎（二〇一六）『ことばの地理学―方言はなぜそこにあるのか』（大修館書店）

かこさとし（一九八五）『あきのほし（ほしのほん3）』（偕成社）

菊水健史・永澤美保（二〇一二）『犬のココロをよむ―伴侶動物学からわかること』（岩波科学ライブラリー）

北尾浩一（二〇一八）『日本の星名事典』（原書房）

国立国語研究所編（一九六一）『同音語の研究』（秀英出版）

小林隆（一九八一）「同音衝突の意味的側面―高田西部言語地図を中心に」『国語学』一二六、一〜一二頁

小林好日（一九五〇）『方言語彙学的研究』（岩波書店）

作花一志（二〇一三）『天変の解読者たち』（恒星社厚生閣）

柴田武（一九六七）「民衆語源について」『国語学』六九、五一〜五六頁

庄司大悟（二〇二二）「月のうさぎはいつどのようにして餅をつき始めたのか」『地質と文化』四‐一、四二〜五六頁

田中雅臣（二〇一五）『星が「死ぬ」とはどういうことか―よくわかる超新星爆発』（ベレ出版）

徳川宗賢（一九六〇）「ヒキガエル方言の歴史（中）―糸魚川・青海方言調査報告16」『学習院大学国語国文学会誌』五、一二〜二三頁

徳川宗賢（一九九三）『方言地理学の展開』（ひつじ書房）

長尾勇（一九五六）「俚言に関する多元的発生の仮説」『国語学』二七、一〜一二頁

鳴沢真也（二〇二〇）『連星からみた宇宙―超新星からブラックホール、重力波まで』（講談社ブルーバックス）

林大監修（一九八二）『図説日本語―グラフで見ることばの姿』（角川書店）

樋口広芳（二〇二一）『ニュースなカラス、観察奮闘記』（文一総合出版）

馬瀬良雄（一九七九）「同音衝突―相補分布との関連で」『国語学』一一九、四一〜五六頁

吉野裕子（一九九四）『十二支―易・五行と日本の民俗』（人文書院）

イェルムスレゥ（一九五九）『言語理論序説』（林栄一訳述、研究社）
イェルムスレウ、ルイ（一九八五）『言語理論の確立をめぐって』（竹内孝次訳、岩波書店）
カイム、ブランドン（二〇二〇）『犬の能力―素晴らしい才能を知り、正しくつきあう』（日経ナショナルジオグラフィック社）
キャシュフォード、ジュールズ（二〇一〇）『図説　月の文化史―神話・伝説・イメージ』（上巻、別宮貞徳監訳、片柳佐智子訳、柊風舎）
グロータース（一九八一）「じゃがいもと大名―方言分布の一例」藤原与一先生古稀御健寿祝賀論集刊行委員会編『方言学論叢Ⅰ―方言研究の推進』（三省堂）二四七～二五三頁
グロータース、W・A（一九七六）『日本の方言地理学のために』（平凡社）
ターナー、パメラ・S（二〇一八）『道具を使うカラスの物語―生物界随一の頭脳をもつ鳥カレドニアガラス』（杉田昭栄監修、須部宗生訳、緑書房）
デルジューディチェ、フィリップ（二〇一三）「フランス・ヨーロッパの言語学におけるモチベーション―その理論、方法論と成果」『ふらんぼー』四八、一〇～三一頁
デルジューディチェ、フィリップ（二〇一三）「方言学・地理言語学と有縁性」『日本地理言語学会第五回大会』
ソシュール、フェルディナン・ド（一九四〇）『一般言語学講義』（小林英夫訳、岩波書店）

第Ⅳ部

文法の変化と方言の形成

第10章　文法の変化と分布

――「仕事に行かないで遊ぶ」多様性――

特定の動作を行うにあたって、別の動作を行わないことを示す表現は、否定の付帯状況と呼ばれる。この表現の方言はバラエティに富み、さまざまな文法が生み出されている。方言の文法はどのように生み出され、分布を形作るのだろうか。

1　否定の付帯状況

二つの中止形

第Ⅳ部では文法を扱う。対象とするのは動詞の否定形や助詞である。いずれも身近な表現なので、文法だからといって身構えることはない。文法の変化を考察することで、語彙とは異なる言語変化の一面に触れることができるはずだ。

本章で扱うのは否定の中止形と呼ばれる形式である。中止形は文の途中に現れる。言い切って、文を終わらせる形ではなく、「～して」のようにそこで一息入れながら、文を構成するような表現である。

動詞の否定には「～しないで」と「～しなくて」という二つの中止形がある。(1)両者の形は似ているが、用法は異なる。「～しないで」は、「～しないで遊んでいる」のように、後の述語を修飾する（後の動詞の状況を補助的に説明する）連用修飾を基本とし、この用法は「付帯状況」と呼ばれる。一方、「～しなくて」は、「～しなくて、困った」のように従属節の構成（複数の文を一つの文にまとめる機能）を基本とする。前者を「付帯状況形」、後者を「従属節形」と呼ぶことにする。

付帯状況形の「XしないでY」、従属節形の「XしなくてY」という文をもとに構文（文の構成）の基本を捉えるなら、次のようになる。付帯状況形の場合、「（子どもが）仕事に行かないで遊んでいる」のように、XとYの主語が同じである。一方、従属節形の場合、「（子どもが）仕事しなくて、（自分は）困った」のように、XとYの主語が同じであるとは限らない（むしろ、異なることが一般的）。

付帯状況

「付帯状況」という用語は、一般にはなじみがなく、とっつきにくいかもしれない。英語をもとに説明した方がわかりやすいだろう。英語のフレーズにwithout doingがある。He plays without working. は「仕事しないで遊ぶ。」である。付帯状況は、このwithout ～ingに該当する。英語の場合、前置詞を用いて（各要素に切り分けて説明するような）分析的な形で表現するが、日本語は「～しないで」というひとかたまりの形で表す。しかも、その形が用法を異にする従属節形の「～しなくて」と類似する上に、方言によっては、付帯状況形と従属節形が区別されず、付帯状況を独立して表現できないことがある。そこで、付帯状況を表すために、各地で工夫を凝らした表現が生み出されることが少なくない。

GAJ155図「行かないで（遊んでばかりいる）」に基づく付帯状況形の全国分布を図10-1に示した。

付帯状況形の分布概観

付帯状況形は、どのように形作られているかにより、3種類の型に分類できる。なお、否定辞とは、「行かない」のような動詞の否定を表す助動詞のことである。

第1は「否定辞+助詞型」であり、標準語形の行カナイデもこれに該当する。全国にもっとも広く分布する

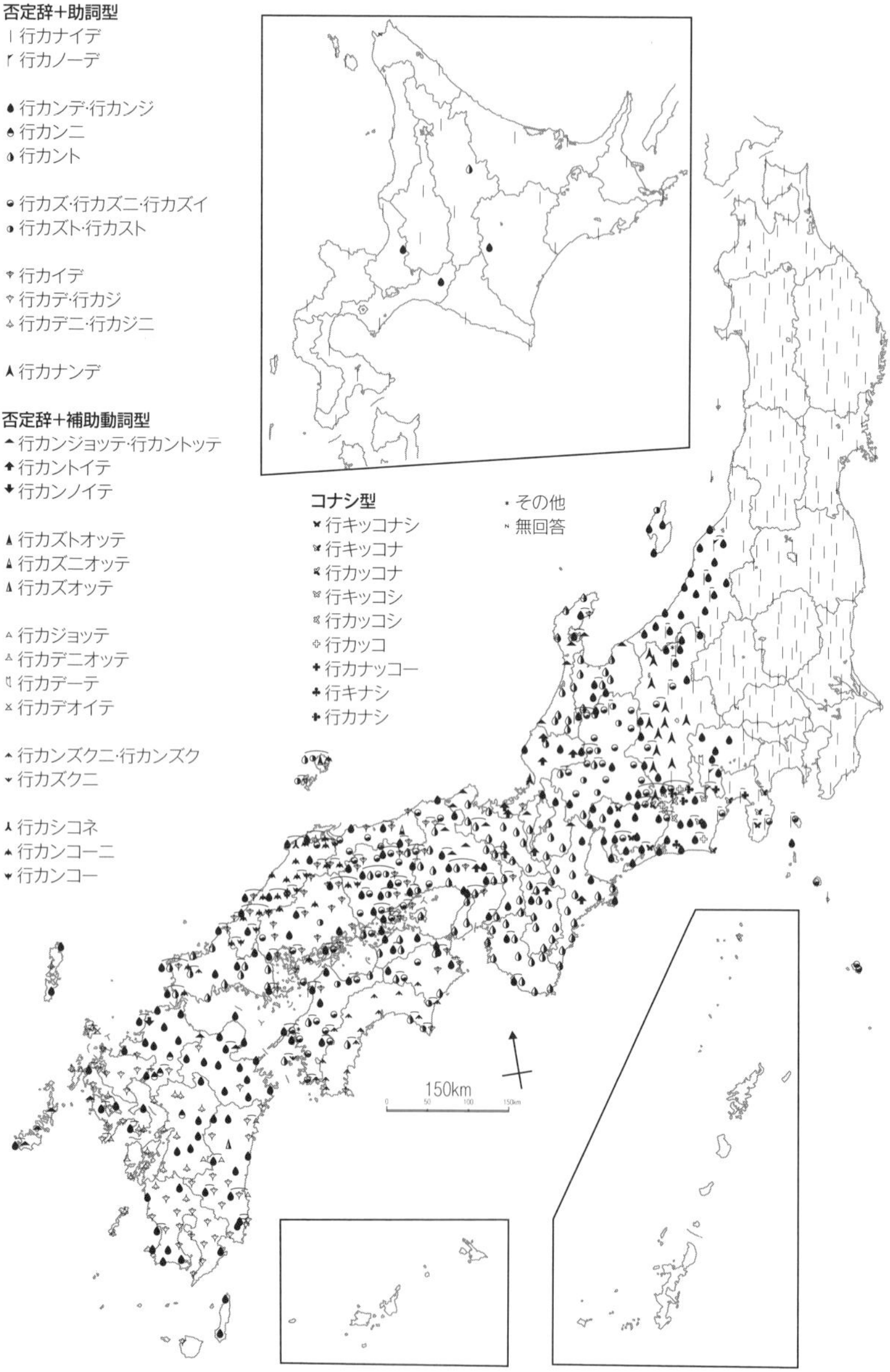

図 10–1　付帯状況形の分布（GAJ 155 図に基づく）

型である。

第2は「否定辞＋補助動詞型」である。行カンジョッテや行カントイテのように、動詞の否定形に「居る」や「置く」のような動詞が補助動詞として接続し（～テオッテや～テオイテのような形をとりながら）、構成される型である。直訳的に標準語にあてはめるなら「行かないで居て」「行かないで置いて」のような形に相当することになる。分布は西日本に偏る。図の凡例の行カンズクニから行カンコーまでは、特殊な形を示すが、3節で述べるように、これも第2の型「否定辞＋補助動詞型」に該当すると考えられる。分布は、中国地方と四国地方である。

第3は「コナシ型」である。行キッコナシや行キッコシのような特異な形を持つ(2)。分布域は、愛知県・静岡県を中心とした東海地方である。

以下では、それぞれの型について考察する。

2　否定辞＋助詞型

分類

行カナイデや行カンデのように、否定辞にデのような助詞が接続した形で構成される型である。ここでは、否定辞の種類と形態を中心に見ることにする。

図10-2には、否定辞＋助詞型に現れた否定辞の種類をもとに「系」として分類し、分布を示した。なお、行カジのような語形は、行カズに類似するが、行カイデ・行カデに対応するものとして扱った(3)。この行カイデ・行カデのような形を、以下ではイデ系として扱う(4)。同様に行カナンデもナン系ではなく、ナンデ系として扱う。

図 10–2　否定辞＋助詞型の否定辞の種類（付帯状況形）

分布　否定辞の終止・連体形は、東日本の行カナイと西日本の行カンが、全国を二分して、東西対立の分布を示すことが知られている。図10-2では、東日本はナイ系のみであるが、西日本にはン系・ズ系・イデ系・ナンデ系が分布しており、終止・連体形の（ナイ対ンによる）二項対立の東西対立に較べると、西日本が複雑である。ン系・ズ系・イデ系が終止・連体形のンの領域内に分布し、かつ、ひとまとまりではなく、それぞれが広い領域を持ちつつも、次のように分散している[5]。

ン系……北陸、東海・近畿・
　　　　四国北部、中国西部・
　　　　九州北東部
ズ系……岐阜、伊豆、中国東部、
　　　　四国西部
イデ系……広島、九州南西部

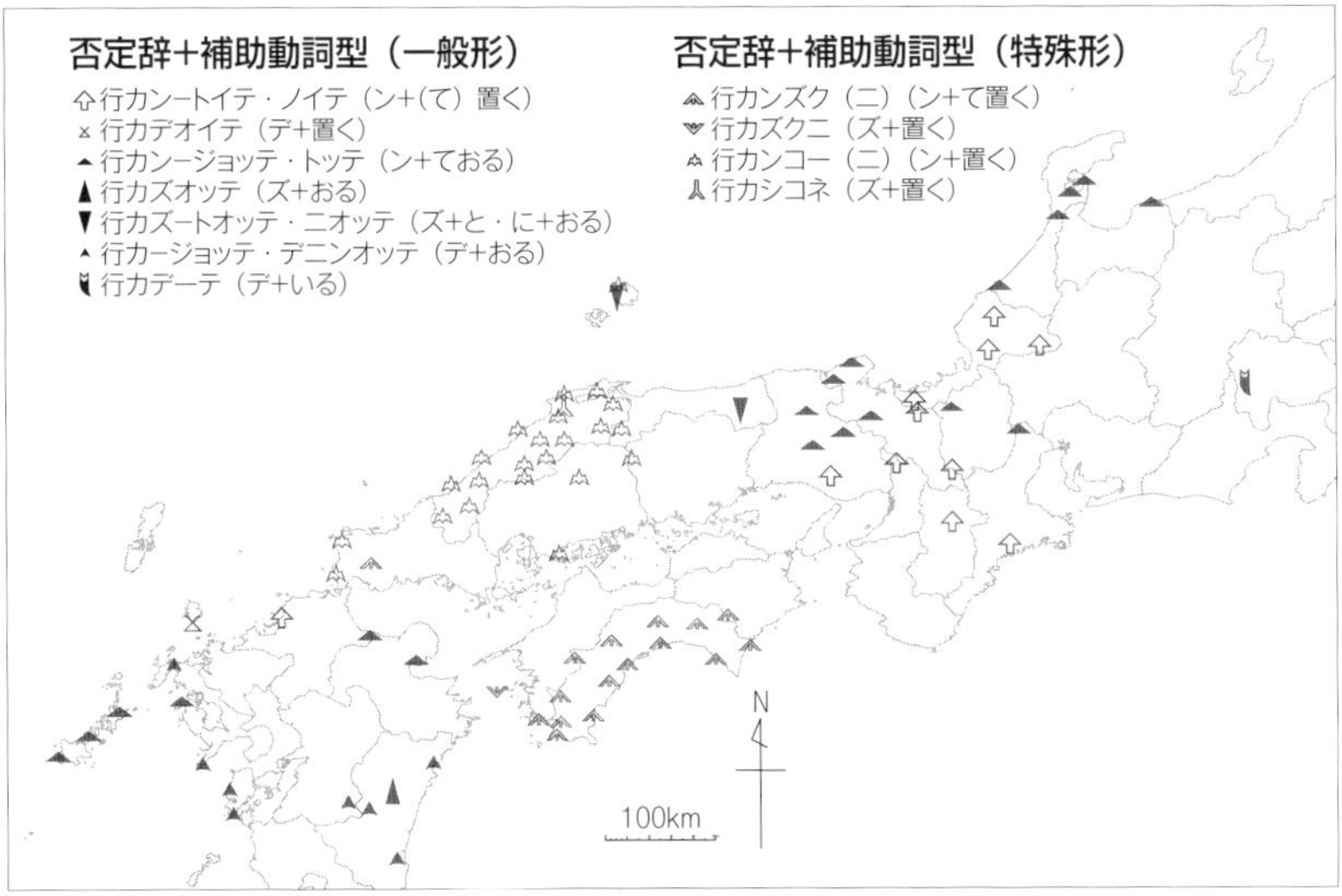

図10‐3　否定辞＋補助動詞型の分布（付帯状況形）

3　否定辞＋補助動詞型

分類

図10‐1から理解されるように、行カントイテ（行カン＋ト＋置イテ）のような否定辞＋補助動詞型が、付帯状況形には多く現れる。先にも説明したが、標準語に置き換えると「行かないで置いて」などに対応する形である。「置く」のような補助動詞を付加することで、「付帯状況」を明示的に表すように構成された形式と考えられる。補助動詞は「置く」と存在動詞「おる」「いる」が用いられる。

否定辞＋補助動詞型には、付加された補助動詞が明確な一般形と、それが不明瞭になった特殊形がある。特殊形は、補助動詞の融合が進んだ形と考えられる。

分布

否定辞＋補助動詞型の分布を図10‐3に示した。補助動詞の異なりは、記号の塗りつぶしで把握できるようにした（黒塗り＝「居る」、白抜き＝「置く」）。中国・四国には「置く」が集中するが、近畿にも「置く」が分布する。

特殊形は2種類あり、～ズクはおもに高知に、～コーニャ～コネはおもに山陰に分布する。

高知では「～している」を表す動詞継続相が行ッチュー（行ッテオルから変化）のような形をとる（すなわちo>uという変化が任意に発生する）ことを参考にすると、行カンズクは、行カンデオク→行カンドク→行カンズクのような変化を経た形で、行カズクは、行カズオクから変化した形と推定される。なお、行カンズクは行カズクに否定辞終止形のンを挿入することで、否定であることを明示するような変化があった可能性も考えられる。

一方、山陰では、ウ段音のオ段化があり（例えば、「犬」イヌがイノになる）、また、雲伯方言域[6]の出雲は、東北方言同様に一つ仮名[7]である。したがって、行カンコーニは、行カンオクニ→行カンクニ→行カンコニのような変化、行カシコネは、行カズオクニ→行カスクニ→行カシコニを経て、現在の語形に至ったものであろう。

これらの特殊形は、融合・縮約が進んだンコーやンズクのような形で否定辞付帯状況形として助動詞化し、固定的に用いられるようになった文法化形式と捉えることができる。

文法化

「文法化」とは、特定の動詞といった語彙的な形式やその組み合わせが、文法的な機能を獲得していく変化のことである。二〇世紀末あたりから、さまざまな言語に共通して見られる現象として注目されるようになったが[8]、日本語の研究では古くから「詞の辞性化」として、自立語から助動詞や助詞への移行が研究されていた[9]。

近畿中央部などでは、動詞の否定を～ヘンのような形で表すが、これは「～はせん」という形をもとにする。前に接続する動詞を取り立てて否定する（「～はしない」に該当）表現だったものが、シンプルな否定である否定辞に位置付けを変え、同時に形も融合して～ヘンになった。西日本では、動詞の継続相（～している）を～ヨルのような形で表す。例えば、「飲んでいる」は飲ミヨルのように言う。もとは動詞「飲む」に「居る」を表すオルが補助動詞として接続し、それが融合したものである。やはり西日本で「～しなければならない」

という義務表現を、～ンナン（例えば、行カンナン）という形で表す。「～ねばならん」のような形から変化し、助動詞化したものと考えられる。東北地方でも～ネバネ（例えば、行カネバネ）が用いられ、「～ばならない」から語形の融合・縮約を経て助動詞化したと考えられる。

このように文法化の事例は、きわめて多い。極端にいえば、助詞や助動詞の起源からの変化をたどれば、すべて文法化であるといえるかもしれない。文法化は、自立語をもとに（要素を切り分けて説明的に用いる）分析的な形からひとまとまりのユニットに移行する変化であるから、文法化形式は相対的に新しい。

特殊形の分布域

特殊形は、分析的な一般形から、ユニット化した形に変化した文法化形式である。それぞれの地域で独自に生み出され、発展してきた。

文法化形式である特殊形は、図10-3を見ると、次のように興味深い分布を示している。ンズクニ（行カンズクニ）の分布は、高知県をカバーしている。ンコーニ（行カンコーニ）の分布は、島根県をカバーしている。文法化により生み出された、相対的に新しい形の分布域が県域とほぼ一致している点は注目される。この点については、次章（第11章）ならびに最終章（第13章）でも取り上げる。

4　コナシ型

コナシとは何か

コナシ型は、東海地方に集中的に現れる。コナシ型の詳しい分布は図10-4に示した。コナシ型が何に基づくかについては、解明されていない。ここでは「こそなし」にさかのぼるものと推定する。

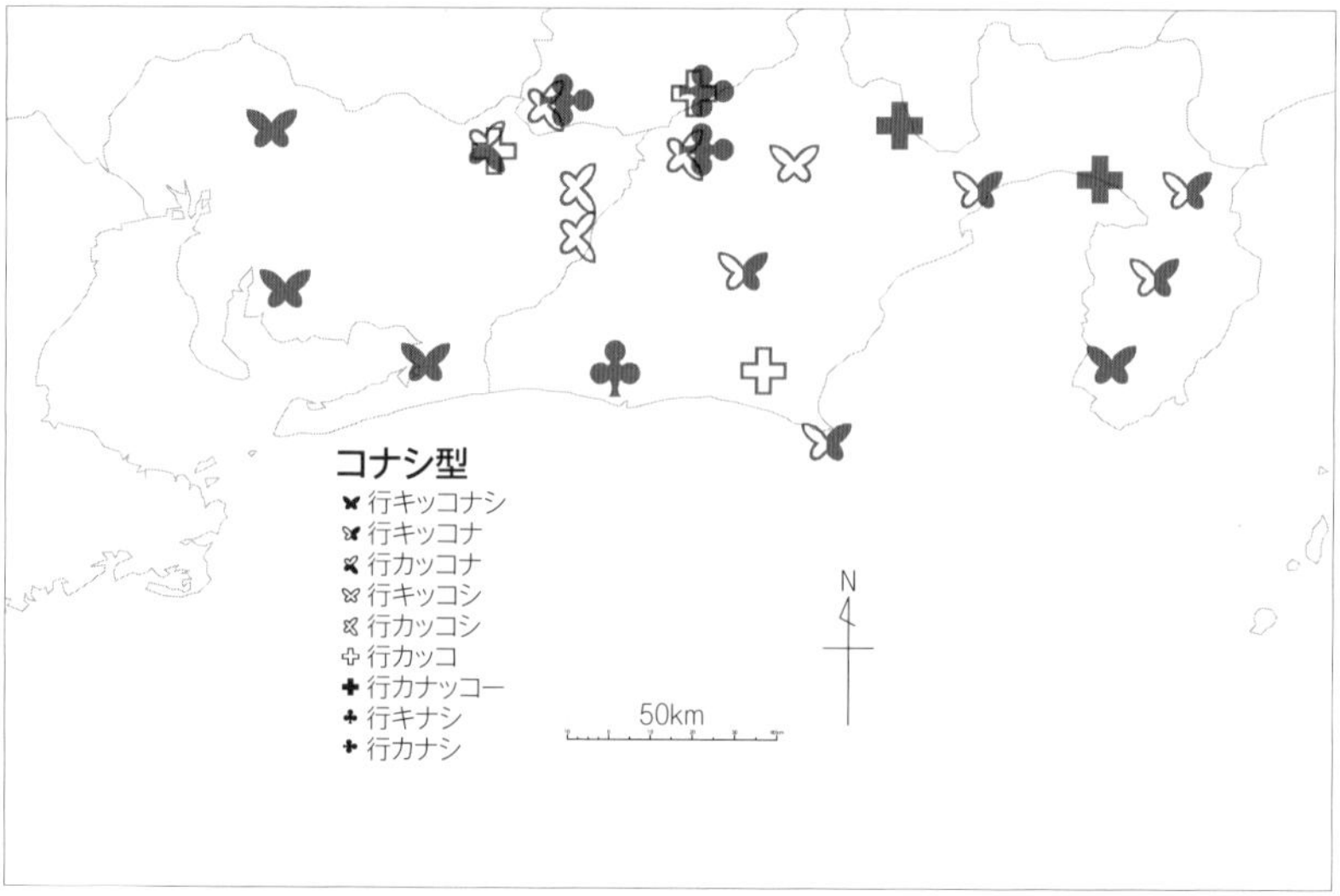

図 10-4　コナシ型の分布（付帯状況形）

付帯状況を表す付帯状況形が用いられる「XしないでY」において、XとYは、相反的・対比的内容を持つことが一般的である。その結果、Xという動作・行為が期待されるにもかかわらず、実際にはYの動作・行為しか実現しない、という表現が生み出される。図10−1がもとにするGAJ155図の質問文「仕事に行かないで遊んでばかりいる」を例にすると、「仕事に行く」がX、「遊んでばかりいる」がYに該当する。

「こそなし」を構成する、係助詞・副助詞の「こそ」は、この対比性を表現するものであろう。コナシのコは、「こそ」の摩滅した形と考える。[10] 用法の固定が文法化を推し進め、コナ・コシ・コなどのように短くなった。

文法化と分布

動詞Xは、「こそ」に前接するので、本来は連用形（五段動詞「行く」なら行キ）であったはずだが、「こそなし」が文法化により、ひとまとまりの否定形式・否定助動詞のコナシとして位置付けられた結果、否定辞接続への類推により未然形（「行く」なら行カ）に変化したのが、行カッコナ・行カッコシ・行カッコ・行カナッコー・行カナシである。連用形接続なのか、未然形接続なのかは、地図中の記号の方向（傾き）が示しており、横向きの未然形接続は、愛知県・静岡県・長野県の境界域[11]にまとまっている。民俗学では、花祭りや雪祭りなど古くからの民俗の宝庫として知られる地方であるが[12]、コナシ型においては、変化の先端にあると捉えられる。

5　文法化と広さ

文法化による方言の形成

文法化は相対的に新しい形式である。したがって、その分布は新たに生み出されたものと考えることができる。

「否定辞＋補助動詞型」は、おもに西日本に分布するが、その中のンズクやンコーのように融合・縮約の進んだ形が高知や山陰に分布する。これらが文法化形式であり、新たに生み出された分布と捉えられる。「コナシ型」は東海地方に集中し、「こそなし」にさかのぼることが推定される。これも同様に文法化形式であり、その分布は語形同様にやはり相対的に新しいと考えられる。

広さ

これらの分布が県域などと一致することについては、3節末で述べた。そのことは同時に、かなり広い分布を有していることを意味する。語彙が新しく生み出す分布は、第7章7節でも述べたように、一般にそれほど広い分布を示さない。そのことは各地図に示したスケールバー（距離を示す線）を見較べるとわかるはずだ。語彙と文法が示す広さの違いについては、次章以降でも再度取り上げる。

ところで、本章で取り上げた付帯状況形が示す文法化による言語変化は、理論的推定に基づくものである。理論に間違いはないと信じるが、現実に起こった変化の上に立って論じた方が説得力を持つのは間違いない。次の第11章では、実際の時間を隔てた調査データをもとに、現実に発生した文法の変化がどのように空間に現れ、分布に反映するのかを具体的に見ることにする。

【注】

（1）動詞否定辞中止形の全国方言に正面から取り組んだ研究は見あたらないが、江端（一九六五）は、中部地方の分布について、後述する特異形式のコナシ型も含め、考察する。コナシ型の存在は、古くから知られており、坂本（一九三二）、徳田（一九三六）、山口（一九六八）が、それぞれの地域の方言記述の中で扱う。全国分布については、ＧＡＪ155図「行かないで」（本章における付帯状況形、質問文は「仕事に行かないで遊んでばかりいる」による）をもとに作図し、適宜、156図「行かなくて」（本章における従属節形、質問文は「子どもが仕事に行かなくて困った」による）を参照する。

（2）この型の存在は注1に記したとおり記述研究を中心に知られていた。

（3）久保薗（二〇一六）に従う。

（4）この形式の場合、デは助詞なのか、それ自体が否定辞なのか、取り扱いについて、一律の判断が下せない形である。また、「イ系」もしくは「0（ゼロ）系」ではわかりづらい。

（5）なお、ナンデ系は、終止・連体形におけるナイとンによる東西対立の境界線上にあり、江端（一九六五）はここから両者の混淆による成立を想定する。

（6）方言学における区画の一つで、出雲地方と伯耆《ほうき》地方に該当することからこの名称が与えられている。第13章も参照。

（7）旧仮名遣いの「じ・ぢ・ず・づ」の区別を持たないことを意味し、それに平行して「し・す」の区別も持たない。

（8）ホッパー、トラウゴット（二〇〇三）、日野（二〇〇一）など。

（9）北条（一九五五）参照。

（10）地域は離れるが、九州でもコに変化しているところがある。

（11）三河・遠州・信州の境界であることに基づいて「三遠信」あるいは「三遠南信」と呼ばれる。

（12）早川（一九二六・一九三〇）参照。

【参考文献】

江端義夫（一九六五）「打消接続法の記述方言地理学的考察―中部地方域方言について」『広島大学教育学部紀要第2部』一三二、二七～三七頁

久保薗愛（二〇一六）「鹿児島方言における過去否定形式の歴史」『日本語の研究』一二―四、一八～二四頁

坂本幸次郎（一九三三）「遠州方言に於ける助動詞」『土のいろ』五〇、三九～三七頁

徳田政信（一九三六）「静岡県岳南語法―助動辞之部」『方言』六―五、六五～七九頁

早川孝太郎（一九二六）『猪・鹿・狸』（郷土研究社）

早川孝太郎（一九三〇）『花祭』（岡書院）

日野資成（二〇〇一）『形式語の研究―文法化の理論と応用』（九州大学出版会）

北条忠雄（一九五五）「詞の辞性化と辞の詞性化―国語観察の一視点」『秋田大学学芸学部研究紀要　人文・社会・教育』五、九七～一一〇頁（北条忠雄（一九八三）『国語文法論叢』（明治書院）に再録）

山口幸洋（一九五八）「水窪―語法にみる遠州山地方言のサンプル」『国語学』三四、九四～一〇四頁

ホッパー、P・J、トラウゴット、E・C（二〇〇三）『文法化』（日野資成訳、九州大学出版会）

第11章　文法変化の発生・拡大・完成
――否定過去のンカッタと受身の助詞――

新しい助動詞や助詞が生み出されることで文法史は革新される。関西の打消過去ンカッタはその一つであり、この半世紀の間に広まったことが実際に観察できる。文法変化はどのように方言を形作るのだろうか。

1　動詞の否定過去形

標準語ナンダ

「行く」という動詞の否定形は、行カナイである。その過去形は、行カナカッタである。現代標準語では、動詞の未然形にナカッタを付けることで、動詞の否定過去形が作られる。

中世から近世まで、標準語の動詞否定過去形はナンダで表されていた。「行く」であれば、行カナンダが標準語であり、当時の文献にもこの形で現れる。ＧＡＪによる一九八〇年代初頭の分布を図11-1に示した。近畿地方から中部地方にかけて広く分布しているナンダは、かつて標準語として使われていた名残である。

安定性を欠くナンダ

ところが、ナンダは標準語であるにもかかわらず、その来歴が不明である。何が起源なのか、つまり語源がわからないのである。中世に突然使われ出して、一気に広まった。この来歴がわからないという点は、言語として不利である。動詞否定形の活用の中での位置付けが安定しないから

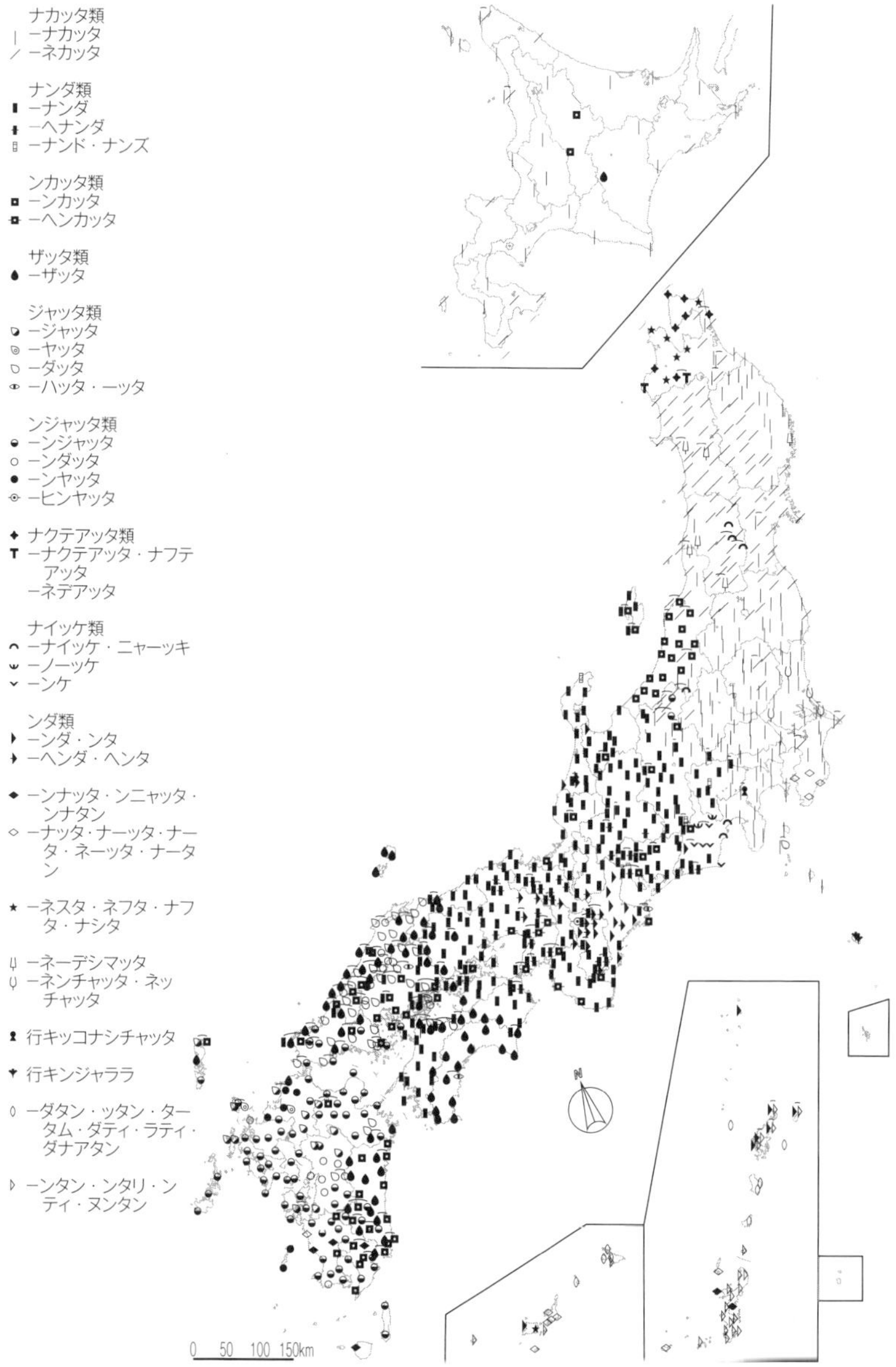
ナカッタ類
ーナカッタ
ーネカッタ
ナンダ類
ーナンダ
ーヘナンダ
ーナンド・ナンズ
ンカッタ類
ーンカッタ
ーヘンカッタ
ザッタ類
ーザッタ
ジャッタ類
ージャッタ
ーヤッタ
ーダッタ
ーハッタ・ーッタ
ンジャッタ類
ーンジャッタ
ーンダッタ
ーンヤッタ
ーヒンヤッタ
ナクテアッタ類
ーナクテアッタ・ナフテアッタ
ーネデアッタ
ナイッケ類
ーナイッケ・ニャーッキ
ーノーッケ
ーンケ
ンダ類
ーンダ・ンタ
ーヘンダ・ヘンタ
ーンナッタ・ンニャッタ・ンナタン
ーナッタ・ナーッタ・ナータ・ネーッタ・ナータン
ーネスタ・ネフタ・ナフタ・ナシタ
ーネーデシマッタ
ーネンチャッタ・ネッチャッタ
行キッコナシチャッタ
行キンジャララ
ーダタン・ッタン・タータム・ダティ・ラティ・ダナアタン
ーンタン・ンタリ・ンティ・ヌンタン
0 50 100 150km
N

図 11-1　行かなかった（1980 年代、GAJ 151 図に基づく）

である。当時の否定の現在形は行カン（もしくは行カヌ）であり、過去形は行カナンダのようになる。過去を表すタ（もしくはダ）が、ンに直接付くわけではなく、ナというよくわからない形が間に挟まる。すなわち、ン（ヌ）の過去形がなぜかナンダになるという不規則活用が、文法システムの中に入れられてしまった。この不合理な状態をある程度は持ちこたえたが、永続できるものではなかった。

2　ンカッタの拡大

台頭するンカッタ

動詞は文字どおり動作を表す。行クは「行く」という行為、動作を意味する。ところが、動詞の否定は状態を表す。行カナイは「行く」という動作を実施しない状態を意味する。その点で、動詞の否定は形容詞的である。形容詞は「良い」「悪い」「美しい」のように状態を表す。

そこで、生み出されたのが、ンカッタという形である。動詞の否定をンで表す地方で、ナンダという不規則な形を捨て、状態性という共通項を持つ形容詞の形式（良イ・良カッタのカッタ）を取り入れることで、否定形が行カン、その過去形が行カンカッタのように形容詞に平行して、均整の取れた形を成立させた。

図11-2には図11-1のGAJから約三〇年後、NLJが示す二〇一〇年代の分布を示した。図11-1と図11-2を較べることで、言語変化がどのように分布に現れているのかを把握することができる。ただし、この規模の縮尺ではなかなか捉えにくい。もう少し拡大して見ていこう。

大阪を埋めるンカッタ

行カンカッタという表現は、関西弁をイメージさせるかもしれない。たしかに図11-3が示すように大阪府で広く使われている。しかし、それは、黒塗りの記号で表示した二〇一〇年代のNLJの調査に反映されている分布であることに注意が必要だ。白抜きの記号で表示した

ナカッタ類
−ナカッタ
−ネカッタ
ナンダ類
−ナンダ
−ランダ
−ヘナンダ
−ヘンナンダ
−ナンド・ナンズ
ンカッタ類
−ンカッタ
−ヘンカッタ
ザッタ類
−ザッタ
−ンザッタ
−ジャッタ
−ダッタ
ンジャッタ類
−ンジャッタ
−ンダッタ
−センダッタ
−ンヤッタ
−ノーダットー
ナクテアッタ類
−ネクテアッタ
−ネデアッタ
ナイッケ類
−ネケ・ネッケ・ネーッケ
−ノーッケ
−ンケ
ンダ類
−ンダ
−ヘンダ・ヘンタ
−ンニャッタ
−ナッタ・ナーダー・ナータン・ナタン
−ネフタ・ネスタ
−ネデシマッタ・ネーデシモタ
−ネーチャッタ
行キンジャララ
行キナカララ
−ダタン・ッタン・タン・ダティ・ダナタン
−ンタン・ヌタン・ンティ・ンアタン
その他
無回答
N
0　50　100　150km

図 11-2　行かなかった（2010 年代、NLJ 72 図に基づく）

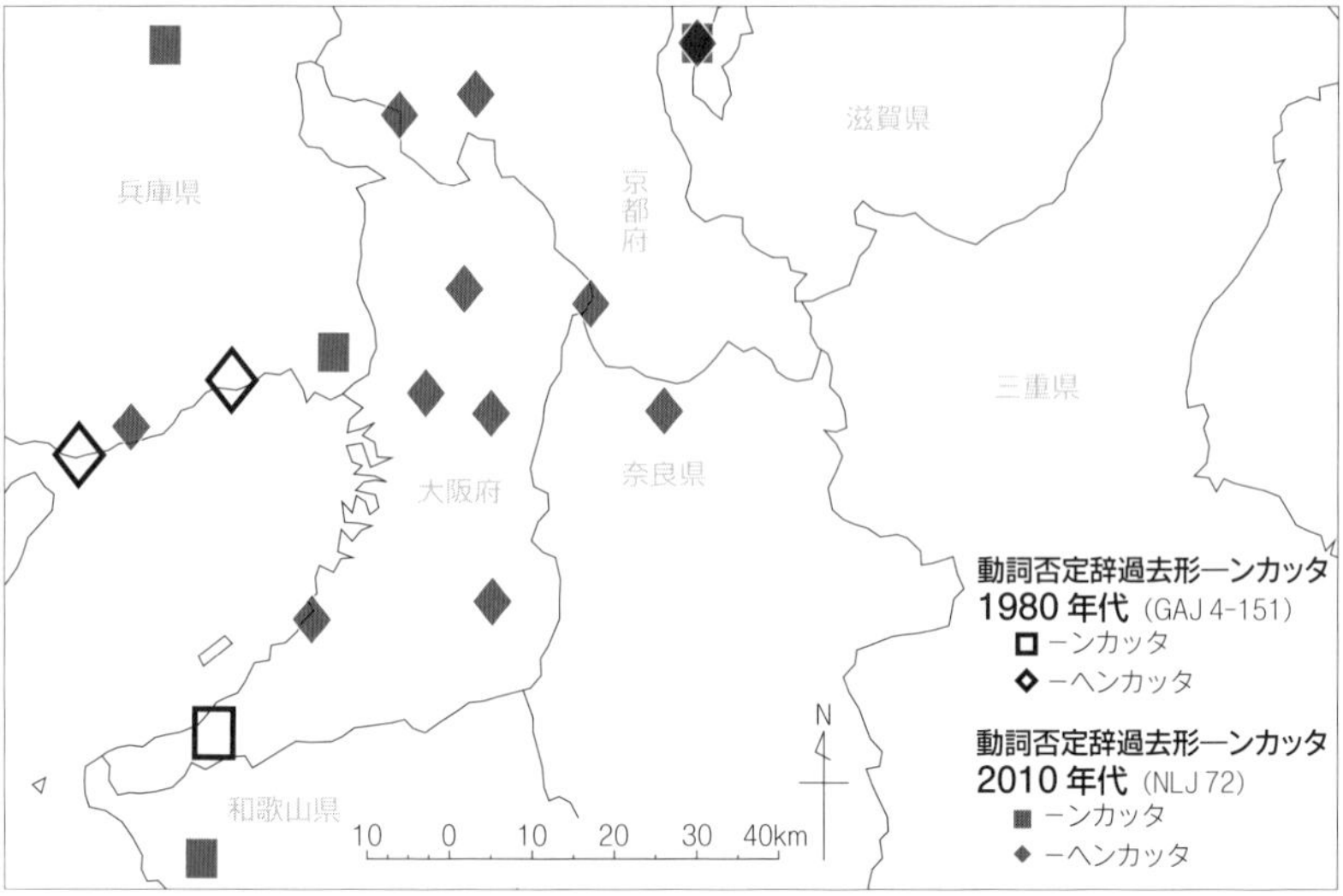

図 11-3　動詞否定辞過去形ンカッタ（近畿中央）の 30 年

一九八〇年代のＧＡＪの調査では、大阪府の分布は南端部に限定されている。

つまり、ＧＡＪの話者である一九八〇年代初頭の高年層では、大阪府において行カンカッタのような形は広く使われていなかった。その後、約三〇年を経て、大阪府を覆うように広がった。あわせて注意したいのは、ンカッタの始まりは、大阪府の中央にあたる大阪市の辺りではないことだ。和歌山県との境にあたるところで始まりが確認され、その後、大阪府全域を埋めるような変化を示している。

愛知を埋めるンカッタ

関西弁をイメージさせるンカッタであるが、その使用は近畿だけではない。

不合理なナンダに代わるンカッタは、複数箇所で発生している。その一つが愛知県である。図11-4が示すように、愛知県においてもンカッタは一九八〇年代から使用が確認される（白抜きの記号）。それが、二〇一〇年代になると愛知県全域に広がっている（黒塗りの記号）。大阪府と同様の傾向が確認されることに注目してほしい。始まりは、必ずしも名古屋市の中心部のような人口密度の高い場所ではない。

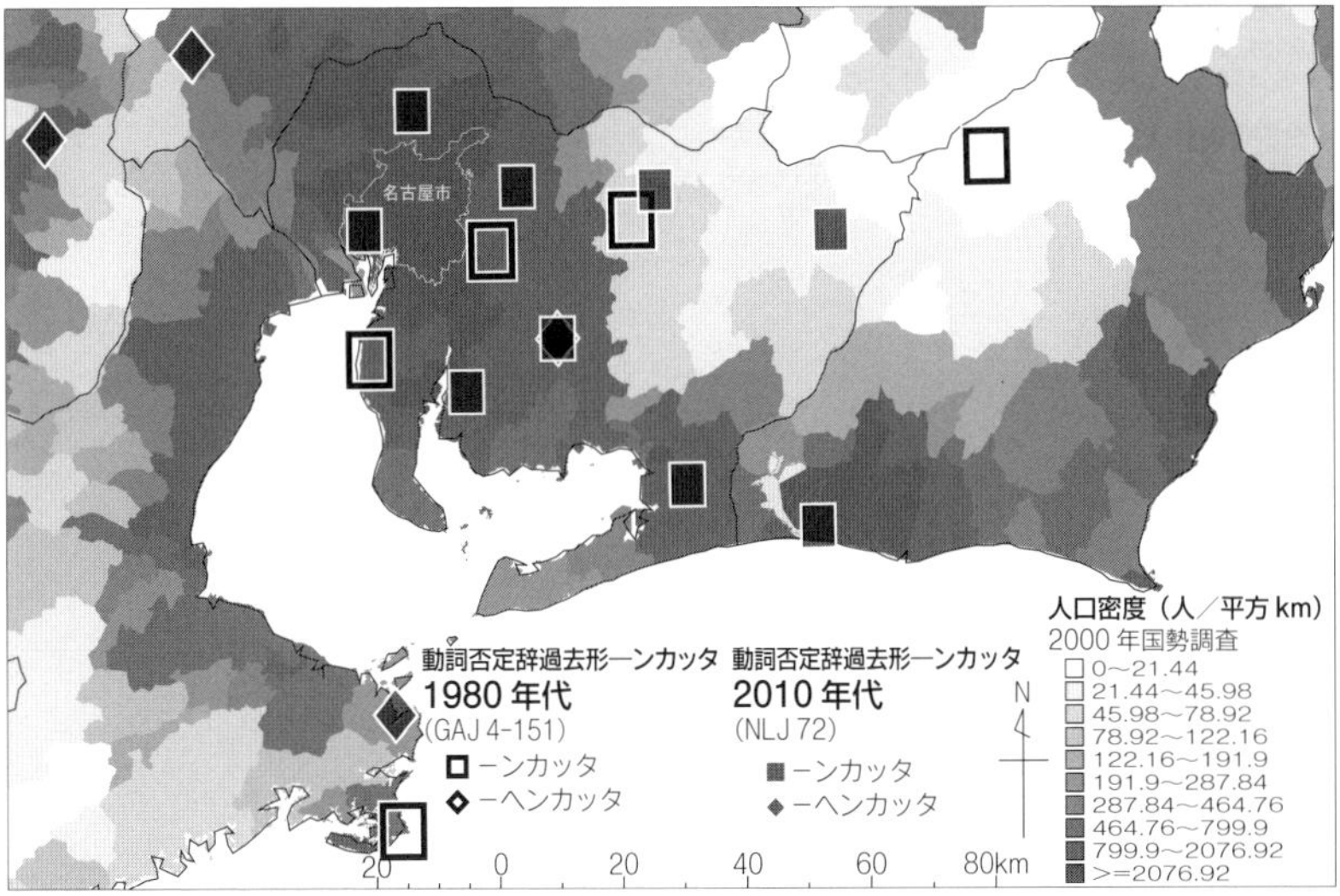

図 11-4　動詞否定辞過去形ンカッタ（東海）の 30 年

そして、約三〇年後には愛知県という行政区画を埋めるような広がり方を示している。

なお、愛知県のンカッタが大阪府など近畿地方の影響によるものと考えるのは適切ではない。相互に地理的連続性がないだけではなく、一九八〇年代は愛知県の方がンカッタを使う地点が多い。もし影響に言及するなら愛知県から大阪府とする方が理にかなっている。しかし、いずれでもなく、双方は無関係に不合理なナンダを廃してンカッタを生み出した。

3　ンカッタの完成

始まりは新潟

動詞の否定過去ンカッタは、新潟県でも使われている。その様子を図11-5に示した。これまでの図と同様に白抜き記号が一九八〇年代、黒塗り記号が二〇一〇年代である。

重要なのは、年代差のあり方が、大阪府ならびに愛知県とは大きく異なっている点である。大阪府、愛知県ともに一九八〇年代はンカッタの分布がまばらであ

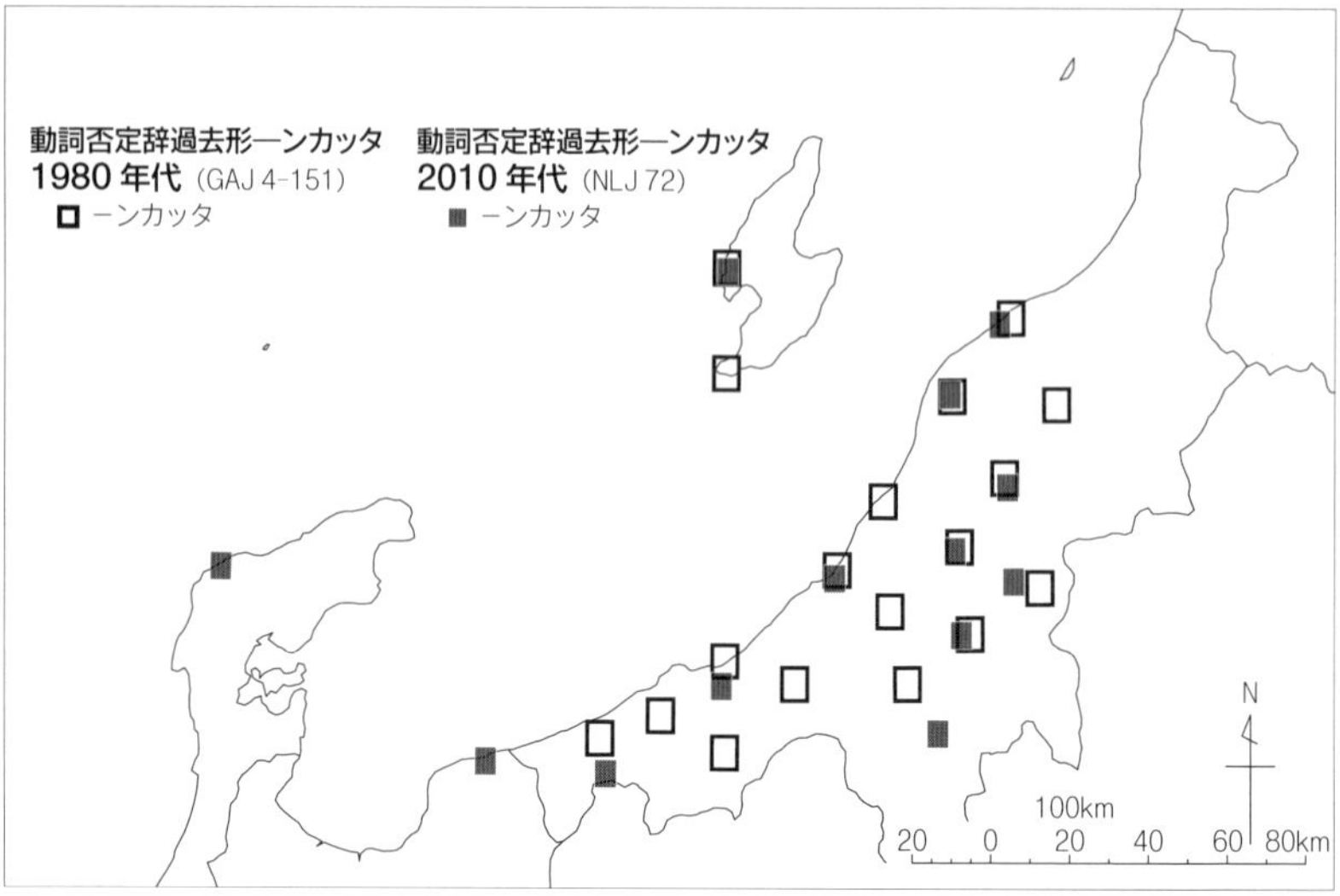

図11-5　動詞否定辞過去形ンカッタ（新潟県）の30年

り、変化の初期的段階にあることを示していた。ところが、新潟県はすでに一九八〇年代の段階でかなり広い。そして、二〇一〇年代になっても分布領域はほとんど変わっていない。(1)

つまり、新潟県の一九八〇年代は、ンカッタが現れ始めた他地域の一九八〇年代とは異なり、初期段階ではないことを示している。それでは、いつから新潟県でンカッタが使われるようになったのか。

それに対する正確な回答は難しい。『口語法分布図』は、一九〇六年に当時の文部省に設置された国語調査委員会が『音韻分布図』とともに刊行した、日本最初の言語地図集である。その8図で動詞の否定過去形が扱われており、(2)それによれば、新潟県ではすでにンカッタが使われていたことが確認され、分布域は一九八〇年代、二〇一〇年代と類似している。つまり、この時期までさかのぼっても新潟県のンカッタの始まりの段階を捉えることはできない。同時に『口語法分布図』では新潟県以外にンカッタは見られない。したがって、全国を見わたしても、ンカッタの使用がもっとも早かったのは新潟県だったことは間違いない。関西弁のイメージは、現在のメディアにおける使用がもたらしたものであろう。しかし、それは関西弁としても新しい。

動かない新潟のンカッタ

新潟県のンカッタは一九八〇年代と二〇一〇年代を較べても分布がほとんど変わっていなかった。その分布領域は、新潟県全域というより、県内の地域区分である上越地方と中越地方にほぼ該当する。北側の下越地方には及ばない。

上越と中越のンカッタは一九八〇年代には分布を完成させており、二〇一〇年代に入っても拡大することはなく、同時に縮小することもない。つまり、新潟県のンカッタはこの状態が最終形なのだろうと思われる。(3)

大阪と愛知

一九八〇年代の大阪府と愛知県のンカッタの分布はまばらな状態を示すことから、初期段階もしくはそれに近いと考えられる。それが二〇一〇年代ではいずれも全県を埋めるような分布になった。この先、さらにどのようになるのかは、さらに時期を隔てた将来の調査を待つほかない。

しかし、二〇一〇年代の段階でほぼ完成形ではないかという予測はできる。それは、いずれも分布が都道府県という行政の領域とかなり一致していることから考えられることである。

4　助詞のダイナミックな変動

受身の動作主マーカー

「犬が人を追いかけた。」という文は能動文と呼ばれる。「犬」が動作主である主語で、「人」が目的語、「追いかけた」が動作主の動作を表す述語にあたる動詞である。

この能動文を受身を表す受動文に置き換えると、「人が犬に追いかけられた。」となる。表現されている事態は基本的に同じであるが、構文や統語と呼ばれる文構造を変えることで、表現がもたらすニュアンスも変わる。

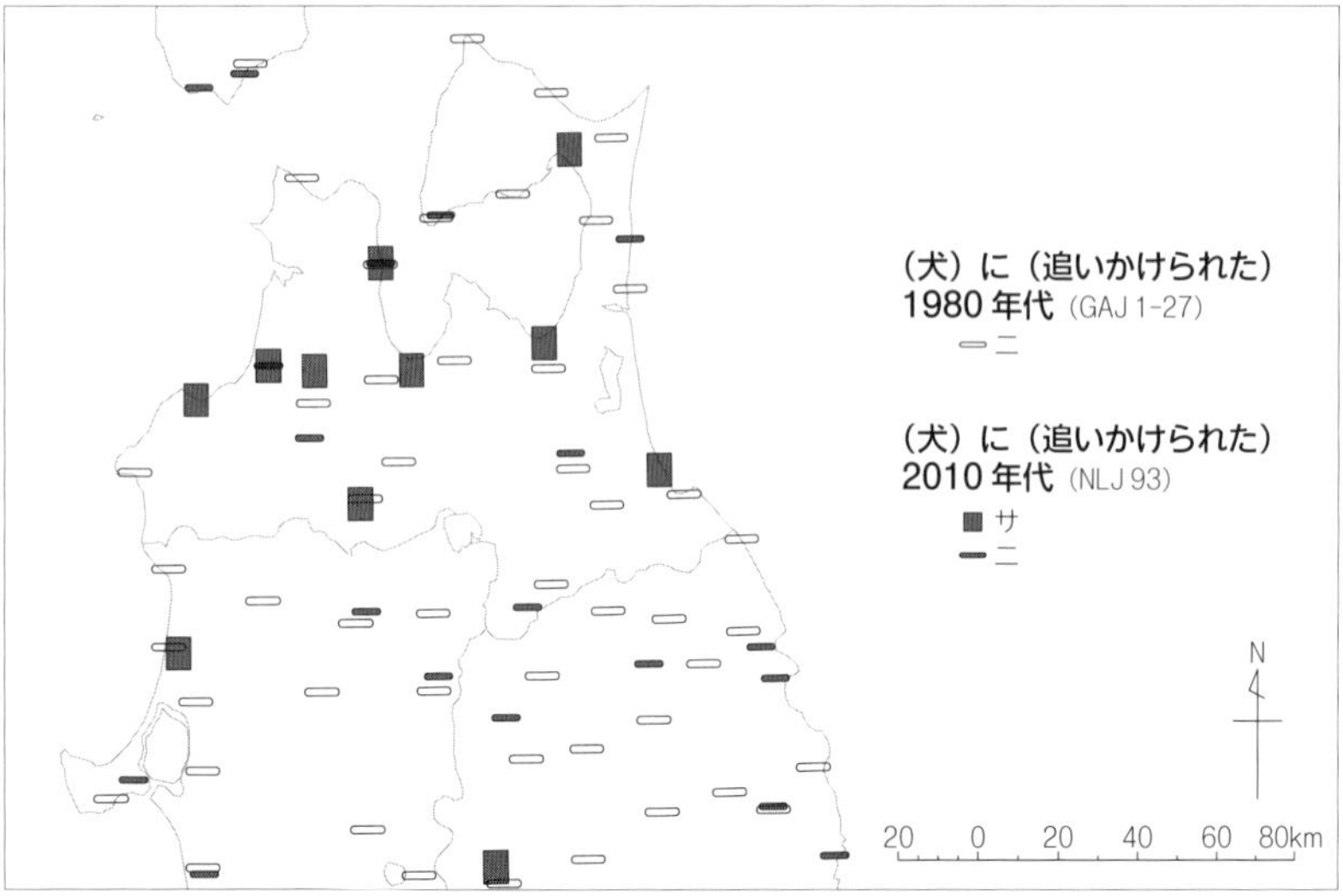

図11-6　「犬に追いかけられた。」のサ（青森県）の30年

この置き換えにおいて、能動文の目的語（例では「人」）が受動文の主語となり、動作主（例では「犬」）が主語から外れる。受動文における能動文の動作主を表す助詞は「受身の動作主マーカー」と呼ばれる。「犬に追いかけられた」の場合、「に」が受身の動作主マーカーである。

青森のサ　東北方言では「東京サ行く。」のように動作の移動方向を表すとき、サが広く使われている。一九八〇年代のGAJでは、それ以外にも「ここサある。」のような存在場所、「仕事サ行った。」のような動作の目的など、東北地方の中での異なりを示しながら、さまざまな用法でのサの使用の分布を確認することができる。しかし、「犬サ追いかけられた。」のような受身の動作主マーカーとしての使用はほとんどなかった。

ところが、二〇一〇年代の調査では、図11-6が示すように、受身の動作主マーカーとしてのサが広く現れており、明らかにここには変化が生じている。しかも注目されるのは、生み出された領域が、青森県の県域とほぼ一致することである。

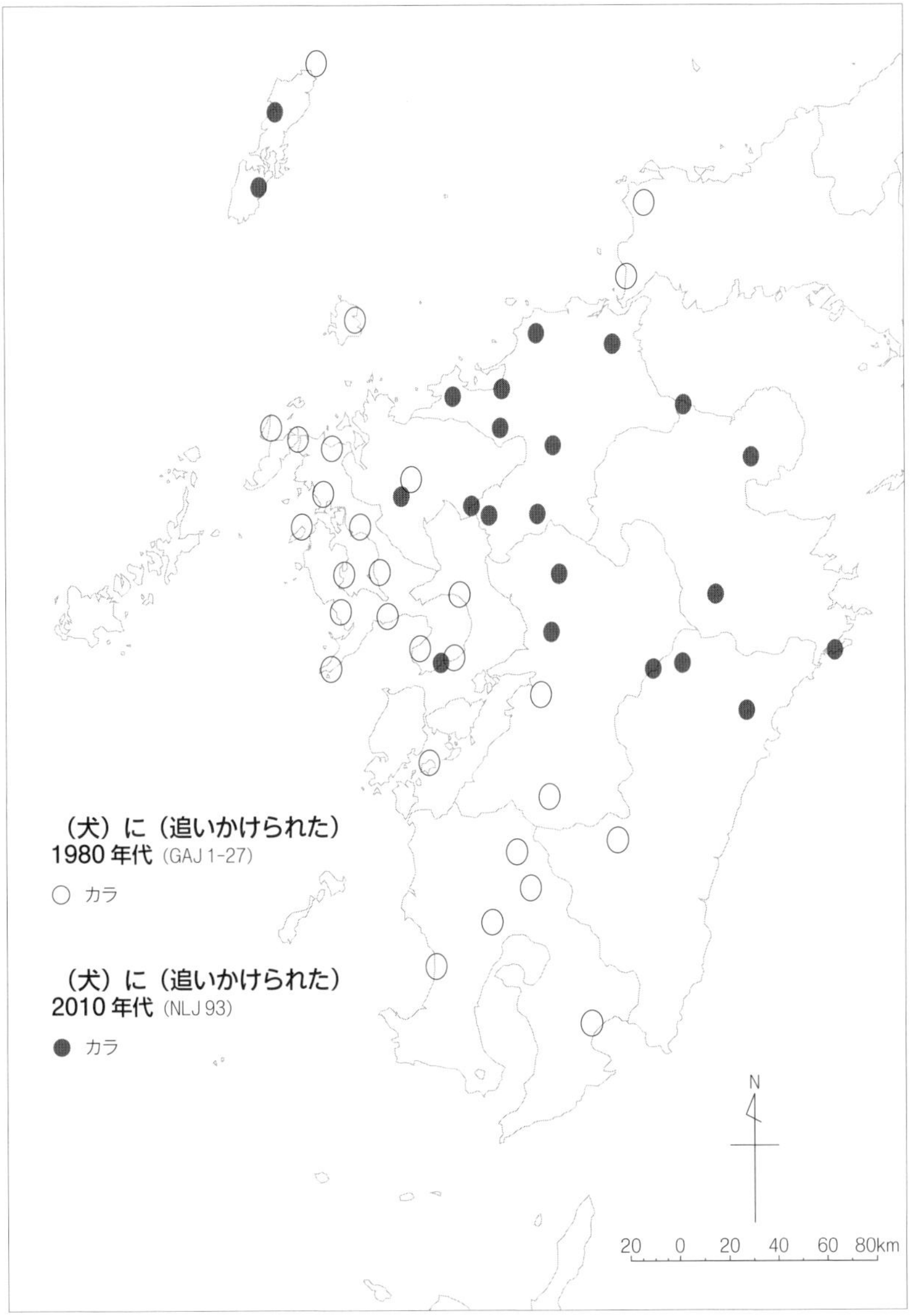

図 11-7 「犬に追いかけられた。」のカラ（九州）の 30 年

九州のカラ　ＧＡＪが示す一九八〇年代、九州の西側では広く「犬カラ追いかけられた。」のように、カラが受身の動作主マーカーとして使われていた。ところが、二〇一〇年代には大きく様変わりした。西側のカラがほとんど消えてしまう一方で、北東部に大きなまとまりが生まれている。その様子を図11-7に示した。特に福岡県はほぼ全域がカラで覆われている点に注目したい。

5　領域の形成

不定の発生場所　ことばの変化のもっとも初期の段階は、どこかで誰かが使い始めるものであるはずだ。しかし、人間の完全なモニターができない限り、それを突きとめることは不可能だ。

新しいことばや言いまわしは都会から始まるというのは幻想である。大阪府や愛知県のンカッタが示すように、始まりの場所は府県庁所在地や人口密度の高い都市に限定されていない。都市から始まるのかもしれないし、そうではないところが最初かもしれない。言語変化の始まりの場所は決まっていない[4]。不定の場所で変化は始まり、それが広く受け入れられることで、分布が形作られる。

広がる領域　それでは、生まれた方言は、広く受け入れられることでどこまで領域を広げるのか。

まず、その範囲であるが、自由にどこまでも広がるわけではないようだ。大阪府や愛知県のンカッタ（否定過去形）、青森県のサ（受身の動作主マーカー）、福岡県のカラ（受身の動作主マーカー）が示すように、都道府県という行政範囲が効いていると見られる[5]。

また、都道府県以外の何らかの区画が有効なこともある。新潟県のンカッタは上越と中越に対応している。新潟県のように広さと長さがある県では、そのような県内の区画が効いてくるのではないか。

都道府県のような近代以降に恣意的に設定された範囲が、方言の領域に結び付くのか、という疑問が生じるかもしれない。しかし、都道府県は令制国など過去の領域から切り離されたものではなく[6]、人の行動範囲をある程度限定している。例えば、教員の異動や高校の学区は都道府県を越えることはない。学校におけるコミュニケーションや教育における伝達手段の基盤が言語にあることは否定できないはずで、そのような移動や行動の範囲とそこから生まれる交流が、方言の分布領域を形作るのだろう。

その広がり方であるが、発生場所から放射状に広がるわけではなく、領域を埋めるように広がるようである。目標領域が先にあって、そこを点描で埋めつくすようなイメージである。一点からあふれ出した水が広がるような拡大のしかたは確認できない。

広がりは永続しない

そして、府県など任意の領域を埋めるとそこで広がりは終了する。分布の完成といってもよい。

新潟県のンカッタが示すとおり、いつまでも広がり続けるわけではない。大阪府や愛知県の二〇一〇年代の状態をほぼ完成形と予測したのはこのことによる（201頁参照）。

したがって、方言分布の形成・進行過程は、従来の想定よりも自由度が低い。語ごとが持つ固有の歴史により、どこまでものびのびと広がっていくものではないようである。しかし、このことは決して、語ごとの歴史を否定するものではない。たしかに語は個別の歴史を背負っている。そのような事情はこれまでに記してきたとおりである。

ことばを使う人間は、生身の身体を持つ以上、地理空間から自由ではなく、われわれは地理空間に束縛されている。その地理空間のあり方もさまざまで、都道府県のこともあれば、それを越えた広さとしての地方（例えば、関東、中部、近畿のような地方）のこともあるし、その内側の学区や地域（例えば、郡、県南、県央のような地域）のこともあるだろう。そのような空間が人間の行動範囲に制限を設け、ことばを交わす範囲を決定し、方言分布の領域を形成しているのだろう。

ここまで4部にわたり、語彙や文法の変化とそれが作り出す方言分布を見てきた。言語変化が織りなす空間には基本則がある。それらを誤解なく受け止めるには、空間とそれに対する視点についての理解が必要である。最終の第Ⅴ部ではそのことを説明して本書のまとめとしよう。

【注】

（1）二〇一〇年代に若干狭くなっているように見えるが、一九八〇年代と二〇一〇年代の調査では、調査地点数が異なり、一九八〇年代の方がかなり多い。その地点密度の異なりが見え方に影響している。

（2）国語調査委員会による『口語法分布図』『音韻分布図』は、国立国語研究所のウェブサイトで閲覧することができる。ウェブサイトで公開されているのは国語研究所所蔵の現物である。筆者自身は国書刊行会からの復刻版を所有しているが、国立国語研究所所蔵版と復刻版は色合いがかなり異なる。それは国書刊行会刊の復刻は現物の忠実なカラーコピー・カラースキャンではなく、再編集で復元しようとしたことによると考えられる。実際、国書刊行会刊復刻版の『音韻分布図』には正誤表があり、そのことは復刻のために再編集されたことをものがたる。引用や取り扱いにあたっては注意したい。

（3）大西（二〇〇八）が指摘するように、新潟県の否定過去形ンカッタは、否定形ンの分布より広いために北東部では否定形ナイ・否定過去形ンカッタという不均衡な状態が二〇一〇年代に至っても続いている。将来もこれが保持されるのか、引き続きモニターすることが求められる。

（4）大西（二〇一六）第6章、第9章参照。

（5）都道府県ごとに調査者が担当していることの反映という見方があるかもしれないが、二〇一〇年代の調査においても各都道府県は複数の研究者が担当したので、調査者により左右されているとは考えにくい。

（6）水津（一九七二、一六～一七二頁）参照。

【参考文献】

国語調査委員会（一九〇五）『音韻分布図』（日本書籍）
国語調査委員会（一九〇六）『口語法分布図』（国定教科書共同販売所）
大西拓一郎（二〇〇八）「MANDARAで描く言語地図（6）分布を比べる」『言語』三七―六八、八八～九三頁
大西拓一郎（二〇一六）『ことばの地理学―方言はなぜそこにあるのか』（大修館書店）
水津一朗（一九七二）『地域の論理―世界と国家と地方』（古今書院）

第V部　方言の地理空間

第12章　方言分布の基本則
――距離と縮尺、語彙と文法――

方言の分布には、言語的類似性と距離の関係、縮尺によるその現れ方、語彙と文法の異なりという3点についての基本則が認められる。それらを具体的に視覚化して捉えてみよう。

1　方言と距離

近くのことばと遠くのことば

あなたの話すことばと隣の県のことばは、どれくらい違っているだろうか。あなたの話すことばと遠くの県で使われていることばは、隣の県と較べてどれくらい違っているだろうか。

近いところのことばは、遠いところのことばよりも似ていると思わないだろうか。遠く離れるほど、ことばは違ってくるのではないだろうか。例えば、大阪府の方言と奈良県の方言の違いは、長野県との違いほどではないだろうと予測できそうだ。

方言どうしがどれくらい違っているかを「言語的距離」と呼ぶことにしよう。お互いが似ているなら言語的距離は近く、違いが大きければ言語的距離は遠いことになる。方言が使われている場所どうしの距離は、空間的距離である。右に記した予測に従えば、空間的距離が近いほど言語的距離は小さく、空間的距離が遠いほど言語的距離は大きい、と考えられる。

何を使うか

では言語的距離は何をもとに求めればよいだろうか。それにはできるだけ条件が揃った均質な資料が必要だ。その点、言語地図のデータは、一定の項目を対象として、対象項目ごとに一定の方針で語形が見出しとして整理されており、言語的距離を求めるという比較作業に適している。日本では多くの言語地図が作成されているので、[1]全国レベルの広域と地域レベルの狭域に違いはないか、また、語彙と文法で異ならないのかといった観点で見ていくこともできる。

ここでは、広域の全国地図としてＬＡＪとＧＡＪを用い、[2]狭域の地域地図として『上伊那の方言』を用いて、[3]言語的距離と空間的距離の関係を捉えることにする。

言語的距離の測定方法

まず、地図上の任意の地点を選定する。この地点を「参照地点」と呼ぶ。参照地点に対して、言語的距離を測りたい地点を「比較地点」とし、両者がどの程度似ているかを言語的距離として算出する。地図に登載されているすべての地点が比較地点になる。

言語的距離は、参照地点と比較地点の一致率により求める。参照地点と比較地点の地点どうしの一致件数が、参照地点の有効データ全体の中で占める割合を一致率とする。[4]一致率は、次のように求める。

一致率 ＝ 一致データ件数 ÷ 全有効データ件数 × 100

全有効データ件数とは、地図の見出しデータから、比較にあたって無効となるデータを除外したデータの総件数である。[5]一致率は、一致の百分率（％）に該当し、参照地点と比較地点が似ているほど大きくなる。言語的距離が近いほど100に近く、反対に遠いほど0に近くなる。

空間的距離の測定方法　空間的距離は、参照地点と比較地点の距離である。地点間の距離の求め方としては、相互間の交通（徒歩、鉄道、水路など）を考慮するといった方法もあるが、ＬＡＪでは二四〇〇地点、ＧＡＪでは八〇七地点について、利用の一般性や時代を検討しながら、偏りなく説得力を持った形で一律にそれを求めることは不可能である。

ここでは、国土地理院の測量計算サイトを用いて距離を算出した。ここで求められる距離は大圏距離であり、地点間の直線距離ではない。丸い地球上の地点間を直線で結ぶと地中を貫いてしまう。球体（正確には回転楕円体）の表面に沿った距離を求める必要がある。これが大圏距離である。測量サイトを通して大圏距離を一律に求め、これを空間的距離にあてた。

参照地点の選定　参照地点は、伝統的方言区画（16区画）の中から、ＬＡＪとＧＡＪにおいて、両地図集で市町村が共通する地点を1地点ずつ選んだ上で、京都府の京都御所と東京都の皇居に最も近い各1地点を加えた。(6) 伝統的方言区画とは、東條操の最終プラン(7)に該当するもので、本土方言における東部方言の北海道、東北、関東、東海東山、八丈、西部方言の北陸、近畿、中国、雲伯、四国、九州方言の豊日、肥筑、薩隅、琉球方言における奄美、沖縄、先島であり、そこから条件を満たす地点を各区画から一地点選定した。したがって、全国から18地点を参照地点として選定し、それぞれの参照地点と地図上のすべての地点との一致率を、ＬＡＪとＧＡＪから求めたことになる。また、狭域を扱う『上伊那の方言』からは、対象域内での地域区分などを考慮し、9地点を参照地点として選定した。

以下では、ここから得られた結果を、縦軸に言語的距離に該当する一致率、横軸に空間的距離を設定した散布図で示す。(8) これにより、言語的距離と空間的距離の関係が視覚化され、実際の遠い近いが、ことばの違いとどのように関係するかが捉えられることになる。

2　基本と例外

近くは似ていて、遠くは違う

参照地点を東北方言に設定したLAJに基づくグラフを図12-1、GAJに基づくグラフを図12-2に示した。いずれも左上から右下に下がっていく様子を示している。縦軸は一致率が示す言語的距離であるから、空間的距離が近いほど言語的距離が近く、空間的距離が離れるほど言語的距離も離れることを示している。

近くはことばも似ていて、遠くなるとことばも異なる。当初の予想に適合した結果が得られたことになる。

北海道は例外

東北方言を参照地点にするときれいな右下がりのグラフが描けるが、他の地点を参照地点にすると必ずコブが現れる。その様子を図12-3と図12-4に示した。いずれもLAJに基づき、参照地点は、図12-3が京都、図12-4が東京である。図12-3では一二〇〇㎞辺りに、図12-4では一〇〇〇㎞の辺りに上向きのコブ状の膨らみが現れている。いずれの図でも比較地点がどの地方であるかについて、グラフ上での記号で示している。それを読み取ればわかるように、コブを示すのは北海道である。

東北を除くと、どこを参照地点に設定しても、北海道のコブが現れる。これは北海道方言の特異性を示している。北海道方言は、どの場所とも一定の類似性を持っているということである。そのために距離が離れていても、距離に見合わない一致率をもってグラフに現れる。

北海道は、近代以降に全国各地からの移住により共同体が形成された。移住元から移住先にことばも持ち込まれたことにより、全国各地との類似性を持つようになった。北海道方言を説明するとき、東北との類似性が語られることが多いが、それだけではないことを一連のグラフが語っている。

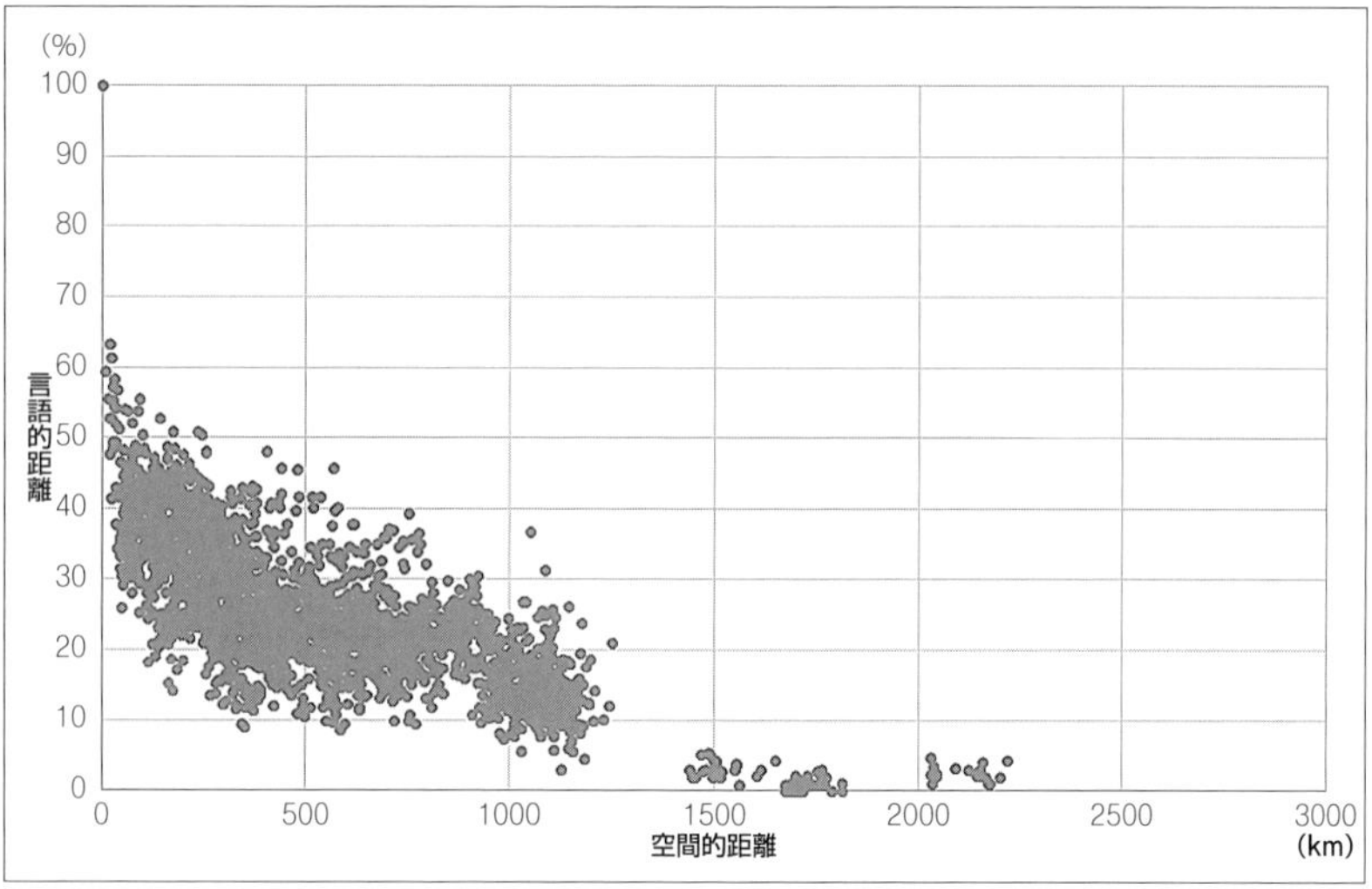

図 12-1　日本言語地図（LAJ、参照地点＝東北方言）

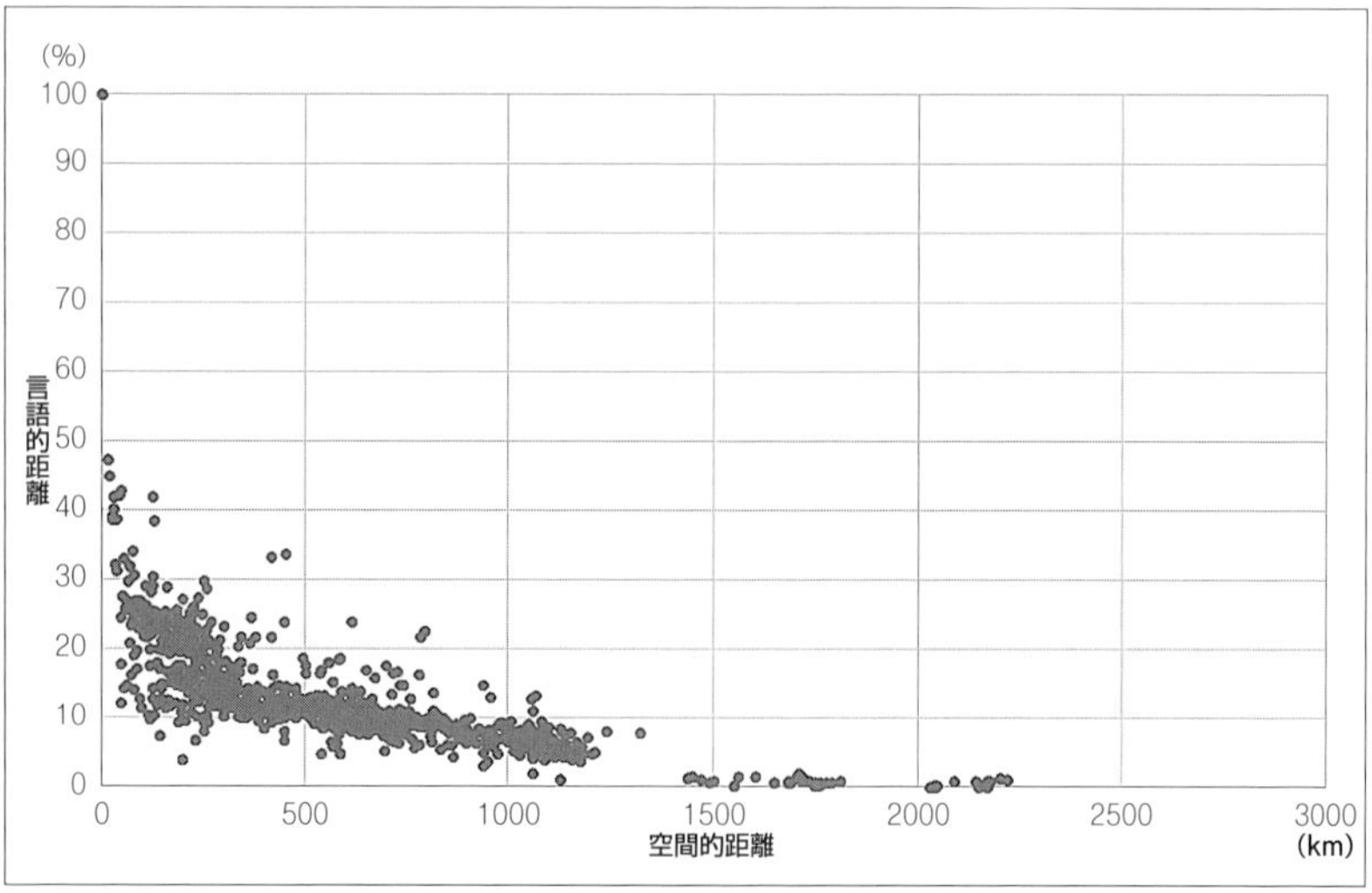

図 12-2　方言文法全国地図（GAJ、参照地点＝東北方言）

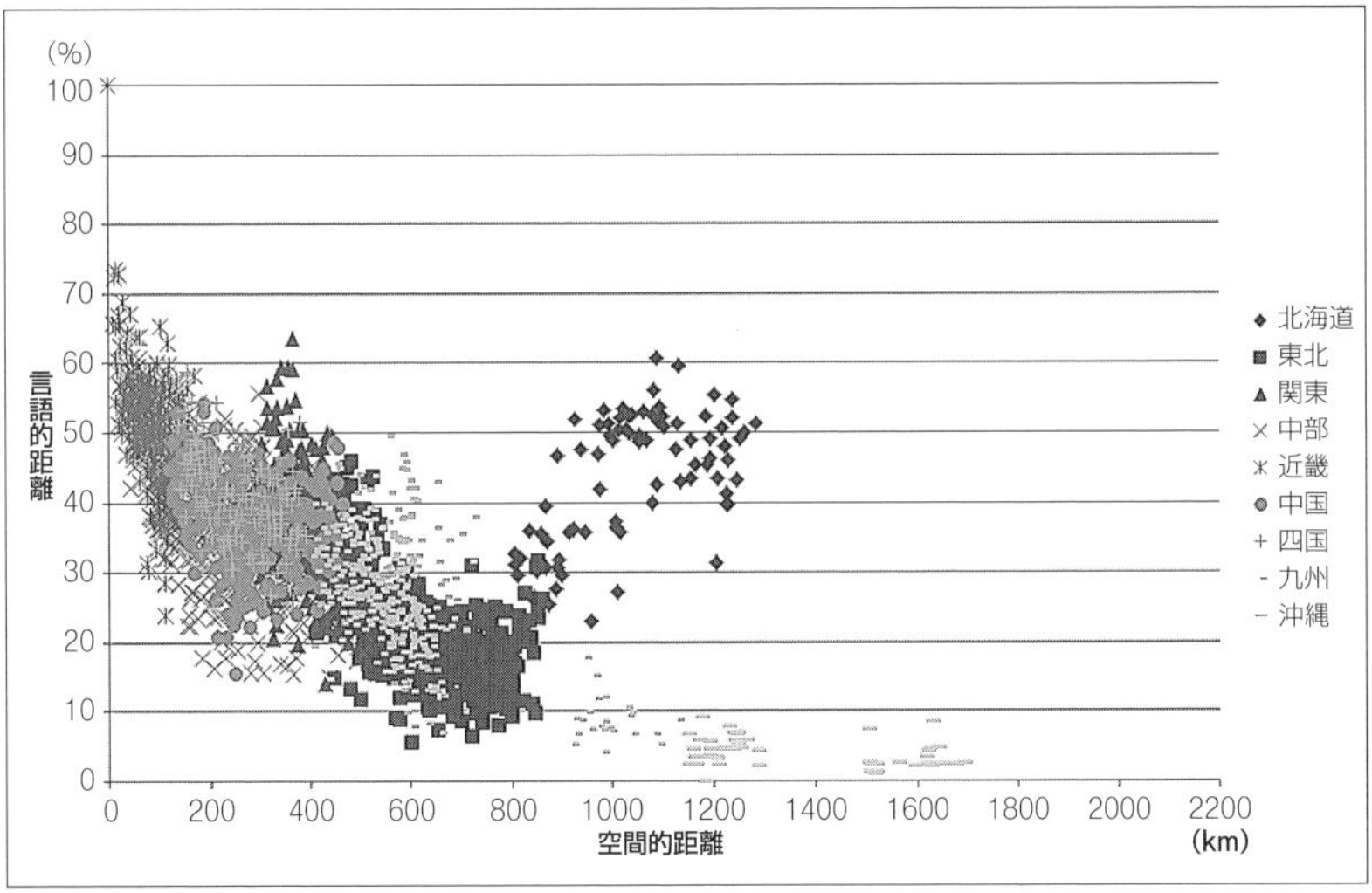

図12-3　日本言語地図（LAJ、参照地点＝京都）

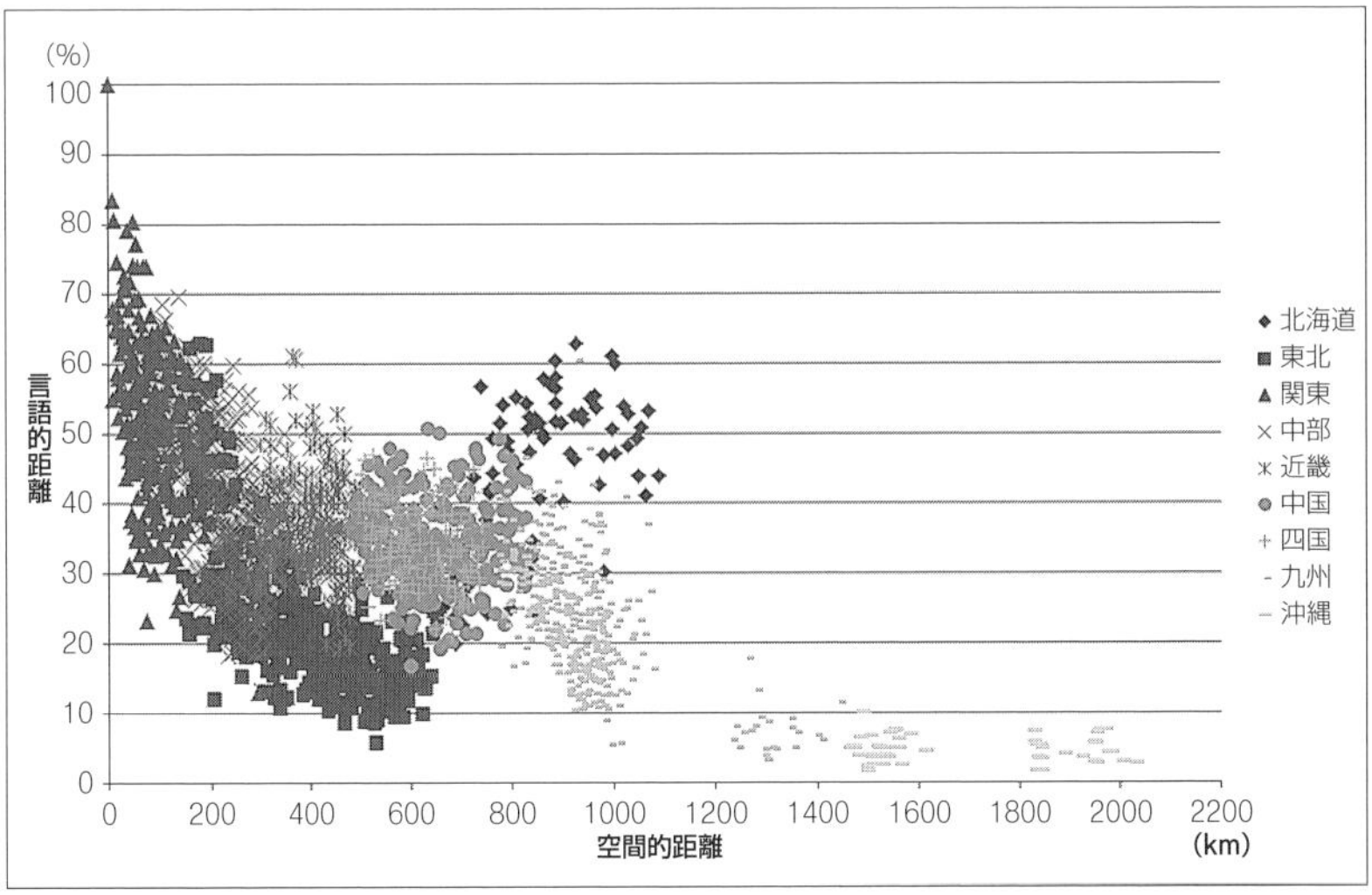

図12-4　日本言語地図（LAJ、参照地点＝東京）

それでは、東北方言を参照地点にすると（図12-1、図12-2のように）コブが現れないのはなぜか。それは、東北と北海道が隣接していて、距離に見合った類似性を示す場所に北海道が位置するからと考えられる。つまり、東北方言の場合、たまたまコブにならない、ちょうどな加減のところに北海道があるからなのだ。その空間距離の関係で、通常は現れるコブが見えなくなっているのだろう。(9)

3　広域と狭域

リニア（線状）に現れる狭域　狭域言語地図である『上伊那の方言』における、長野県箕輪町を参照地点に設定したグラフが、図12-5である。これまで見てきたグラフと較べて、よりはっきりした線状に、右下がりの状態が現れている。図12-6は、同じ箕輪町（全国的な方言区画では東海東山方言に含まれる）を参照地点に設定したＬＡＪに基づくグラフである。（比較地点が北海道のところは別にして）上下の幅が大きい。線状の狭域に対し、広域は帯状である。

つまり、狭域では言語的距離と空間的距離の関係が線状に現れ、広域ではその関係が帯状に幅を持って現れることになる。

広域の幅　狭域は線状と述べたが、完全な線ではなく多少の幅を持っている。図12-5と同じデータを、比較地点の地域別に記号を与えて描き直したのが、図12-7である。

参照地点の長野県箕輪町は、伊那谷の北部、上伊那地方に位置する。同じ伊那谷の谷筋である上伊那地方や下伊那地方が比較地点の場合は、右下がりの同等の線状の中に記号が収まっている。天竜川が形成する谷筋を上流にさかのぼると諏訪盆地にたどり着く。そのような近いところまでは線状の中に収まっているが、同じ諏

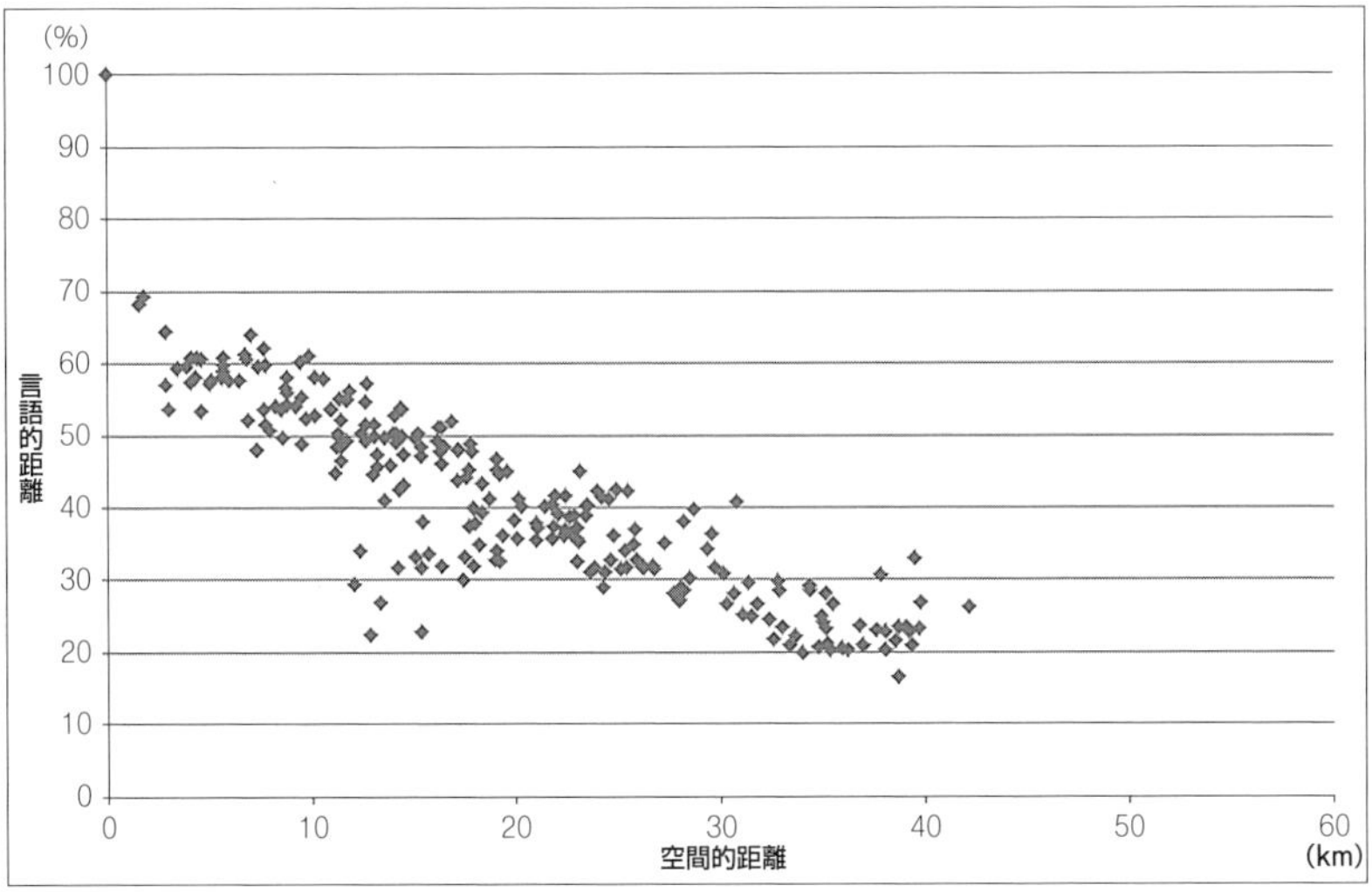

図 12-5　上伊那の方言（参照地点＝箕輪町）

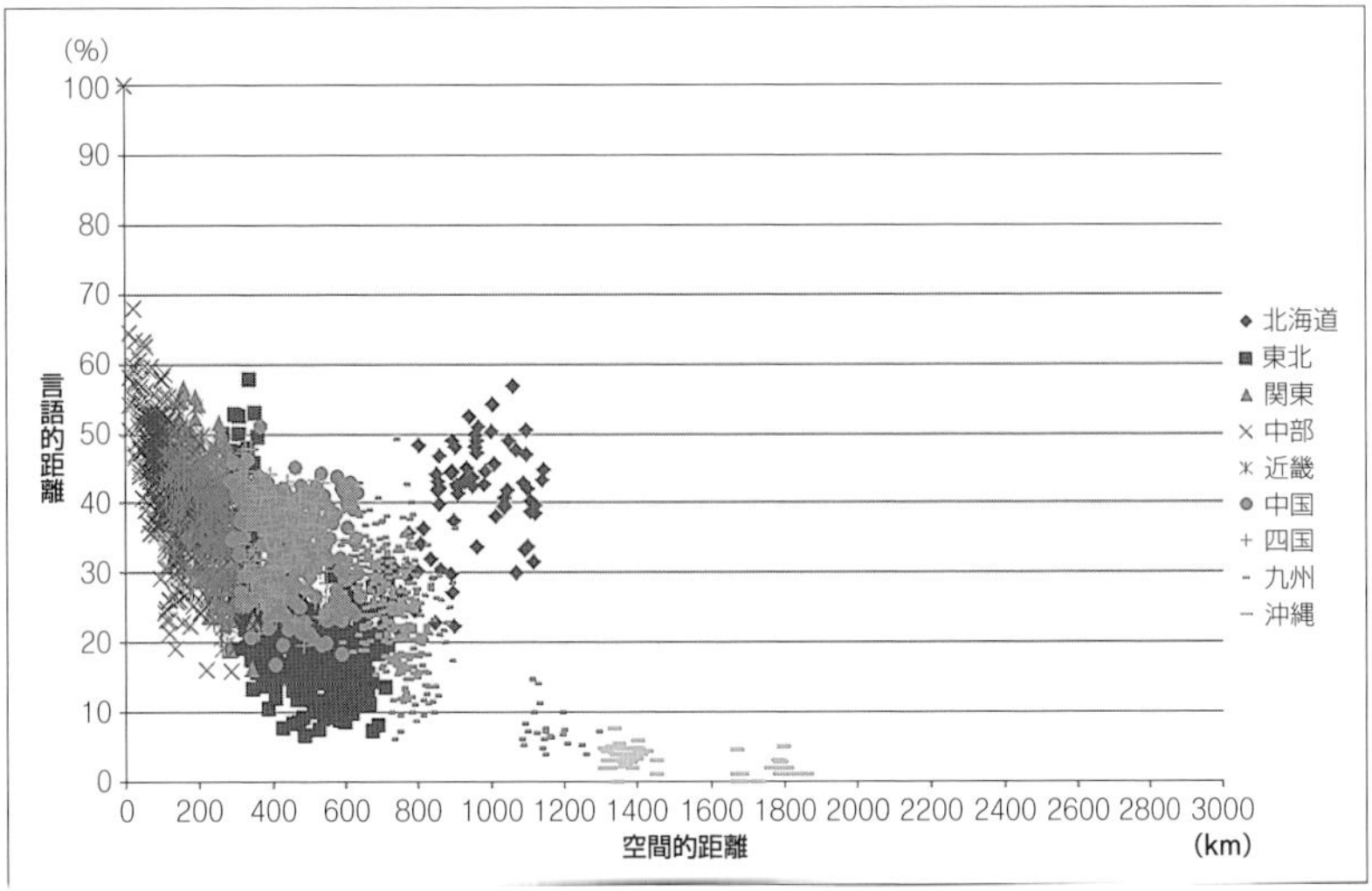

図 12-6　日本言語地図（LAJ、参照地点＝箕輪町：東海東山方言）

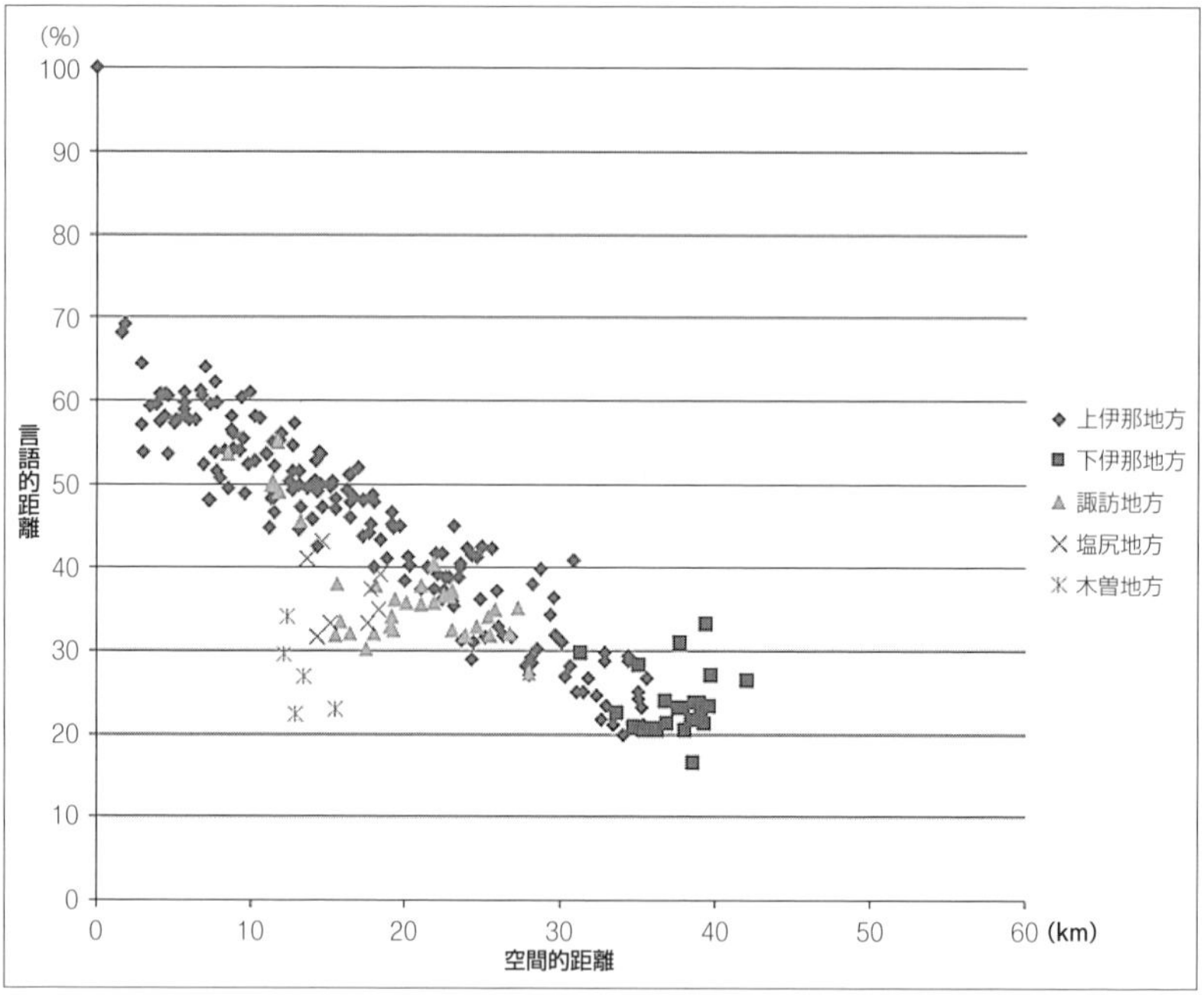

図12-7　上伊那の方言（比較先別、参照地点＝箕輪町）

訪盆地でも10～20㎞程度、離れると線状から外れていく。塩尻地方は、松本市に近くなる。塩尻市の中心部では箕輪町のある上伊那地方との交流は薄い。10～20㎞辺りに現れている塩尻地方の一致率の低下はそれを表すものだろう。顕著なのは、やはり10～20㎞辺りの木曽地方である。木曽地方は箕輪町から見て中央アルプスを西に越えた向こう側の谷筋である。上伊那地方との交流は、かなり希薄である。それに見合うように一致率は20～30％程度で現れ、著しく低い。

狭域では個別の地域についてこの程度の説明で収まるが、広域では地点間・地域間の複雑な関係が押し込まれることになる。それが一致率の大きな振れ幅になり、帯状に現れると考えられる。

4　大縮尺と小縮尺

縮尺

広域と狭域に分けて一致率と距離の関係を見てきた。広域、つまり、広い範囲を対象とするということは、縮尺が小さいことを意味する。縮尺が大きい、小さいとは、次のようなことである。5万分の1と20万分の1では、後者の方が広い範囲が含まれ、縮尺の数値が小さい[10]。これを小縮尺という。反対に、狭域のように狭い範囲を対象にすると、縮約の数値が大きくなる。これを大縮尺という。

以下では、広域のLAJ・GAJを小縮尺、狭域の『上伊那の方言』を大縮尺として扱う。

大縮尺・小縮尺と文法・語彙

『上伊那の方言』は文法項目も語彙項目も含まれている。やはり箕輪町を参照地点に設定したデータから、両者を切り分けて、一致率を求め、グラフにしたのが、図12‐8である。明らかに文法の方が上に、語彙が下にあり、両者の位置付けが分かれている。つまり、大縮尺の狭域における一致率は語彙よりも文法の方が高い。

同じく箕輪町（方言区画上の位置付けは東海東山方言）を参照地点とする広域のLAJとGAJのグラフを重ねたのが図12‐9である。両者に重なりはあるが、LAJの方がGAJよりも上に現れる。LAJはおもに語彙を対象とし、GAJは文法を対象とする。したがって、小縮尺の広域では、文法が下に、語彙が上に位置する。

縮尺で逆転する文法と語彙

このように、大縮尺（狭域）では文法が語彙の一致率を上回り、小縮尺（広域）では反対に、語彙が文法の一致率を上回る。つまり、両者の位置付けが縮尺の違いで逆転する。これは、語彙は狭い範囲で多様性を示すのに対し、文法の多様性は広い範囲でなければ捉えられないこと

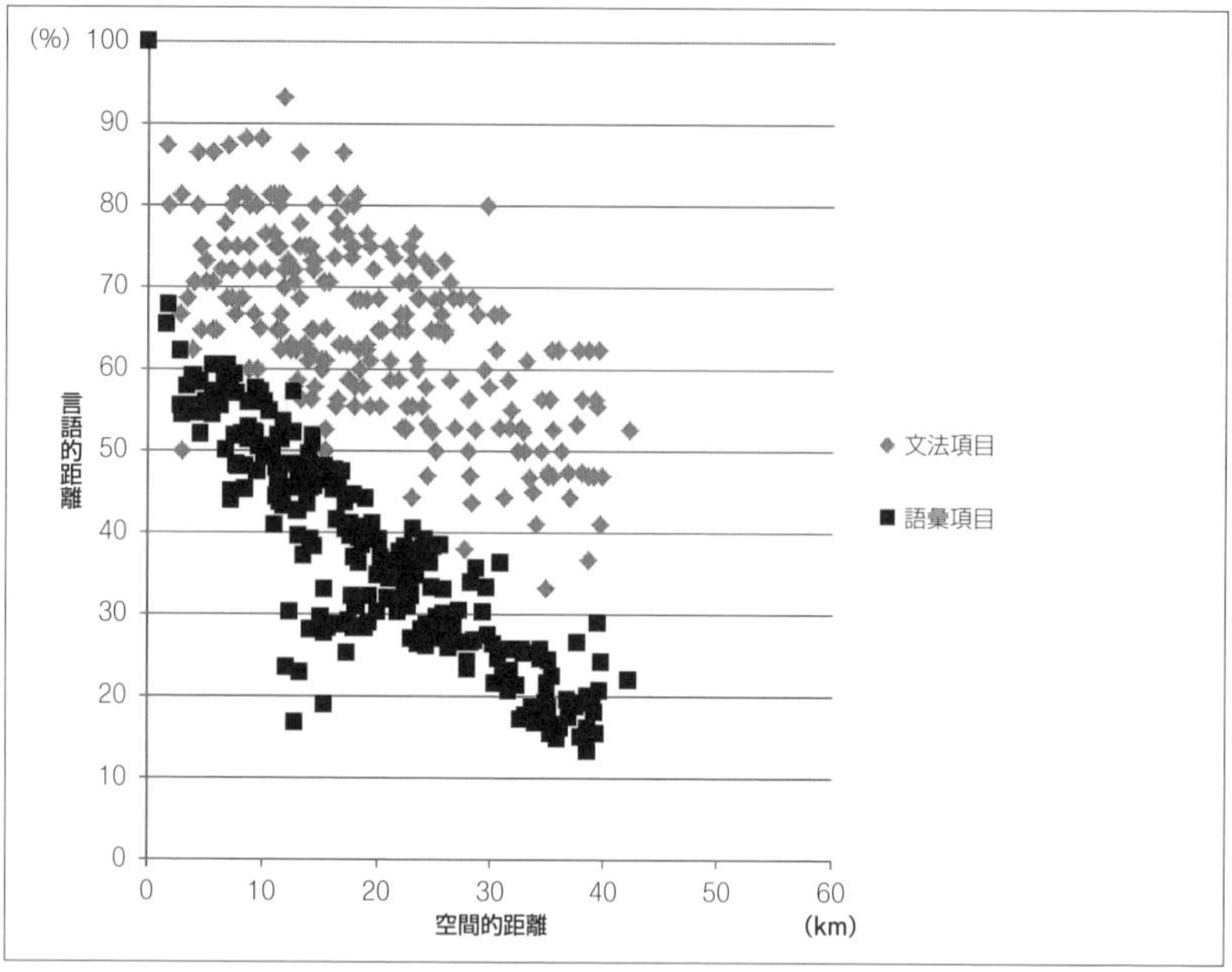

図 12-8　上伊那の方言（文法と語彙、参照地点＝箕輪町）

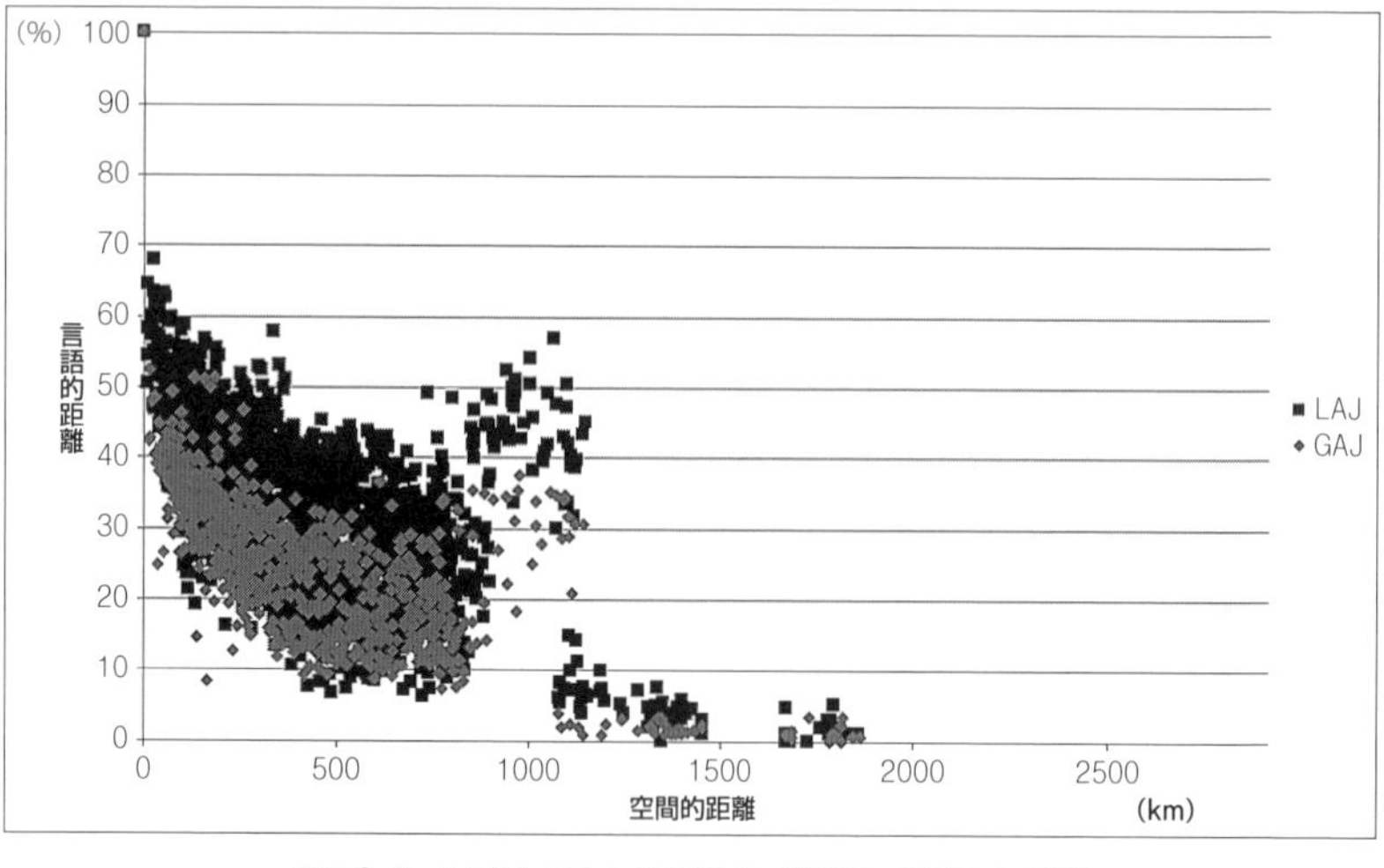

図 12-9　LAJ と GAJ（参照地点＝箕輪町：東海東山方言）

を意味する。

第1章から第9章（第Ⅰ〜Ⅲ部）では「とうもろこし」「じゃがいも」「ひっつきむし」「そばかす」などの語彙を扱い、第10章と第11章（第Ⅳ部）では、動詞否定の中止形と過去形、受身の動作主マーカーの助詞といった文法を考察した。語彙（第1〜9章）と文法（第10〜11章）で提示した地図には大きな違いがある。それは地図の表示する範囲である。その違いは、各図のスケールバー（距離を表示する横棒）で確認できる。語彙の地図は、おもに20㎞程度であるのに対し、文法の地図は100㎞程度である。つまり、文法では語彙よりも広い分布を扱う必要があり、必然的に地図に表示する対象域が広くなる。それに対し、語彙では対象範囲が文法よりも狭い。ひるがえれば、かなりローカルな話にならざるをえないケースが多いということでもある。

このように、文法は小縮尺の地図で扱い、語彙は大縮尺の地図で扱うことになる。このことは、文法と語彙では考察すべき世界が大きく異なることを意味する[11]。

人間はことばで意思疎通するが、その際、ことばは文として用いられる。文は意思疎通のための基本である。そのような文を作り出すのが文法である。だから、ことばで互いに意思疎通するためには、文を作るための文法が共有されていることが必要だ。文法が違っていると、作り出される文に違いが生じ、話がかみ合わない。

大縮尺の地図が対象とするような近隣の地域内では、ことばによる意思疎通がうまくいかないと困る。そこで、近いところでは文法に大きな違いは生じにくい。大縮尺の狭域で、文法の一致率が高いのは、地域の中での日常的な意思疎通という、ことばの目的達成の必要性によるものと考えられる。

語彙も一致しているに越したことはないが、本書でも取り上げた「ひっつきむし」「かまきり」「おんぶばった」「しょうりょうばった」「あめんぼ」「そばかす」が違っていても、大人の会話で、これらがどの程度の頻度で現れるかを考えるなら、その異なりが意思疎通に及ぼす影響はたいしたことがないはずだ。「今夜は雨ズラ」（今夜は雨だろう）と言われたら傘を用意した方が濡れずに済み賢明だが、「ハークロなんか気にすることはない」と言われ、よくわからないまま聞き流しても、さほど気にすることはない。

小縮尺の地図に含まれる広域の大半では、互いに意思疎通する機会は稀だろう。あるとすれば、非日常的な旅行や出張などに限られる。そのような間柄では、日常的に文法を共有する必然性には迫られない。そこで、小縮尺（広域）の中では文法の一致率は下がる。

縮尺により文法と語彙の一致率が逆転する背景には、このような文法と語彙の役割と位置付けの違いがある。

長い文法と短い語彙
―運用期間の時間差

縮尺の異なりに対応した広さの違いは、運用期間の差にも対応している可能性が考えられる。文法は寿命が長く、語彙は短いと想定される。第6章で見たように、語彙はわりと頻繁に移り変わるのに対し、文法はそう簡単には変わらない。

ただし、この関係が意味するのは、語彙は運用期間が短いから狭い範囲にしか広がらず、反対に、文法は運用期間が長いから広範囲に広がるということではない。おそらく、狭くても広くても、領域形成に要する時間にはさほど差はないだろう。意思疎通の道具としての役割を果たすには、広かろうが狭かろうが、迅速な拡大が求められるからだ。短命だから狭く、長寿だから広いわけではない。

文法は文を構成するためのしくみであり、言語の根幹にかかわるために、簡単には変わることができない。それに対し、語彙は文の中で自由に差し替えることができ、拘束が少ない分、変化が容易である。文法と語彙にはそのような根本的な性質の違いがある。それゆえに語彙は短期間で移行することが可能であるのに対し、文法はそのような自由が効かない。運用期間や分布の広さの違いの根本は、言語の要素としての性格の異なりの反映にある。

5　方言分布の基本則

言語的距離と空間的距離

言語的距離と空間的距離の関係を通して、方言分布に関する3種の基本則が得られた。

第一の基本則は、近いところは似ていて、遠いところは違っているということである。あたりまえのことのようであるが、あたりまえのことをきちんと実証しておくことは、科学の基本である。

ただし、北海道だけは例外である。北海道方言は、どこともある程度の近似性を有しており、そのことがグラフの中でコブとして現れる。

線と帯

第二の基本則は、縮尺により第一の基本則の現れが異なるということである。大縮尺では線状に、小縮尺では帯状になる。同じ空間的距離でも言語的距離には幅がある。同等の共同体と考えられる範囲の中では、空間的距離に応じた言語的距離の一致率は線状に下がる。ただし、共同体が異なると一致率は著しく低下する。その重なりが、小縮約（広域）のグラフでは、帯状の重なりとして現れる。

文法と語彙の縮尺による反転

第三の基本則は、縮尺により文法と語彙の位置付けが反転することである。大縮尺（狭域）の中での文法の一致率は、語彙の一致率よりも高い。これは、意思疎通が日常的に行われる近隣地域内では、文法が共有されることを反映している。

反対に、小縮約（広域）では文法の一致率は、語彙よりも低く現れる。日常的な意思疎通があまりないところでは、文法の共有がそれほど必要ではないことを映し出している。

そして、この第三の基本則は、方言形成における文法と語彙の異なりとかかわる。[12] 方言の領域は、文法は広く、語彙は狭い。また、関連して変化の間隔である運用期間（言語形式の寿命）は、文法は長く、語彙は短いと考えた。文法と語彙では文のために果たす役割の重要度が異なり（文法の方が大きい）、その違いが、一致率の反転（大縮尺では文法の一致率が高く、小縮尺では文法の一致率が低い）、分布領域の広（＝文法）・狭（＝語彙）、寿命の長（＝文法）・短（＝語彙）として現れる。

このような縮尺による方言ということばの違いの現れ方は、方言を捉える観点にも影響を及ぼすはずだ。大縮尺に依って立てば、詳細な差異を見逃すわけにはいかず、小縮尺に力点を置けば、大きな構造を強調したくなる。縮尺は単なる数値の問題ではない。縮尺による分布の見え方や捉え方の違いは、世界観を左右する。最終章では、そのような立場の違いに揺さぶられた方言学の歴史をふり返り、方言とその分布をどのように理解すべきかを考えることにしよう。

【注】

（1）言語地図集（アトラス）約400冊、アトラスに集録された地図（マップ）約二八〇〇〇枚にのぼり、世界的にもトップクラスである。国立国語研究所のウェブサイト「言語地図データベース」で一覧データが公開されている。

（2）作業当時公開されていたＬＡＪの126枚の地図データとＧＡＪの350枚の全地図データを用いた。

（3）国立国語研究所のウェブサイト「言語地図データベース」で地図データが公開されている。

（4）ここで求められる一致率＝言語的距離は、参照地点からの他地域の見え方である。あなたが参照地点にいるなら、あなたを基準に他所がどのように見えるか、他所があなたとどれくらい似ているか、ということを求めている。他地点（比較地点）から参照地点がどのように見えているか、他地点の中で参照地点がどれくらい一致しているかを求めているわけではない。その点に注意すべきであるが、おそらく両者に大きな異なりはないのではないかと推測される。

（5）無効となるデータというのは、無回答や「その他」などである。「その他」という見出しは、地図見出しにまとめられなかった語形であり、地点どうしが「その他」で一致していても双方が類似しているとは言えない。無回答も同様である。高橋（一九六五）が論ずるように無回答が有意に働くこともある点には注意したい。なお、比較する両地点のすべての項目が単用の場合は、参照地点と比較地点を入れ替えても一致率は同じになるが、併用がある場合は、それが異なる。方言分布データにおいては、すべてが単用ということはほぼないので、いずれを参照地点にするかにより一致率は異なることが一般的である。

（6）中央性を重視する伝統的考え方を考慮してこれらの2地点を加えた。

（7）東條（一九五四）参照。また、方言区画を示す地図は第13章参照。

（8）Onishi（2019）参照。すべての結果はウェブサイト「方言の宇宙」または https://doi.org/10.15084/0002000037 で閲覧できる。

（9）この作業は当初、方言周圏論の検証も目的の一つとしていた。方言周圏論が想定するように遠隔地どうしの類似性があるなら、例えば、東北方言を参照地点に設定した場合、九州の辺りに高い一致率のコブが現れるというようなことが見られるのではないかという仮説である。結果は、図12-1や図12-2のように仮説は破棄されることになった。どこを参照地点に設定しても方言周圏論から想定されるようなコブは現れず、コブは別の形で北海道に現れ、当初は予想していなかった北海道方言の位置付けの再考を要求されることになった。

（10）分数なので分母の数字が大きいほど縮尺は小さくなる。なお、大縮尺・小縮尺は相対的な関係であり、絶対的な数値では決まらない（日本地図学会二〇二二、八四頁・八九頁）。

（11）いずれも小縮尺のＬＡＪ（一九六〇年代）・ＧＡＪ（一九八〇年代）とＮＬＪ（二〇一〇年代）の比較において、文法の変化は見つかるが、語彙の変化はほとんど見つかっていない。一方、『上伊那の方言』や『長野県伊那諏訪地方言語地図』のような大縮尺の地図では第5章、第7章のように明確な語彙の変化が見いだせる。これは縮尺の違いによるところが大きいと思われる。

（12）語彙は方言周圏論的に中央で変化が発生して拡大し、文法は各地で個別に変化が発生するという考え方がある（楳垣一九五三）が、これが実証されないことは大西（二〇一七）が示している。

【参考文献】

楳垣実（一九五三）「方言孤立変遷論をめぐって」『言語生活』二四、四四〜四八頁
大西拓一郎（二〇一七）「言語変化と中心性―経年比較に基づく中心性の検証」大西拓一郎編『空間と時間の中の方言―ことばの変化は方言地図にどう現れるか』（朝倉書店）三三三〜三四一頁
高橋顕志（一九八五）「廃物廃語と無回答（ＮＲ）」『国語学』一四三、二五〜三六頁
東條操（一九五四）「序説」東条操編『日本方言学』（吉川弘文館）三〜八六頁
日本地図学会監修（二〇二二）『地図の事典』（朝倉書店）
Onishi, Takuichiro（2019）On the Relationship of the Degrees of Correspondence of Dialects and Distances. *Languages* 4（2）1-15.

第13章　方言の地理空間と視点
―方言はなぜ存在するのか―

方言周圏論と方言区画論。この両者の立場の違いは、「方言」観の違いに根ざしていた。方言をどう捉えるか。方言はなぜ存在するのか、改めて考えてみよう。

1　意見が合わない父と母

方言学の父と母

柳田国男と東條操は、日本の方言学の父や母と呼ばれる。ともに男性なので、母といっても象徴的な扱いである。どちらが父なのか、母なのか議論することにあまり意味はないが、研究者により扱いは一定ではない(1)。

柳田国男は方言周圏論を、東條操は方言区画論を、それぞれが主張した。主張を通じて、方言学の両親の思いは一つになることはなかった。そこには、方言学が目指すところをどこに置くかということと、それぞれの目標を達成するための理論の認定をめぐる議論があった。

方言周圏論

柳田の方言周圏論は、方言分布は中央の言語史を反映すると考えるもので、よく知られているとおり『蝸牛考』において、「蝸牛《かたつむり》」の方言分布をもとに論じられた(2)。

方言周圏論は、言語変化の発生地を一定に定め（歴史的・文化的・経済的中央としての畿内が想定される）、そこで生み出された言語形式が順次、波紋のように広がると考える。したがって、方言周圏論では、方言分布は中央の言語史の反映と捉えられ、方言分布が示す同心円状の層をたどることにより、中央の言語史を再構成することが可能になると考える。また、遠く離れたところに同等の言語形式が共通して存在するのは、そのような分布形成の証左とする。

『蝸牛考』で示した方言周圏論は、「かたつむり」の方言が、ナメクジ・ツブリ・カタツムリ・マイマイ・デデムシの順で中央から遠いところに同心円状に分布すると見て、この順に合わせた中央の言語史（ナメクジが最も古く、デデムシが最も新しい）を推定する。方言周圏論は、時間と空間という異なる次元を結び付ける理論として歓迎された。

方言区画論

東條の方言区画論は、論名だけを見ると方言の分類論のように見えるが、それだけにとどまるものではなく、分類・線引きから記述、系統解明を理念に掲げる。

東條操は、「方言」と「俚言」を区別しており、[3] 地域で使われる言語の体系的総体を方言とし、そこに含まれる個々の単語（語彙）など個別の要素を俚言とした。方言区画論における方言は、この体系的総体としての言語が想定される。したがって、ともに言語史解明を目標に含むとはいえ、「かたつむり」を表す方言のように、東條が俚言と定義する個別の語を対象とする方言周圏論とは、「方言」の定義に異なりがある。

方言区画論の最初の手続きは、方言の分類・線引きである。東北方言、関東方言、近畿方言、中国方言といった分類が階層的に行われる。階層的というのは、第一に日本全体を本土方言と琉球方言に分類し、第二に本土方言を東部方言、西部方言、九州方言、琉球方言を奄美方言、沖縄方言、先島方言に分類し、さらに東部方言の中を東北方言、関東方言など5方言に、西部方言の中を近畿方言、中国方言など5方言、九州方言の中を豊日方言、肥筑方言、薩隅方言の3方言に、図13-1のような階層構造をもって分類するということである。そして、それらの方言の場所がどこなのか、範囲を線引きすることになる。東條が最終的に示した区画を図13－2に示す[4]。

方言区画論が次に求めるのは、各方言の体系記述である[5]。音韻、アクセント、文法、語彙など各部門の言語構造をきちんと捉えることが要求される。これは言語学の王道ともいうべき研究手法である。話者の減少から絶滅が危惧される危機言語、危機方言の記述研究が近年盛んに行われているが、そこでの実践に該当することが、方言区画論には組み込まれている。

そして、体系記述をもとに方言区画論が最終的にねらいとするのは、例えば、A方言からB方言とC方言が分岐したというような、方言間の歴史的系統関係の解明である。くり返しになるが、方言区画論はその名が想起させるような分類論にとどまるものではない。最終的には系統解明を標榜する方言形成論なのである[6]。

方言周圏論 vs. 方言区画論

柳田は、方言周圏論を主張するとともに、方言区画論を否定した。中央の言語変化が順次周辺に拡大するという方言周圏論と、各地の方言が系統関係の下、体系的に地域区分されていると考える方言区画論はかみ合わないし、区画を越えるとことばが一変するとも受け止められかねない方言区画論の想定は現実と適合しないということを、かなりラディカルに批判した[7]。

一方、東條は方言区画論を主張したが、方言周圏論を否定はしなかった。むしろ、柳田以上にわかりやすく解説しているようなこともある[8]。東條は方言周圏論を認めた上で、方言学の目的は方言区画論にあることを主張した。このように考えの立脚点に違いがあることに注意してほしい。双方が相手を完全に否定し合うというような単純な対立の図式ではないのである。

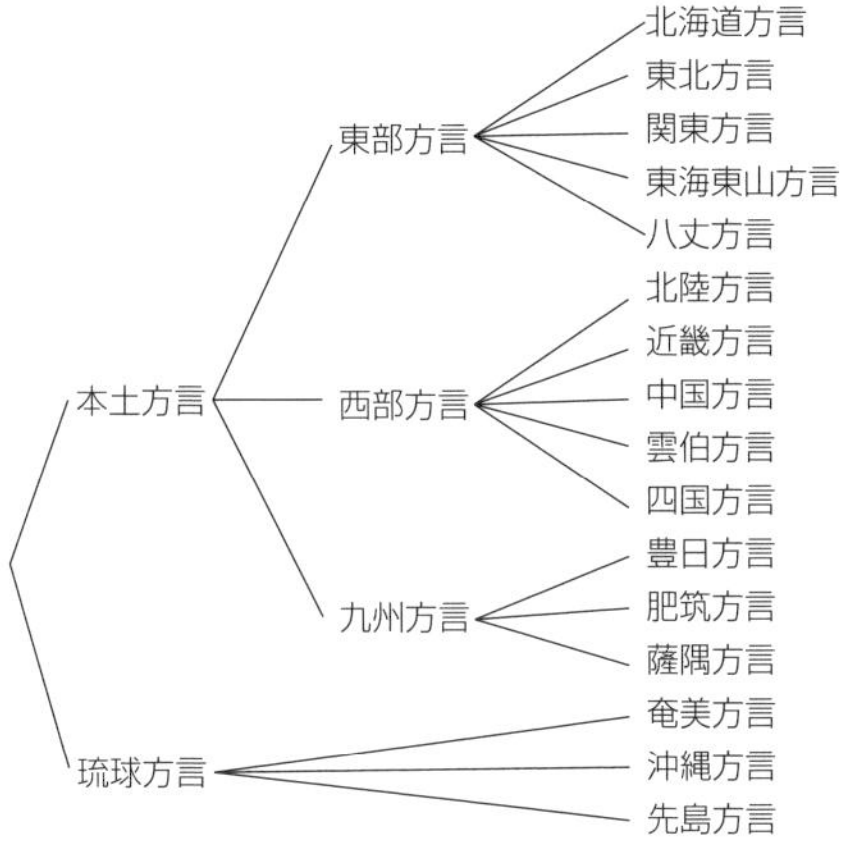

図 13-1　方言区画(1)

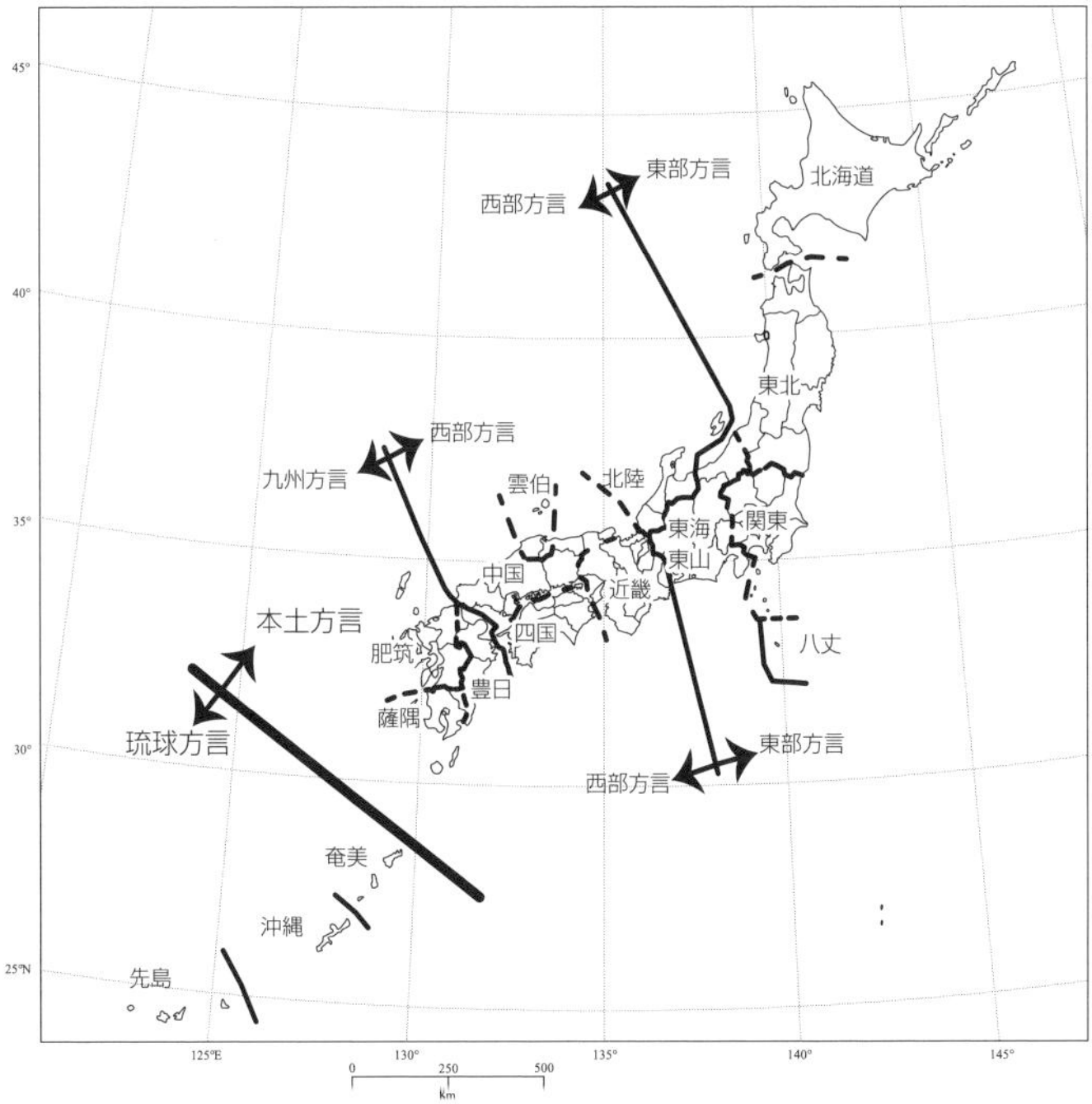

図 13-2　方言区画(2)

2　視点の異なり

方言周圏論と方言区画論の対象

なぜ二つの論は対立したのか。東條には対立のポイントが見えていて、次のように述べている。(9)

一切の意見の相違は「方言」の語義の解釈の相違にあるようである。この点が明瞭となればあとは枝葉の問題にすぎまい。

これだけにとどまらない問題を方言区画論が抱えていたことについては後で述べるとして、二つの論が切り結ぶところに、東條の指摘する「方言」の問題があることは間違いない。

柳田が方言周圏論で対象としたのは、「かたつむり」を表すツブリやマイマイのように、東條の「俚言」に該当するものである。東條は言語の体系的総体として「方言」を想定している。俚言に該当するもののほとんどは語彙である。言語の体系的総体を支えるのは文法である。そのように考えると、柳田は語彙を、東條は文法を、それぞれが基盤にして、方言を考えていたという図式が浮かび上がってくる。

この図式の上に立つと、方言周圏論と方言区画論がともに方言分布という地理的状態を対象としつつも、基本的に方言周圏論は語彙に、方言区画論は文法にそれぞれが根ざしていたことが見えてきた。(10)

大縮尺の語彙と小縮尺の文法

前章で明らかにしたように、語彙と文法は要求する縮尺に違いがあった。語彙は狭い地域を対象とする大縮尺、文法は広い地域を対象とする小縮尺により、方言の持つ「ことばの違い」という側面が明確化する。それぞれを反転してしまうと見えるべきものが見えなくなってしまうし、依って立つ観点とは異なるものに左右されかねない。

東條に対する柳田の批判は、まさにそれに該当する。大縮尺で捉えられる語彙の細かな分布をもとにして東條の考える体系的総体が持つ地理空間を見るなら、微細な分布に埋め尽くされており、そこにまとまりを認めるわけにはいかないのは当然である。

たしかに柳田は、『蝸牛考』で全国を対象としており、その点を重視するなら小縮尺である。しかし、あくまでもメインのターゲットは語彙であり、『蝸牛考』で扱われている語彙の詳細さや柳田が扱ったその他の方言事象も多くが語彙である。[11]したがって、小縮尺の『蝸牛考』は例外的であり、中心を占めていた観点は大縮尺にあったと考えるのが妥当であろう。[12]

方言区画論の出発点は、東條自身が所属していた第二次国語調査委員会にあり、第一次の国語調査委員会が『口語法分布図』『音韻分布図』から導き出した東西境界線の発見にある。[13]全国方言を分類して系統化する東條の観点は、文法が要求する小縮尺に依拠する。

語彙の分布が要求するのは、大縮尺に根ざしたミクロな視点であり、それは柳田の立脚するところであった。一方、東條は文法をベースとした小縮尺のマクロな視点から方言を系統化することを目指した。このようにそれぞれの視点・観点は大きく異なっている。

観点の違いを理解することなく批判することはむなしい。父と母の意見の相違のやるせなさはそこにあった。結局、二つの理論は、そのような視点・観点の異なりへの理解に至ることがないまま、時が過ぎてしまった。

3　方言周圏論と方言区画論のその後

方言周圏論から言語地理学へ

方言周圏論は、空間と時間という異なる次元を結び付ける点で魅力あふれる理論として歓迎されたが、『蝸牛考』には具体的方法論が示されず、しばらくの間、論文等の生産という現実的な研究継承にはあまり寄与しなかった。朝日新聞の編集委員という立場を活用した柳田にできた全国方言の収集は、誰にでもできることではない。集まった方言をどのように整理するか、またどのように地図にするかも『蝸牛考』は示していない[14]。

方言周圏論は、その後、約30年の時を経て、柴田武・徳川宗賢・グロータース・馬瀬良雄による新潟県糸魚川地方におけるフィールドワークと、それをベースにした柴田武『言語地理学の方法』[15]が出版されることで、言語地理学として大きく展開した。そこでは調査方法からデータ整理と地図化など、研究手順が明示されている。いくら優れた理論であっても、理論だけでは研究はなかなか進展しない。具体的なデータ取得と分析方法の提示が不可欠である。糸魚川調査と『言語地理学の方法』はそれを見事に実現した。同じ頃、国立国語研究所によるＬＡＪの出版も始まり、全国各地でフィールド実践が行われ、大量の言語地図が作成されることになった。

方言区画論の展開と終焉

方言区画論を実践しようとすると、手引きや指南にあたるものがなくて、苦労するはずだ。最初のステップである方言の分類を始めようとしても、どのように分類枠を設ければよいのか、東條は明確な手続きを示していない。

さらに大きな問題は、線引きである。Ａ方言とＢ方言というように分類したとして、それぞれの境界をどのように設定すればよいのか。これに対して、東條は方言間の境界は線ではなく帯であり、「境界地帯」と考えるべきとするが[16]、それで対処できるという根拠はない。実際、日本を東西に二分する東西対立は方言区画論の出発点のはずだが、典型的東西対立を示す「動詞の否定辞、ナイ（東）とン（西）」、「形容詞の非ウ音便（東）とウ音便（西）」、「ワ行五段活用動詞の促音便形（東）とウ音便形（西）」の太平洋側における東西の幅は、100km以上に及ぶ[17]。「境界地帯と境界線」のようなおおまかな言説をもとに、この広すぎる「帯」から説得力のある境界を決めるのは不可能だ。

次に、方言区画論は記述をもとにした系統解明を目指す。この理念を実現するのもまた困難である。東條が設定した記述の対象である「方言」は、東北方言、東海東山方言のように、かなりの広さを持つ。そのように一定の広さを持つ方言区画内の言語が等質であることは保証されない。むしろ、そのような中にも必ず多様性があると考えるのが一般的である。実際、多くの記述論文は、「○○方言の△△」のようなタイトルを掲げるが、その○○は市町村や集落のようにかなり限定的であることが多い。それは対象地域を広げるほど、標題の地名と記述内容に齟齬の生じることが常識的に理解されているからである。

方言区画論が目指す系統は、体系的総体の系統である。アクセントに関する系統関係の解明はかなり古くから行われ、研究が積み重ねられてきた[18]。このように特定の部門やカテゴリに限定した系統の解明は実行可能である。ところが、方言が持つ言語体系のすべてをもとに系統化できるかというと、それはそもそも無茶な話だ。A方言とB方言を較べるなら、アクセントはAの方が古いが、文法の中のある部分（例えば、アスペクト[19]）はBの方が古いといったことはいくらでも見つかる。これを全方言の全体系について解明することなどできようはずもない。たとえできたという論が提示されても、複雑すぎて、正しいかどうかも判断できないことだろう。

方言区画論は、高い理念を掲げながら、提唱者が具体的方法論を示さなかったために稼働し続けることができなくなった。これは『蝸牛考』後の方言周圏論に似ている。

方言区画論に関して、日本方言研究会は学会の総力をあげて一九六四年に『日本の方言区画』[20]を刊行した。東條の理想を実現しようと格闘する姿がそこには見られる。しかし、それは『言語地理学の方法』のような推進力にはならなかった。『日本の方言区画』をもって方言区画論はほぼ終息し[21]、その後、方言区画論に再び息を吹き込むようなインパクトを持った論はほとんど出ていない。

述べてきたとおり、方言区画論の最終目標には無理があり、その復活を目指す必要はない。一方で、東條の方言区画と同じではないが、方言区画に該当するような地域区分を想定することは必要である。

4　「区画」再考

方言「区画」の考え方

客観的手続きにより、方言区画を設定することは困難である。一方で、方言の地理的状態を見渡すと区画を思わせる地域区分が見えてくることもたしかであり、区画に該当するような空間領域は実際に存在する。そして、それは場所によることばの違いとしての方言を捉えるための枠組み・目安のようなものでもある。

「枠組み・目安」というのは、例えば、気象庁による長期予報の地域区分に類したものともいえる。長期予報の地域区分は、北日本（北海道、東北）、東日本（関東甲信、北陸、東海）、西日本（近畿、中国、四国、九州北部、九州南部）、沖縄・奄美（奄美、沖縄）のように分類・線引きされている[22]。各区分の中は必ず天候が一致するわけではない。また、線を越えるとガラリと天候が違うわけではない。しかし、各区分の中は現実に気候の共通性がある。

方言「区画」相当の空間領域もそれに類似する[23]。したがって、個々の空間領域の言語を対象にした厳密な体系を求めるようなものではない。そもそも方言は言語であり、高いシステム性を有する。そのような思考と見解で立ち向かうべき相手に「枠組み・目安」のような外縁をぼんやりさせた規格は通用しない。また、「枠組み・目安」のようなあいまいな設定であるから、方言間の系統を求めたりできるようなものでもない。

にもかかわらず、ずいぶん昔に放棄されてしまった方言区画論の根底にある、「区画」相当の空間枠にそこまでこだわるのは、方言分布には、「区画」のようにまとまりをもった空間領域がたしかにあるからだ。

本書では、言語変化がどのように発生し、それが地理空間にどのように反映されるのかを、地図を通して見てきた。

拡大と領域

ことばは変化する。発生した言語変化も当然、ことばである。ことばは意思疎通のための道具であるから、人々に共有されることで、ことばとしての役割を果たすことができるようになる。人々は、地理空間上のあちらこちらにいるから、新しいことばも道具としての機能を達成するためには、使う人のあり方に合わせて空間的な広がりを持つようになる。新しいことばは、拡大(24)とともに言語地図上での分布領域が明確になる。このようにして言語変化は方言を生み出す。

ただし、拡大はいつまでも続くわけではない。動詞否定過去形の行カンカッタの新潟の事例が示すように、あるところまで広がるとそこで拡大を停止する。ことばは、共有に沿って広がるが、日常的なつながりは、どこまでも広がるような性質のものではない。人間は、一定の空間的範囲の中で暮らし、そしてその空間的範囲にある程度しばられながら日常を過ごす。そのような空間による人間の拘束が、方言の分布領域を固定化する。

分布類型と「区画」

方言分布に類型があることは、実際に何枚も地図を描いていると気付く。このような類型(25)こそが、「区画」に相当する領域である。第8章で扱った天竜川の支流の三峰川を境とする南北対立もそのひとつだ。これらが、方言を捉えるための「枠組み・目安」のようなものにあたる。類型の中が言語の完全な共有領域とは言えないにしろ、類型がある以上、どうしてもその中のことばは似ることになる。

そのような「区画」のあり方は、縮尺の観点に依存する。大縮尺の語彙から導き出される区画と小縮尺の文法から求められる区画は、広さが大きく異なり、前者は後者よりも狭い。

方言の区画は、語彙からは求められないという意見もあるかもしれないが、それは正しくない。どの範囲で何を見るのかに依る。狭いところは文法を見てもそこに存在する区分はわからない。反対に広いところは語彙を扱っても大きな区分が見えてこない。それぞれを扱うべき物指《ものさし》がある。服の寸法と運動場のトラックを同じ道具では計らない。

5　方言はなぜ存在するのか

先に、「区画」は気象予報の地域区分のようなものであることを述べた。それではそのような「区画」はなぜあるのだろうか。枠組みや目安のようなものとはいえ、それが存在することはたしかであり、なんらかの理由が見いだせないか。

気象予報の地域区分には、複雑であるにしても説明可能な背景がある(26)。地形や緯度、また海や大陸との位置関係などが重層的に働き、北日本、東日本といった区分になる。方言「区画」にも必然性があるはずだ。

一番の要因は、そこに暮らす人々のつながり＝紐帯《ちゅうたい》である。くり返しになるが、人々のつながりの中で意思疎通に使われるのがことばである。意思疎通が達成されるには、そこではことばが共通していることが求められる。つながりには一定の範囲があり、範囲の内外で、序章に示したモデル図（15頁）のように、言語変化に伴う場所によることばの違いとしての方言ができる。

そのような範囲の方言分布への反映は、ことばの要素により左右される。言語の根幹にあたる文法や音韻は空間的に広い領域を持つ。それに対し、語彙は狭い空間領域での違いを浮き上がらせる。頻度の高い日常的なつながりの中で言語の根幹が違っていることは望ましくない。したがって、そのような範囲の中では広い区画は表面化しない。しかし、大人になれば数年に一度しか口にしない「ひっつきむし」のような語彙は、広い範囲での共有を必要としない。そのため語彙は変化の自由度が相対的に高く、狭い範囲で起こった変化は細かな方言差を生み出す。

ことばを使う人間の紐帯のあり方と個々のことばの性質が区画として表面化する。それが場所によることばの違い、つまり方言である。方言は人間のつながりとことば自体の特性を基盤として成立するのである。

＊＊＊

方言は言語である。だから、言語の側面から方言を捉えるのは当然である。同時に方言は場所によることばの違いである。なぜそのような違いがあるのかを考えてきた。

手のひらを頬にあててみよう。足を指でつまんでみよう。そこには実体としての身体がある。歩いてみよう。近所の公園まで何分かかるだろう。その途中で誰かに会えばあいさつを交わす。

われわれには実感できる身体があり、この身体は空間から自由になれない。そのようなわれわれ人間は、現実の空間の中でまとまり、知己を得、経験を積み重ねる。(27) 地理空間による束縛とその中での言語による意思疎通、そしてそこで起こる言語変化、これらを脇に置いて方言のことを考えることはできない。

そろそろ本を閉じて、外へ出ることにしよう。そして、空間の中で生きていることを確かめ、人とことばを交わそう。生きていることば、生きている方言をそこから考えていきたい。

【注】

（1）東條操について、加藤（一九七八、七三頁）は「父」、大島（二〇〇二、一二頁）は「母」とする。

（2）「蝸牛考」は、最初は『人類学雑誌』に掲載され（柳田一九二七）、その後、単行本の初版（柳田一九三〇）、改訂版（柳田一九四三）が刊行されており、それぞれの内容には異同がある（隈元一九八七）。

（3）本書では、この区別を行っていない。

（4）東條（一九五四）をもとに整理した。最終案より前には、東條（一九二二・一九二七）のような区画も提案されている。また、東條の最終案以降も区画は論じられたが（加藤一九九〇）、東條の区画は日本の方言全体を概観するにあたっては現在も継承されている（大西二〇〇八、一一～二三頁）。

（5）分類・線引きも記述の上に立つわけだから、それぞれの順は厳密に分けられるものではない。

（6）東條（一九五四、一七頁）の次の一文に方言区画論は集約されている。「方言とは国語の地理的分裂によつて生じたある地方の言語体系であること、方言学は一国内の各方言体系を記述し、これを比較してその発生、変遷を説明せんとする学問であることを述べたつもりである。」

（7）柳田（一九四三、五～七頁）参照。

（8）東條（一九五七、一八頁）参照。

（9）東條（一九五七、二二頁）参照。

（10）それぞれがどこを重要なターゲットとして押さえていたかを述べている。東條も語彙を対象とした論文を多く残しており、語彙のことを考えなかったということを意味するわけではない。また、同じように柳田が語彙以外のことを考えなかったということでもない。

（11）柳田（一九四〇・一九四二）参照。

（12）大縮尺で扱うべきことを小縮尺に押し込んだと見ることもできるかもしれない。

（13）方言区画論は、国語調査委員会（一九〇六）『口語法調査報告書』に「仮に全国の言語区域を東西に分たんとする時は大略越中飛騨美濃三河の東境に沿ひて其境界線を引き此線以東を東部方言とし、以西を西部方言とすることを得るが如し」（原典は旧漢字とカタカナ）と宣言された東西境界線の発見に始まる（加藤一九九〇、一七四～一七六頁）。

（14）方言周圏論ばかりが注目される『蝸牛考』であるが、方言周圏論は『蝸牛考』の一部である。むしろ、そこに多く提示された言語変化に対する考え方を再評価すべきではないだろうか。例えば、『蝸牛考』ではデーロからダイロへの変化はデーコンの標準語が「大根」であることへの意識を背景にすることが述べられる（柳田一九三〇、一八～一九頁）。これは、「誤った回帰」

と呼ばれる言語変化に該当する（本書では扱わなかった）。この言語変化は、方言を標準的な形に戻そうとすることで発生するもので、後に社会言語学の中で「過剰修正（過修正）」や「ハイパーコレクション（hypercorrection）」とも呼ばれて、注目されることになった現象である。

(15) 柴田（一九六九）。

(16) 東條（一九五一、一四頁・一九五四、九頁）参照。

(17) 大西（二〇一六、二〇～二二頁）参照。

(18) 服部四郎（一九三一～一九三三）、上野善道（二〇〇六）参照。

(19) アスペクトは継続や結果といった動作の局面にかかわる文法で、西日本では、例えば、飲ミオル（継続）と飲ンドル（結果）のような区別を持つところが多い。その区別がなくなれば相対的に新しいことになる。

(20) 日本方言研究会編（一九六四）。

(21) 加藤正信（一九九〇）参照。

(22) 酒井（二〇一三、一〇～一三頁・一五八頁）、新田・野瀬・伊藤・住（二〇〇五、三八七頁）参照。

(23) 言語地図データを大量に集積し、それをベースに可変単位地区問題（Modifiable Areal Unit Problem：ＭＡＵＰ）（杉浦二〇〇三、四八～六〇頁）などを統計的にクリアしながら客観的に求める、というような考えもあるだろう。言語研究の側からも納得できる結果が得られるのであれば、ＧＩＳを駆使した定量的な取り組みも考えられる。また、中俣（一九九六・一九九七）も参照。

(24) 第11章で述べたように放射状に広がるのではなく、領域を埋めるような広がりを想定している。

(25) 分布の類型は「方言分布の型」（馬瀬一九八〇、五一〇～五二七頁）や「分布パターン」（真田一九七九、六五～八〇頁）とも呼ばれる。

(26) 古川・大木（二〇一一、二六二～二九二頁）参照。

(27) 紐帯に多様性があれば、その間でことばの違いができてくる。空間的束縛にかかわらない、例えば、趣味のサークルの中だけのことばというのは探せばすぐに見つかるだろう。それはＳＮＳのような仮想空間上の紐帯であっても同じで、そこがことばの差異を生み出していくことは実際にある。

【参考文献】

上野善道（二〇〇六）「日本語アクセントの再建」『言語研究』一三〇、一～四二頁

大島一郎（二〇〇二）「日本方言学と「日本方言研究会」発足の事情」日本方言研究会編『21世紀の方言学』（国書刊行会）、九～一九頁

大西拓一郎（二〇〇八）『現代方言の世界』（朝倉書店）
大西拓一郎（二〇一六）『ことばの地理学―方言はなぜそこにあるのか』（大修館書店）
加藤正信（一九七八）「方言区画論」柴田武・加藤正信・徳川宗賢編『日本の言語学　第6巻　方言』（大修館書店）、七七〇〜七七五頁
加藤正信（一九九〇）「方言区画論の歴史」日本方言研究会編『日本方言研究の歩み　論文編』（角川書店）、一七三〜一八八頁
隈元明子（一九八七）「『蝸牛考』の増補改訂をめぐって」『東横国文学』一九、一四三〜一七三頁
酒井重典（二〇一二）『シリーズ新しい気象技術と気象学3　長期予報のしくみ』（東京堂出版）
真田信治（一九七九）『地域語への接近―北陸をフィールドとして』（秋山書店）
柴田武（一九六九）『言語地理学の方法』（筑摩書房）
杉浦芳夫編（二〇〇三）『シリーズ〈人文地理学〉3　地理空間分析』（朝倉書店）
東條操（一九二二）「我国の方言区画」『国語教育』六―六（徳川宗賢編一九九五『東条操著作集　第1巻　私の方言学』（ゆまに書房）一〜八頁に再録）
東條操（一九二七）『大日本方言地図・国語の方言区画』（育英書院）
東條操（一九五一）『方言の研究』（刀江書院）
東條操（一九五四）「序説」東條操編『日本方言学』（吉川弘文館）三〜八六頁
東條操（一九五七）『方言学の話』（明治書院）
中保均（一九九六）「方言区画論再考」言語学林1995-1996編集委員会編『言語学林1995-1996』（三省堂）、八〇一〜八〇七頁
中保均（一九九七）「方言区画論と言語地域区分」『人文地理』四九―一、二〇〜三二頁
新田尚・野瀬純一・伊藤朋之・住明正（二〇〇五）『気象ハンドブック　第3版』（朝倉書店）
日本方言研究会編（一九六四）『日本の方言区画』（東京堂出版）
服部四郎（一九三一〜一九三三）「国語諸方言のアクセント概観（一）〜（六）」『方言』一―一、一一〜三三頁・一―三、一四〜二四頁・一―四、一一〜二七頁・二―一、一〜二二頁・二―四、一八〜二六頁・三―六、五〜一八頁
古川武彦・大木勇人（二〇一一）『図解・気象学入門―原理からわかる雲・雨・気温・風・天気図』（講談社ブルーバックス）
馬瀬良雄（一九八〇）『上伊那の方言』（上伊那誌刊行会）
柳田国男（一九二七）「蝸牛考　一〜四」『人類学雑誌』四二―四、一二五〜一三五頁・四二―五、一六二〜一七二頁・四二―六、二二三〜二三三頁・四二―七、二七三〜二八四頁
柳田国男（一九三〇）『蝸牛考』（刀江書院）
柳田国男（一九四〇）『野草雑記・野鳥雑記』（甲鳥書林）
柳田国男（一九四二）『方言覚書』（創元社）
柳田国男（一九四三）『蝸牛考（改訂版）』（創元社）

あとがき

もともと、言語地理学では語彙の研究が主流でした。その中でも、とりわけ同音衝突、民間語源、混淆、類音牽引は、基本的な言語変化として知られています。私自身も大学の講義でそのように教えてきたのですが、同音衝突と民間語源については、どうも腑に落ちない思いが拭えませんでした。また、混淆とコンタミネーションを同じに扱ってよいのか迷いを感じていました。類音牽引にいたっては付け足しのような位置付けで、何が重要なのかよくわからないまま、教壇に立っていました。そんな折、当時、金沢大学におられた岩田礼先生から語彙変化の共同研究へのお誘いを受けて、正面から向き合うことになりました。研究グループには、フランス語学の川口裕司先生もおられ、ジリエロンやドーザの研究についても多くの情報をいただくことができました。この共同研究の最後の研究会は二〇二〇年一月に、同じ研究グループの中井精一先生が当時おられた富山大学で開催されました。研究会を重ねる中で語彙変化への理解が進み、もう少しで全体が統合できそうな感じをつかむところに至っていました。そこにやってきたのが、新型コロナウイルス感染症の拡大（コロナ禍）でした。翌月の二月以降は、移動の自由が大きく制限されることになりました。

その年の四月から、本務先の国立国語研究所と東京外国語大学大学院を併任することが決まっていたのですが、ほとんどの授業はオンラインでの実施となりました。外大では併任期間中、年に数回、研究会を行うことになっていましたが、これもすべて、オンラインでの開催となりました。最初は戸惑うことも多かったのですが、慣れてくるとオンラインの研究会は、移動する必要もなく、わりと気楽に参加しやすいこともあって、外大以外にも、さまざまな研究会で発表する機会をいただき、それらを通して、有縁性・有縁化という概念で語彙の基本変化を統合的に説明できることに気付くことになったのです。思い起こすと、コロナ禍前年の夏にフランスからフィリップ・デルジューディチェ先生の訪問を受け、モチベーションの話をしていたのですが、その時はまだピンと来ていませんでした。ところが、方言が地理空間上で示す具体的な変化の分析を進め、その研究発表を重ねることで、やっと基本変化の本質がつかめたというのが実感です。フィリップ先生とは、その後もオンラインで研究会を行い、共通理解にあることが確認できました。

厄介なコロナ禍にずいぶん助けられたような話ですが、実際、そんなところがあることは否定できません。両手をあげて喜ぶのは憚られますが、何がきっかけでどう転ぶか、わからないものです。

そんなコロナ禍のしばらく前から、大修館書店の山田豊樹さんから前著『ことばの地理学』に続く著作へのお誘いを受けていました。ずっとひっかかっていた語彙の基本変化と方言学の二大巨頭問題をテーマとして提案し、進めることになりましたが、二つがどうつながるのか、山田さんは不安を抱えていたのではないかと想像します。さらに、執筆を始めると分量がどんどん膨らみ、山田さんを不安のどん底に沈めることになりました。結局、やんわりと厳しくダイエットが命じられ、それに応える形で、驚くほどの減量を実現し（頁数です）、贅肉を落としながら、筋肉を増強させました（むろん本書の内容です）。そういえば、コロナ禍と減量というのも、何かと話題になっていたような気がしますが、後世の人に通じるでしょうか。

ことばの変化が人間の依って立つ地理空間上で不均等に起こることで方言が生まれること、そして、それをどのような視点で捉えるかで志向が大きく分かれることを明らかにしたつもりです。うまく理解してもらえると、山田さんの不安も払拭され、叱咤激励の努力が報われるはずです。装丁デザインも前著に引き続き園木彩さんが担当してくださいました。お世話になったたくさんの方々、そして読者の皆様に感謝申し上げます。

【各章の関連論文・関連発表】

（発表と論文元の発表については、［　］内に情報を記載）

序章　ことばの変化と場所―方言とは何か？　方言はなぜ存在するのか？―

Onishi, Takuichiro. 2017. The Relationship between Area and Human Lives in Dialect Formation. Enerline Wandl-Vogt, Amelie Dorn (eds.). *dialekt|dialect 2.0: Long papers from 7th Congress of the International Society for Dialectology and Geolinguistics (SIDG)*. Wien: Praesens Verlag. pp. 274–289. [7th Congress of the International Society for Dialectology and Geolinguistics (SIDG). Austrian Academy of Science, Vienna, Austria, 2012.7.24]（第6章、第7章も）

第Ⅰ部　ことばと物と場所と

第1章　気候と再命名―「とうもろこし」とモロコシ―

大西拓一郎（二〇一八）「交易とことばの伝播―とうもろこしの不思議を探る」『日本語学』三七―九、三六〜四五頁

第2章　弱い固有名詞の強い力―「じゃがいも」で連鎖する類音牽引―

Onishi, Takuichiro. 2018. Japanese dialectal words for imported produce that include proper nouns: morokoshi (“China”), nanban (“southern countries”), and other place or person names. Iwata, Rei (eds.). *Komatsu Round-Table Conference on Geo-linguistics*. pp. 103–115. [公立小松大学、二〇一八年九月八日]

大西拓一郎（二〇一八）「渡来作物の方言と歴史―じゃがいも方言にみる弱い固有名詞の強い力」[国立国語研究所オープンハウス2018（ポスター発表）、国立国語研究所、二〇一八年一一月二二日]

大西拓一郎（二〇一九）「弱い作物のゆるい方言変化物語―モロコシ（玉蜀黍）、ゴショーイモ（馬鈴薯）など」[LAB. TALK SESSION 16（口頭発表）、IRORI 石巻市、二〇一九年二月二日]

大西拓一郎（二〇一九）「日本におけるじゃがいも方言の分布と変化―弱い固有名詞の強い力」*The 2nd The Northeast Asian Sea Region and Humanities Networks International Conference*. pp. 261–273. [釜慶大学、釜山：韓国、二〇一九年四月二七日]

大西拓一郎（二〇二〇）「混交・民間語源・類音牽引・同音衝突」岩田礼『語史再構における言語地理学的解釈の再検討―類型的定式化の試み』（科研費研究成果報告書）、一九〜四八頁（第4章、第7章、第8章も）

大西拓一郎（二〇二一）「言語地理学における語彙変化の再検討―混交・民間語源・類音牽引」[東京外国語大学大学院国際日本学研究院 NINJAL ユニットオンライン講演会（オンライン発表）、二〇二一年二月一八日]（第4章、第7章、第8章も）

大西拓一郎（二〇二二）「日本語における渡来作物の方言」[東京外国語大学日本研究センター対照日本語部門第36回外国語と日本語との対照言語学的研究・国立国語研究所空間接続プロジェクト共同開催ワークショップ（オンライン発表）、二〇二二年

九月一七日〕

第3章　方言・人名・地名の地理的関係――山口県に山口さんが多いわけではない――

大西拓一郎（二〇一九）「地名と人名の地理的関係―行政域名と名字に基づく検証」『日本地理言語学会第1回大会予稿集』、一一九～一二三頁〔青山学院大学、二〇一九年一〇月六日〕

第Ⅱ部　ことばのぶつかり合い

第4章　同音衝突の成立――庄川流域の「桑の実」と「燕（つばめ）」――

大西拓一郎（二〇二〇）「同音衝突と類音牽引―庄川流域における「桑の実」と「燕」の方言分布と変化」〔国立国語研究所「通時コーパス」シンポジウム 2020（オンラインポスター発表）、二〇二〇年九月一三日〕

第5章　同音衝突の本質――「虫」と「神主」、「煮こごり」と「大根汁」――

大西拓一郎（二〇二〇）「言語地図を読み直し、変化を検証・抽出する」〔Covid-19 の影響下における方言研究のあり方を模索するワークショップ（オンライン発表）、二〇二〇年五月一日〕

大西拓一郎（二〇二〇）「言語地図を読み直す」日本方言研究会編『方言研究支援プロジェクト』一～一二頁

大西拓一郎（二〇二二）「同音衝突再考」〔国立国語研究所「通事コーパス」シンポジウム 2022（オンラインポスター発表）、二〇二二年三月一三日〕（第6章も）

第6章　同音衝突と変化のスピード――「とうがらし」と「ピーマン」――

大西拓一郎（二〇一八）「方言語彙の分布の変動」小林隆編『方言の語彙―日本語を彩る地域語の世界（シリーズ日本語の語彙8）』（朝倉書店）、一一六～一三二頁（第7章も）

第Ⅲ部　ことばの混ざり合い

第7章　民間語源再考――「ひっつきむし」と男性器――

大西拓一郎（二〇一九）「「ひっつき虫」方言の変化を探る」『BIOSTORY』三一、七二～七三頁

大西拓一郎（二〇二一）「八ヶ岳山麓における「ひっつき虫」の方言変化―動機の生起と同音回避」〔日本文芸研究会令和3年度研究発表会（オンライン発表）、二〇二一年一二月一二日〕

第8章　混淆――混ざり合う「そばかす」――

Onishi, Takuichiro. 2017. Reconsideration of blending changes in Kami-Ina dialect. [16th International Conference on methodology in dialectology（Methods in Dialectology）, Workshop: Contrastive Geolinguistics. 国立国語研究所、2017.8.10]

大西拓一郎（二〇二二）「「コンタミネーション」をめぐって」［国立国語研究所「通時コーパス」シンポジウム2021（オンラインポスター発表）、二〇二二年三月一三日］

第9章　有縁性・有縁化

Onishi, Takuichiro. 2014. Arbitrariness and motivation in geolinguistics: verification of the "simultaneous change hypothesis" (tagenteki-hassei-kasetsu). *Papers from the Second International Conference on Asian Geolinguistics.* pp. 41–51. [Chulalongkorn University, Bangkok, Thailand, 2014.5.24]

大西拓一郎（二〇二二）「有縁化（motivation）と「世界」―方言地図にみることばと人間のせめぎ合い」［東京外国語大学NINJALユニット&語学研究所2021年度オンライン講演会（オンライン発表）、二〇二二年二月二八日］

第Ⅳ部　文法の変化と方言の形成

第10章　文法の変化と分布―「仕事に行かないで遊ぶ」多様性―

大西拓一郎（二〇一九）「方言から考える動詞否定辞中止形」『日本語文法』一九-二、三～一七頁［日本語文法学会第19回大会シンポジウム（口頭発表）、立命館大学、二〇一八年一二月一六日］

第11章　文法変化の発生・拡大・完成―否定過去のンカッタと受身の助詞―

Onishi, Takuichiro. 2016. Timespan comparison of dialectal distributions. Marie-Hélène Côté, Remco Knooihuizen, John Nerbonne (eds.) *The future of dialects: Selected papers from Methods in dialectology XV.* Berlin: Language Science Press. pp.377–387. [15th International Conference on methodology in dialectology (Methods in Dialectology), University of Groningen, Groningen, Nederland, 2014.8.12]

大西拓一郎（二〇一七）「方言の動詞否定辞過去形に見る日本語の重層性」『日本語学』三六-一二、一四～二四頁

大西拓一郎（二〇一七）「言語変化と方言分布―方言分布形成の理論と経年比較に基づく検証」大西拓一郎編『空間と時間の中の方言―ことばの変化は方言地図にどう現れるか』（朝倉書店）、一～二〇頁

大西拓一郎（二〇一七）「新しい方言の形成―行カンカッタ・飲マンカッタの生まれるところ」『CEL』一一六、四八～五一頁

大西拓一郎（二〇一七）「方言形成論序説―言語地理学の再興」『方言の研究』三、五～二八頁

第Ⅴ部　方言の地理空間

第12章　方言分布の基本則―距離と縮尺、語彙と文法―

大西拓一郎（二〇一七）「方言分布が見せる「坂」「崖」「峰」」『CEL』一一七、四八～五一頁

Onishi, Takuichiro. 2019. On the Relationship of the Degrees of Correspondence of Dialects and Distances. *Languages*. 4-2, pp.1-15 [9th Congress of the International Society for Dialectology and Geolinguistics（SIDG）, Vilnius University, Vilnius, Lithuania, 2018.7.25]

大西拓一郎（二〇一九）「方言における言語的距離と空間的距離」［国立国語研究所オープンハウス2019、二〇一九年七月二〇日］

大西拓一郎（二〇二〇）「方言分布の基本則と分布形成」［東京外国語大学大学院着任教員による研究会2020（オンライン発表）、二〇二〇年七月三一日］

第13章　方言の地理空間と視点——方言はなぜ存在するのか——

大西拓一郎（二〇一四）「言語地理学と方言周圏論、方言区画論」小林隆編『柳田方言学の現代的意義―あいさつ表現と方言形成論』（ひつじ書房）、一四五〜一六一頁

【本書を著すにあたって活用した研究課題】

日本学術振興会科学研究費　挑戦的研究（開拓）「古辞書・古典籍データへの地理情報付与による人文学の横断的展開」（課題番号 20K20501、二〇二〇〜二〇二五年度、研究代表者：大西拓一郎）

日本学術振興会科学研究費　挑戦的萌芽研究「方言周圏論と方言区画論の統合による新しい言語地理学の創生」（課題番号 16K13232、二〇一六〜二〇一八年度、研究代表者：大西拓一郎）

日本学術振興会科学研究費　基盤研究A「方言分布変化の詳細解明―変動実態の把握と理論の検証・構築―」（課題番号 23242024、二〇一一〜二〇一五年度、研究代表者：大西拓一郎）

文部科学省科学研究費　基盤研究B「地理情報システムに基づく言語地理学の再構築」（課題番号 18320074、二〇〇六〜二〇〇九年度、研究代表者：大西拓一郎）

日本学術振興会科学研究費　基盤研究A「『全国方言文法辞典』データベースの拡充による日本語時空間変異対照研究の多角的展開」（課題番号 20H00015、二〇二〇〜二〇二五年度、研究代表者：日高水穂）

日本学術振興会科学研究費　基盤研究B「語史再構における言語地理学的解釈の再検討―類型的定式化の試み―」（課題番号 16H03415、二〇一六〜二〇一九年度、研究代表者：岩田礼）

国立国語研究所共同研究プロジェクト「言語資源の空間接続」（二〇二二〜二〇二七年度、研究代表者：大西拓一郎）

国立国語研究所共同研究プロジェクト「方言の形成過程解明のための全国方言調査」（二〇〇九〜二〇一五年度、研究代表者：

大西拓一郎）

国立国語研究所共同研究プロジェクト「大規模方言データの多角的分析」（二〇〇九～二〇一二年度、研究代表者：熊谷康雄）

人間文化研究機構創発センター基幹研究プロジェクト「横断的・総合的地域文化研究の領域展開：新たな社会の創発を目指して」国立国語研究所ユニット「地域における市民科学文化の再発見と現在」（二〇二二～二〇二七年度、研究代表者：大西拓一郎、共同研究番号 H421042227）

人間文化研究機構連携研究「アジアにおける自然と文化の重層的関係の歴史的解明」公募研究「河川流域の自然・人間社会と方言の分布」（二〇一〇～二〇一四年度、研究代表者：大西拓一郎）

東京外国語大学大学院 国際日本学研究院 ＮＩＮＪＡＬユニットプログラム（二〇二〇～二〇二一年度）

【な】

【に】

【の】

【は】

【ひ】

【さ】

【し】

【す】

【き】

【く】

【け】

【こ】

■索引

[著者紹介]

大西拓一郎（おおにし　たくいちろう）
1963年大阪府生まれ。東北大学文学部卒業、東北大学大学院文学研究科修了、国立国語研究所教授。専門は方言学・言語地理学。2010年より生活拠点を長野県に移し、富山大学・信州大学と共同で富山県や長野県でフィールドワークを行い、生活者・言語使用者の思考・感覚に根ざした方言ならびに方言分布形成の要因・過程の解明に取り組んでいる。主な著書は『現代方言の世界』（朝倉書店、2008）、『新日本言語地図』（共著、朝倉書店、2016）、『ことばの地理学——方言はなぜそこにあるのか』（大修館書店、2016）など。東北大学、慶應義塾大学、東京外国語大学、中央大学、名古屋大学、愛知県立大学、放送大学などで言語地理学を講義してきた。

方言《ほうげん》はなぜ存在《そんざい》するのか——ことばの変化《へんか》と地理空間《ちりくうかん》

NDC801／254p／21cm

初版第1刷——2023年11月1日

著者——大西拓一郎《おおにしたくいちろう》
発行者——鈴木一行
発行所——株式会社 大修館書店
〒113-8541 東京都文京区湯島2-1-1
電話 03-3868-2651（販売部）　03-3868-2290（編集部）
振替 00190-7-40504
[出版情報] https://www.taishukan.co.jp

装丁者——園木彩
編集協力——合同会社　イイダ・エディトリアル
印刷所——壮光舎印刷
製本所——難波製本

ISBN978-4-469-21395-9　Printed in Japan